이나은 주임의
혼나지 않는
엑셀

이나은 주임의
혼나지 않는
엑셀

민지희 과장
이나은 주임
지음

T.W.I.G
티더블유아이지

요즘은 AI가 다 해주는데, 굳이 엑셀을 따로 배워야 하나요?

AI는 확실히 똑똑해. 설명도 잘하고, 시키는 대로 척척 결과도 내놓지. 하지만 AI가 아무리 뛰어나도 기본적인 엑셀 활용 능력을 갖추고 있어야 제대로 질문하고, 답변을 검증할 수 있어. 이는 곧 엑셀을 잘 다룰수록 AI를 더 잘 쓸 수 있다는 말과도 같지.

그렇군요. 하지만 막상 엑셀을 배우려고 하면 가슴 한켠이 답답해져요.

엑셀의 수많은 기능을 모두 익히려고 하기 때문이야. 마치 해외 여행에서 커피 한 잔을 주문하기 위해 영어 문법책을 통째로 외우는 것과 비슷하지. 처음엔 실무에서 쓰는 핵심 기능만 알면 돼. 오늘 배운 걸 오늘 바로 써 먹는 사람이 가장 빨리 성장하는 법이거든. 이렇게 필요한 것부터 차근차근 배워 나가면 업무 속도가 빨라지고, 동료들이 신뢰하게 될 거야.

아하! 그러면 과장님이 알려주시는 것만⋯ (실은 혼내시는 것만⋯) 공부하면 되겠네요!? 오늘부터 《이나은 주임의 혼나지 않는 엑셀》 제대로 만들어보겠습니다!

실습 파일 다운로드
https://m.site.naver.com/1YvrX

PART 01

엑셀 초보를 위한 기본 기능

CHAPTER 01

작업 공간과 데이터 저장

CHAPTER 02
데이터 관리

CHAPTER 04

데이터 시각화

데이터 관리와 분석

PART 01

엑셀 초보를 위한 기본 기능

작업 공간과 데이터 저장

작업 공간

엑셀의 각 영역이 어떤 기능을 담당하는지 알면 훨씬 쉽고 재미있게 배울 수 있습니다. 이번 장에서는 엑셀의 주요 구성 요소와 기본 기능을 알아보겠습니다.

이번 장에서 배울 내용!

✔ 통합 문서와 워크시트
✔ 행, 열, 셀의 기본 구조
✔ 리본 메뉴와 빠른 실행 도구 모음
✔ 수식 입력줄과 상태 표시줄

 ## 통합 문서와 워크시트

엑셀을 처음 실행하면 아래와 같은 화면이 나옵니다. 새 통합 문서를 클릭해볼까요?

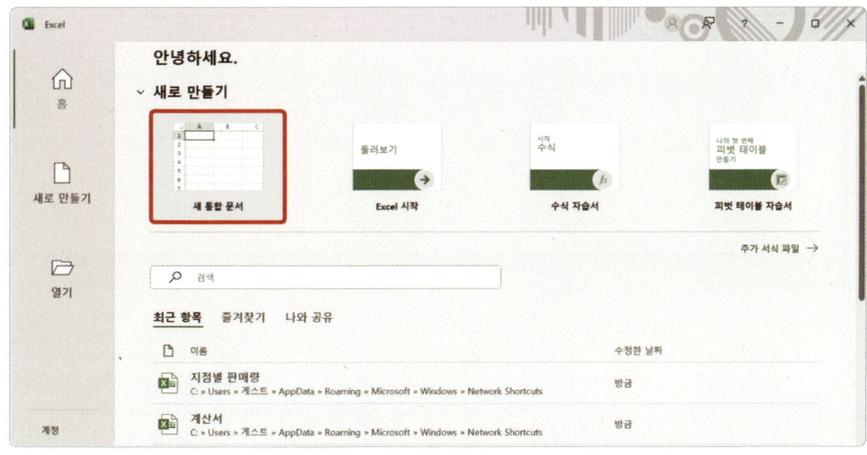

엑셀의 작업 공간인 **통합 문서**(Workbook)가 열렸습니다. 우리가 보통 '엑셀 파일'이라고 부르는 것이 바로 이 통합 문서입니다.

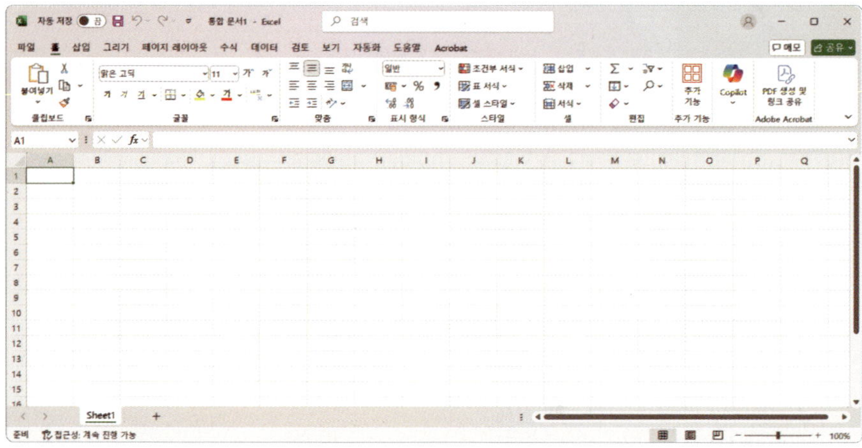

통합 문서 안에 펼쳐진 넓은 표 공간은 **워크시트**(Worksheet)라고 부릅니다. 데이터를 입력하고, 계산하고, 차트를 만드는 등 대부분의 작업이 이 워크시트 위에서 이루어집니다. 마치 그림을 그리는 도화지 같죠?

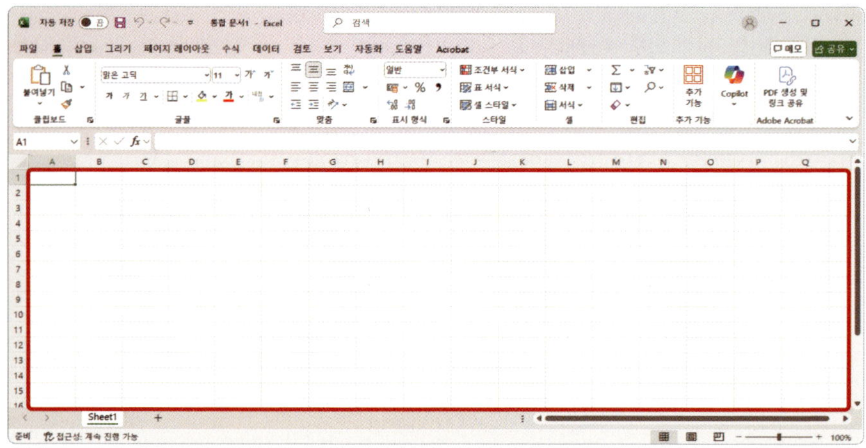

워크시트에 있는 각각의 네모칸을 ❶ **셀**(Cell)이라고 합니다. 데이터는 이 셀에 입력합니다. 1, 2, 3… 숫자가 적힌 가로줄은 ❷ **행**(Row)이라고 하며, A, B, C…

알파벳이 적힌 세로줄은 ❸열(Column)이라고 합니다. 그리고 열(알파벳)과 행(숫자)이 만나는 지점이 바로 셀의 주소입니다.

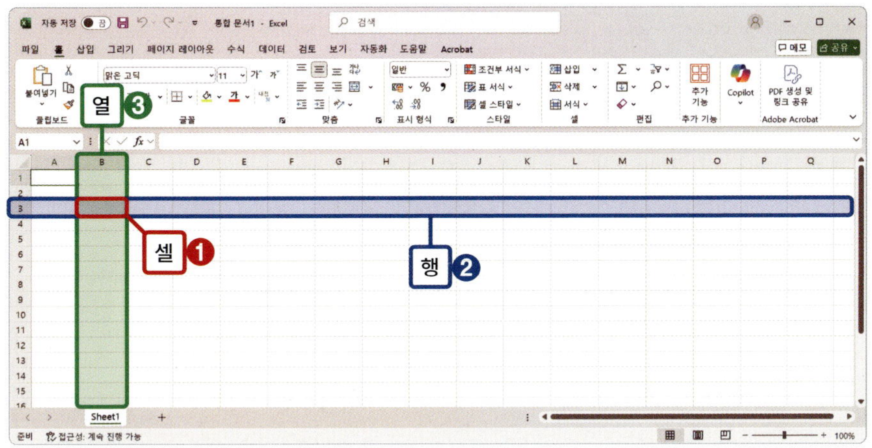

- B열과 3행이 만나는 셀의 주소는 B3

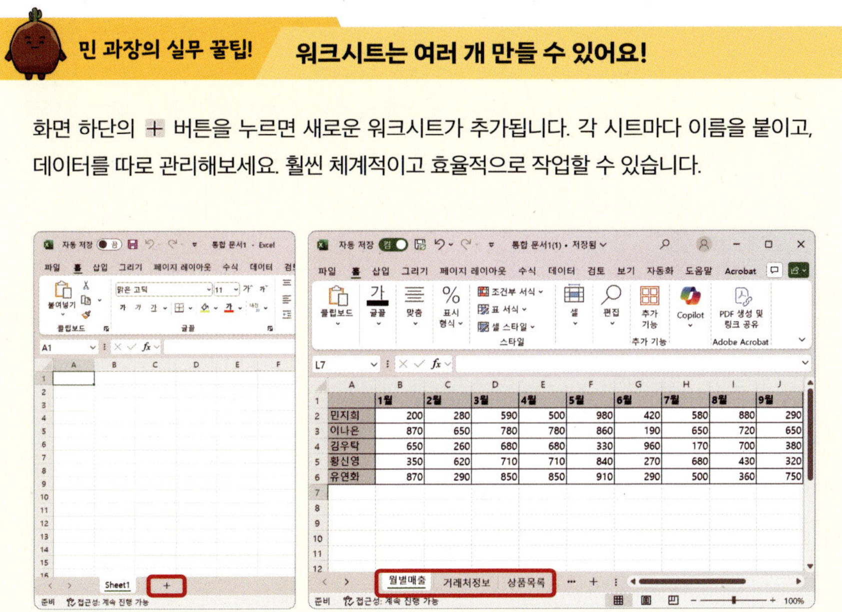

민 과장의 실무 꿀팁!　　**워크시트는 여러 개 만들 수 있어요!**

화면 하단의 ➕ 버튼을 누르면 새로운 워크시트가 추가됩니다. 각 시트마다 이름을 붙이고, 데이터를 따로 관리해보세요. 훨씬 체계적이고 효율적으로 작업할 수 있습니다.

 # 리본 메뉴와 빠른 실행 도구 모음

화면 위쪽에는 앞으로 우리가 사용할 수많은 기능들이 모여 있습니다. 상단에 길게 펼쳐진 도구 모음을 리본 메뉴라고 부릅니다. 리본 메뉴는 홈, 삽입, 데이터 등 다양한 탭으로 구성되어 있고, 각 탭 안에 수많은 기능들이 보물처럼 숨어 있습니다.

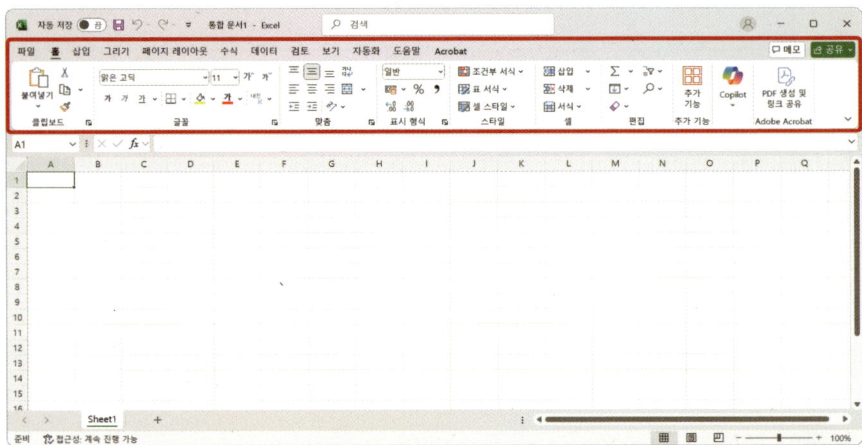

왼쪽 위에 작게 모여 있는 아이콘들은 빠른 실행 도구 모음입니다. 자주 쓰는 기능을 등록해두면 클릭 한 번으로 빠르게 실행할 수 있습니다. 기능을 등록하는 방법은 74쪽에서 자세히 다룹니다.

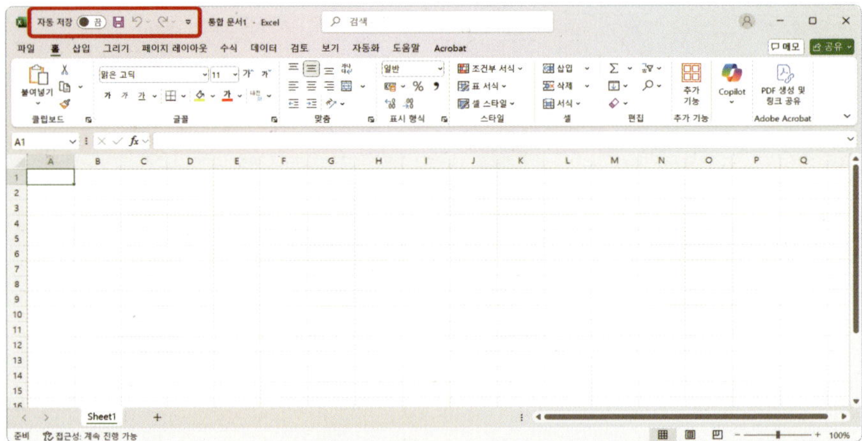

 # 수식 입력줄과 상태 표시줄

리본 메뉴 바로 아래에 있는 긴 입력창은 **수식 입력줄**입니다. 셀에 입력한 데이터나 수식을 그대로 보여줍니다. 즉, 셀에서는 결괏값(100)을 볼 수 있고, 수식 입력줄에서는 그 결과를 계산한 과정(=50+50)을 볼 수 있습니다.

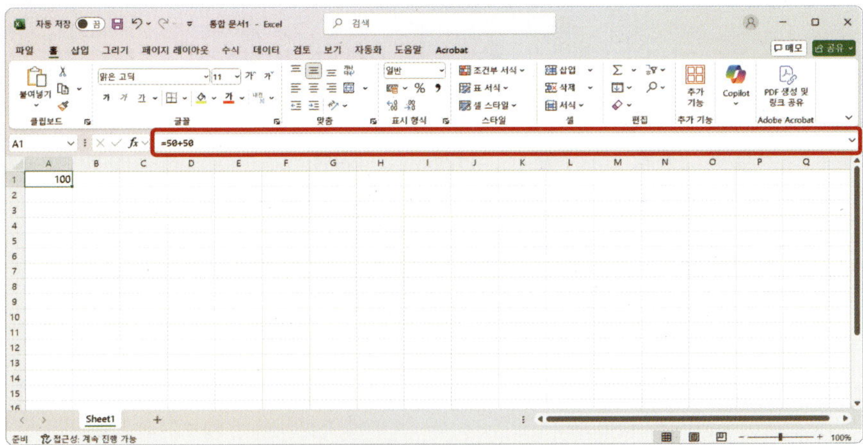

맨 아래쪽에 있는 영역은 **상태 표시줄**입니다. 숫자가 있는 셀들을 마우스로 쭉 드래그해 평균, 개수, 합계 정보를 볼 수 있습니다.

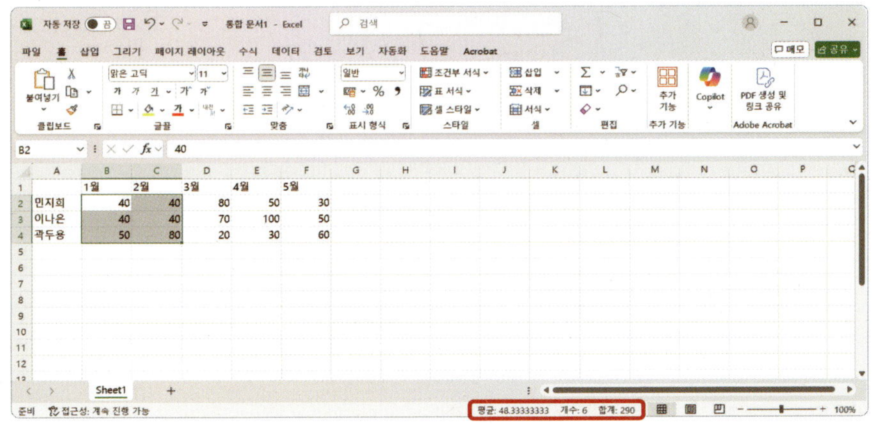

오전 회의를 앞두고 급하게 보고서를 수정 중인 이 주임. 중요한 계산이 제대로 되었는지 확인하기 위해 셀을 클릭했는데, 수식 입력줄이 보이지 않았습니다.

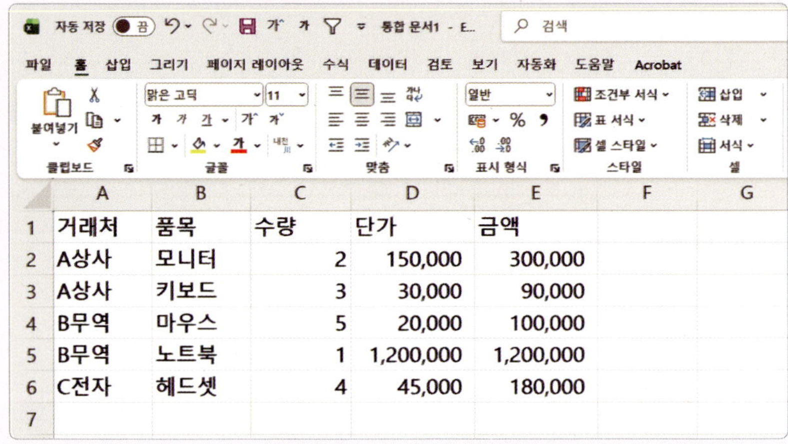

당황한 이 주임을 보며 민 과장이 말했습니다. "이 주임, 리본 메뉴에 ❶보기 탭을 눌러봐. ❷표시 그룹의 **수식 입력줄** 네모박스에 체크가 풀려 있지? 다시 체크해주면 수식 입력줄이 나타날 거야."

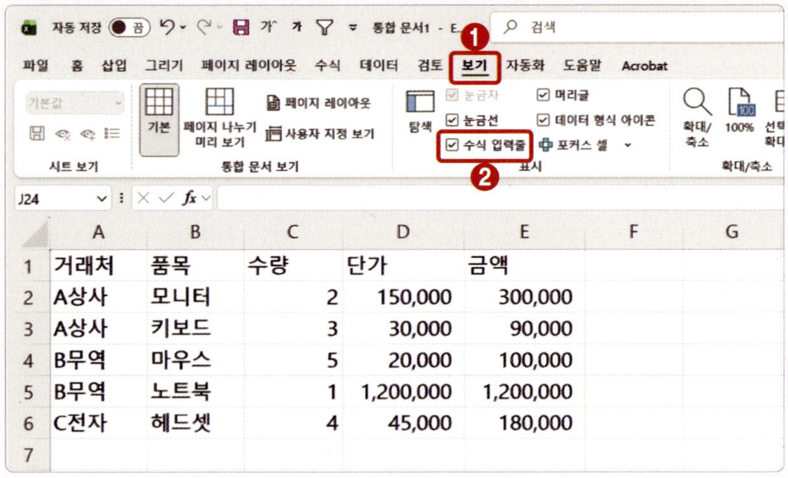

"그 기능이 어디 있더라? 분명히 봤는데…."

리본 메뉴에 수많은 기능이 있다 보니, 바로 찾기가 쉽지 않습니다. 그럴 땐 당황하지 말고 상단 중앙에 있는 검색창을 활용하세요. 단어를 입력하면 연관된 기능들이 바로 나타납니다.

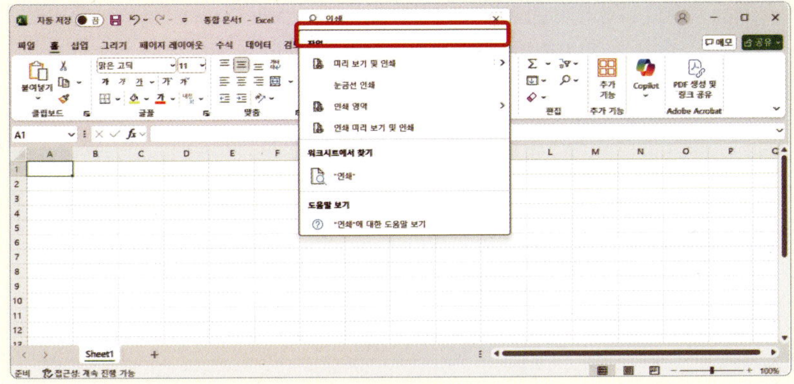

● 검색창에 인쇄를 입력하자, 이와 관련된 기능들이 나타난 모습

데이터 저장

"아, 저장 안 했는데…."
몇 시간 공들인 작업이 한순간에 사라지는 일, 누구나 한 번쯤 경험했을 겁니다. 이번 장에서는 소중한 데이터를 안전하게 지키는 방법들을 알아보겠습니다.

이번 장에서 배울 내용!

✔ 파일 저장 방법
✔ 자동 복구 간격 설정
✔ 자동 저장 설정

 파일 저장

파일 저장 방법은 다음과 같습니다.

01 왼쪽 상단의 **파일** 탭을 클릭합니다.

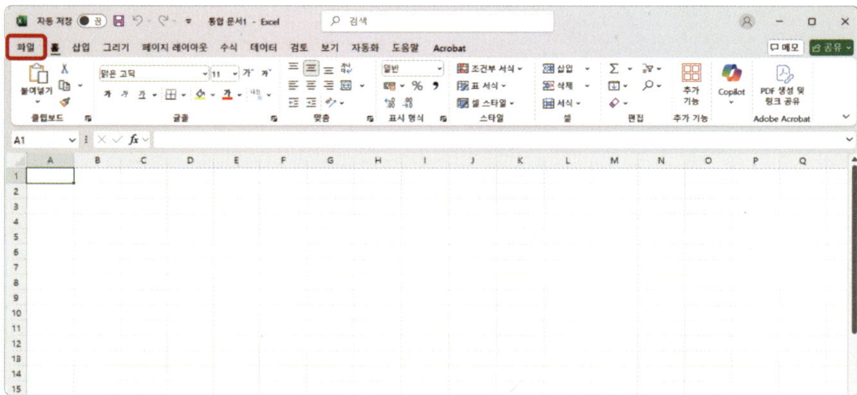

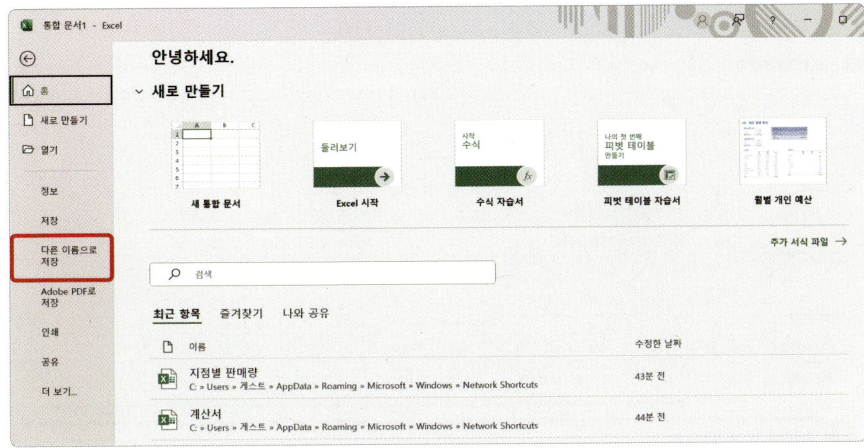

03 **찾아보기**를 눌러주세요.

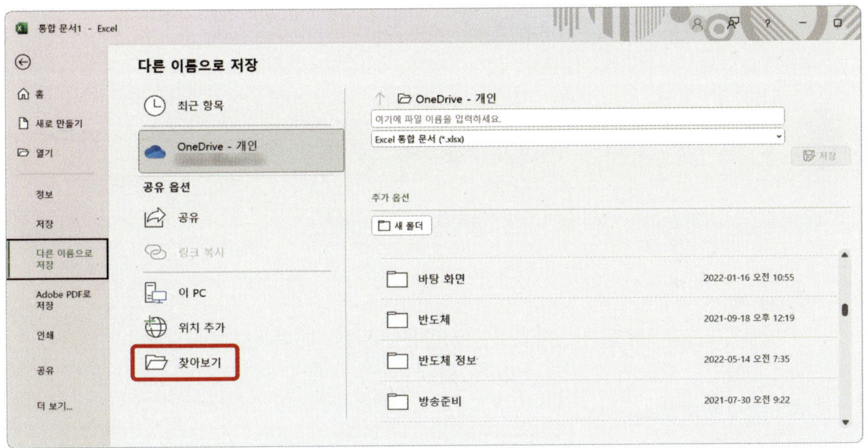

04 파일을 보관할 폴더를 선택한 후, **❶파일 이름**을 입력하고 **❷저장** 버튼을 누르면 파일이 안전하게 저장됩니다.

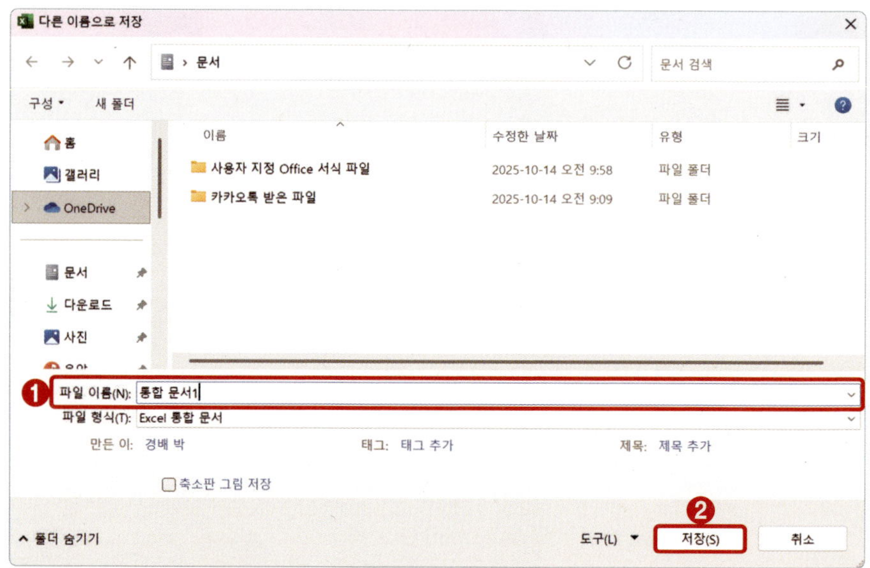

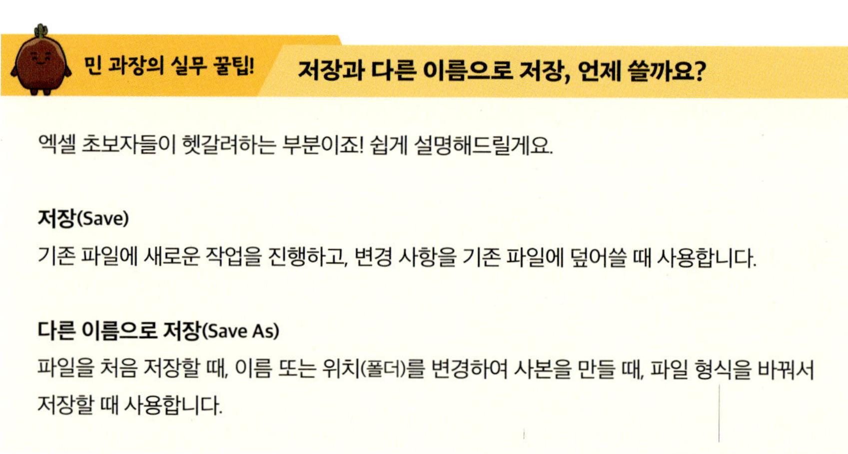

민 과장의 실무 꿀팁!   저장과 다른 이름으로 저장, 언제 쓸까요?

엑셀 초보자들이 헷갈려하는 부분이죠! 쉽게 설명해드릴게요.

저장(Save)

기존 파일에 새로운 작업을 진행하고, 변경 사항을 기존 파일에 덮어쓸 때 사용합니다.

다른 이름으로 저장(Save As)

파일을 처음 저장할 때, 이름 또는 위치(폴더)를 변경하여 사본을 만들 때, 파일 형식을 바꿔서 저장할 때 사용합니다.

 # 자동 복구 간격 설정

저장하지 않은 상태에서 갑자기 엑셀 프로그램이 종료되는 최악의 상황! 이럴 때를 대비한 안전장치가 있으니, 바로 자동 복구 기능입니다. 엑셀은 우리가 작업하는 내용을 정해진 시간마다 임시 파일 형태로 저장해두고, 프로그램이 비정상적으로 종료되면 이 임시 파일을 되살려줍니다. 자동 복구 간격이 짧을수록 잃어버리는 작업량을 최소화할 수 있겠죠? 자동 복구 간격을 설정하는 방법은 다음과 같습니다.

01 상단 메뉴에서 **파일** 탭을 클릭합니다.

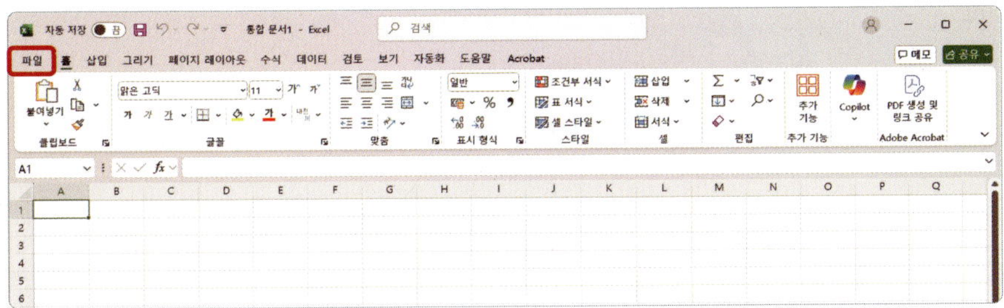

02 맨 아래의 **옵션** 탭으로 들어갑니다.

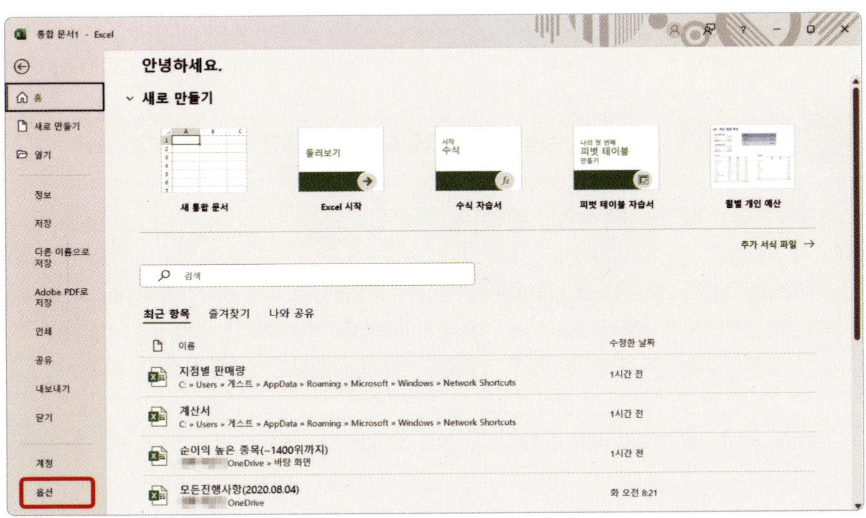

03 **Excel 옵션** 창이 열리면, 왼쪽 메뉴에서 ❶**저장** 탭을 클릭합니다.

04 ❷**자동 복구 정보 저장 간격**의 시간을 설정하세요. 기본값은 10분이지만, 5분 정도로 줄여주면 좋습니다. ❸**저장하지 않고 닫은 경우 마지막으로 자동 복구된 버전 유지** 항목에 체크가 되어 있는지도 꼭 확인하세요! ❹완료되었다면 **확인**을 눌러주세요.

자동 복구 간격, 짧다고 무조건 좋은 건 아니에요!

"자동 복구 간격을 1분으로 줄이면 더 완벽하겠네요?"

데이터를 잃을까 봐 걱정되는 마음에 이렇게 생각하기 쉽지만, 좋은 생각이 아니에요! 자동 복구(임시 저장)를 할 때마다 컴퓨터는 약간의 힘(리소스)을 쓰게 됩니다. 파일 용량이 크거나 수식이 복잡한 상태에서 1분마다 자동 복구(임시 저장)가 실행되면, 엑셀이 순간적으로 멈추거나 지연되는 현상(버벅거림)이 생길 수 있습니다. 데이터를 안전하게 지키면서 쾌적한 작업 환경(성능)을 유지할 수 있는 균형 잡힌 시간을 찾는 것이 중요합니다.

 # 자동 저장

자동 저장 기능을 켜두면 작업 내용이 실시간으로 저장됩니다. 단, 이 기능은 클라우드에 문서를 저장할 때만 사용할 수 있습니다. 방법은 다음과 같습니다.

01 왼쪽 상단의 **파일** 탭을 클릭합니다.

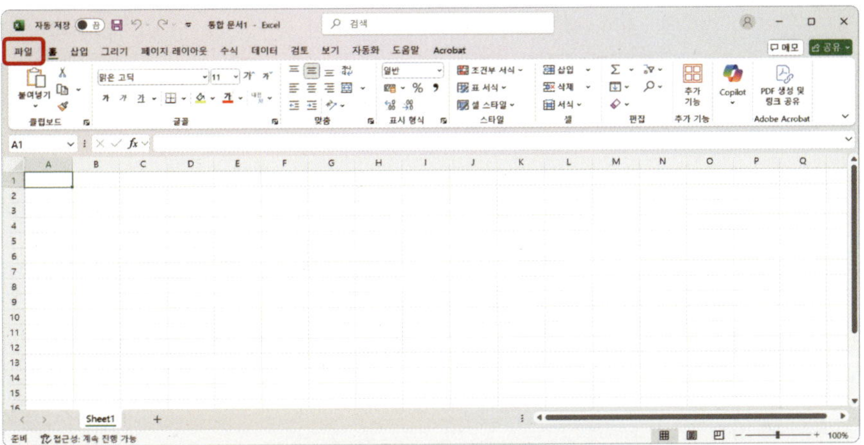

02 왼쪽 메뉴에서 **다른 이름으로 저장** 탭을 눌러주세요.

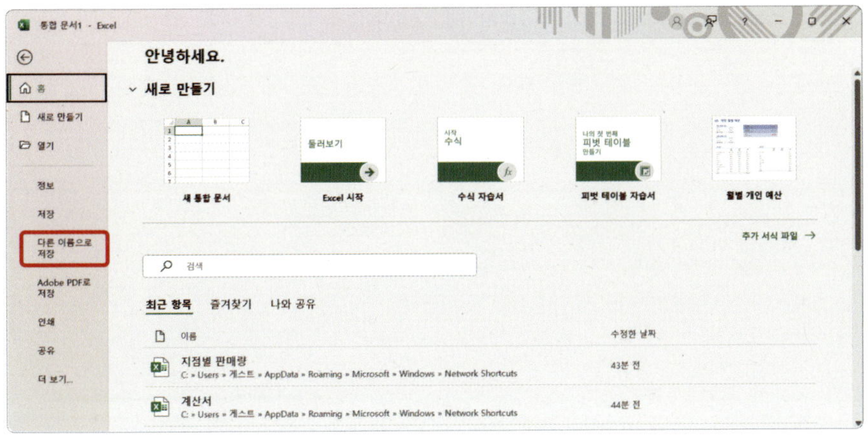

03 ❶**위치 추가**를 클릭해, ❷우측 목록에서 원하는 클라우드를 선택합니다.

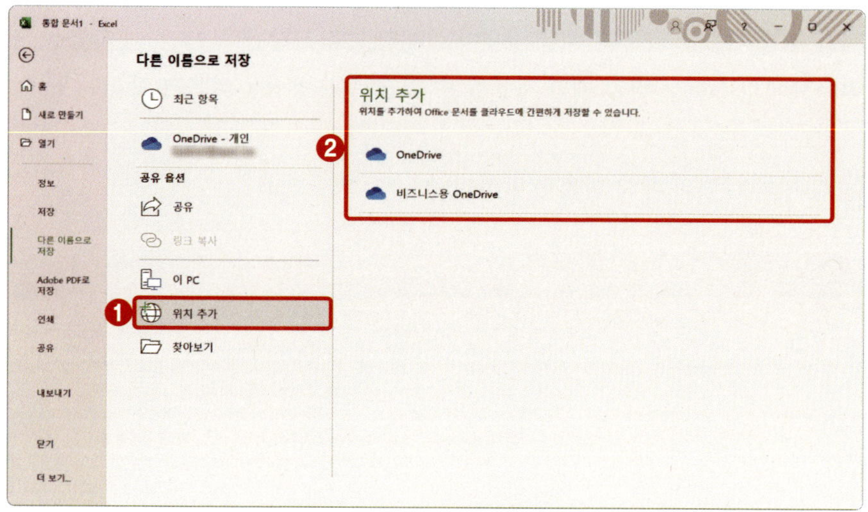

04 왼쪽 상단의 **자동 저장** 버튼이 켬(켬◯) 상태로 바뀌었는지 확인합니다. 꺼져 있다면 버튼을 클릭해서 활성화합니다. 이제 작업 내용이 실시간으로 클라우드에 저장됩니다.

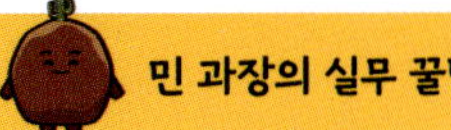

이런 실수쯤이야! 작업 되돌리기 & 다시 실행하기

실수로 중요한 내용을 지워버렸을 때, 가슴이 철렁 내려앉으셨죠? 걱정 마세요. 엑셀에는 우리의 실수를 없던 일로 만들어줄 타임머신 기능이 있습니다.

실행 취소

Ctrl + Z 를 누르면 방금 한 작업을 바로 이전 단계로 되돌려줍니다.

다시 실행

Ctrl + Z 로 작업을 되돌렸는데, "어? 다시 보니 되돌리기 전이 더 나은데?" 싶을 때가 있죠. 그럴 땐 Ctrl + Y 를 눌러보세요. 실행 취소 기능으로 되돌렸던 작업을 원상복구해줍니다. Ctrl + Z 와 Ctrl + Y 는 짝꿍처럼 함께 기억해두면 좋습니다.

실행 취소 목록 활용하기

실수를 여러 번 했거나 혹은 훨씬 이전 단계로 돌아가야 할 때는 ❶실행 취소 (↺) 옆의 작은 화살표(﹀)를 클릭해보세요. 지금까지 작업했던 내역들이 목록으로 나타납니다.

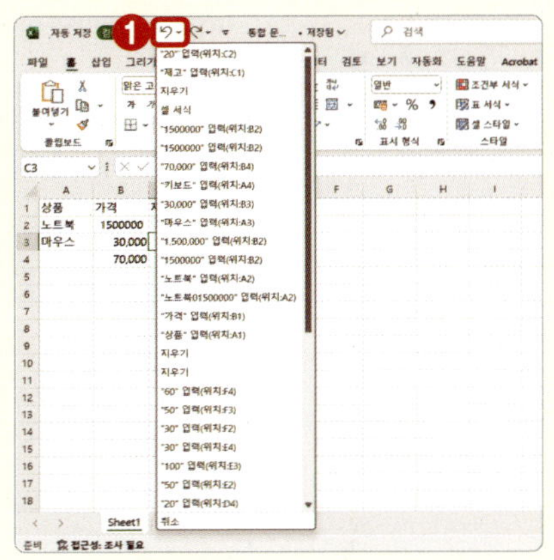

❷이 목록에서 되돌리고 싶은 작업까지 마우스로 드래그만 하면, 선택한 여러 단계의 작업이 한 번에 취소됩니다.

앞서 실행 취소와 다시 실행 기능은 짝꿍이라고 했죠? 다시 실행(↻) 옆의 화살표도 같은 방식으로 작동하니, 필요할 때 사용해보세요.

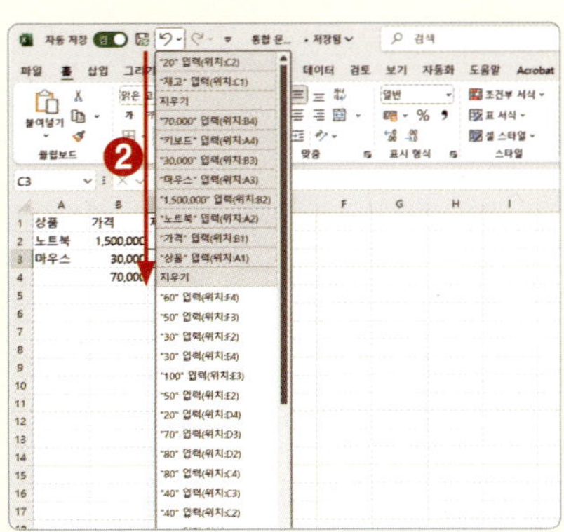

데이터 관리

데이터 입력

엑셀의 강력한 기능을 제대로 활용하려면 데이터를 정확하게 입력해야 합니다. 이번 장에서는 데이터 입력 규칙과 채우기 기능을 알아보겠습니다.

이번 장에서 배울 내용!

✔ 데이터 입력 규칙

✔ 자동 채우기와 빠른 채우기

 ## 데이터 입력 규칙

1. 하나의 셀에는 하나의 데이터만 입력하세요!

데이터는 유형별로 구분해 각각 다른 셀에 입력해야 합니다. '김철수 2024-06-01 150,000원'처럼 하나의 셀에 여러 유형의 데이터를 입력하면 추후 이름 순 정렬, 날짜별 필터링, 금액 합산 등 엑셀의 핵심 기능들을 사용할 수가 없습니다. '1셀 1데이터' 원칙을 꼭 기억하세요.

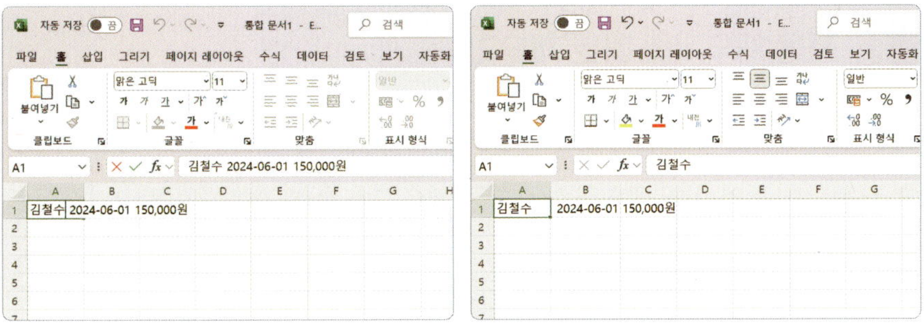

● 여러 유형의 데이터를 A1셀에 전부 입력한 모습(좌)과 데이터의 유형에 따라 A1,B1,C1셀로 구분해서 입력한 모습(우)

실무에서는 작은 공백(띄어쓰기) 하나 때문에 오류가 발생하는 경우가 많습니다. 엑셀은 '김민수'와 '김 민수'를 완전히 다른 데이터로 인식하기 때문이죠. 따라서 불필요한 공백이 발생하지 않도록 주의하세요.

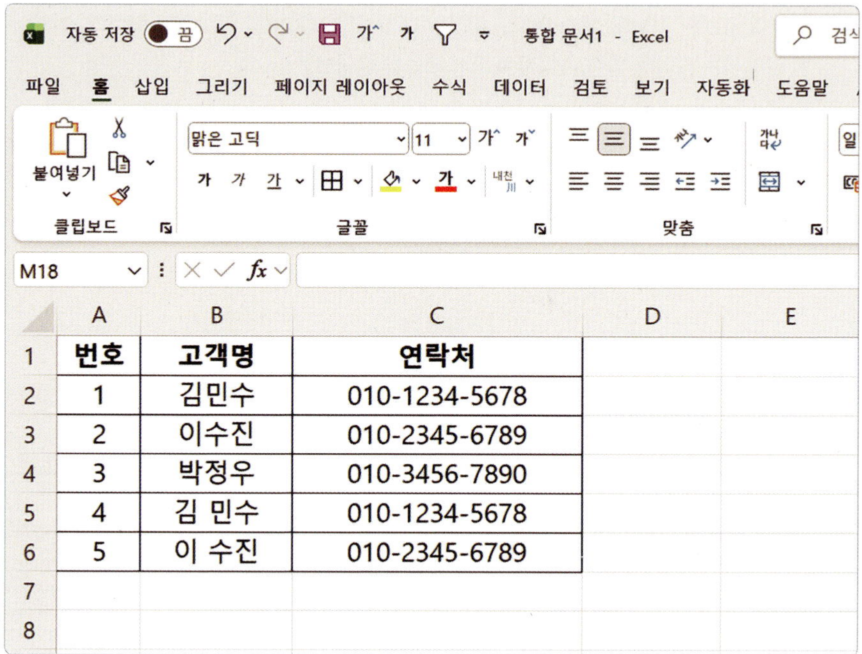

● 이름에 공백(김 민수, 이 수진)이 포함되어 있어 동일한 데이터가 중복해서 들어간 모습

자동 채우기와 빠른 채우기

채우기는 선택한 셀의 값을 기준으로 규칙적인 패턴을 파악해 데이터를 자동으로 채우는 기능입니다. 대표적으로 자동 채우기와 빠른 채우기가 있습니다.

자동 채우기는 셀 오른쪽 아래에 있는 작은 점, 일명 채우기 핸들을 마우스로 드래그해 숫자, 날짜, 요일처럼 규칙이 있거나 반복되는 데이터를 자동으로 입력하는 기능입니다.

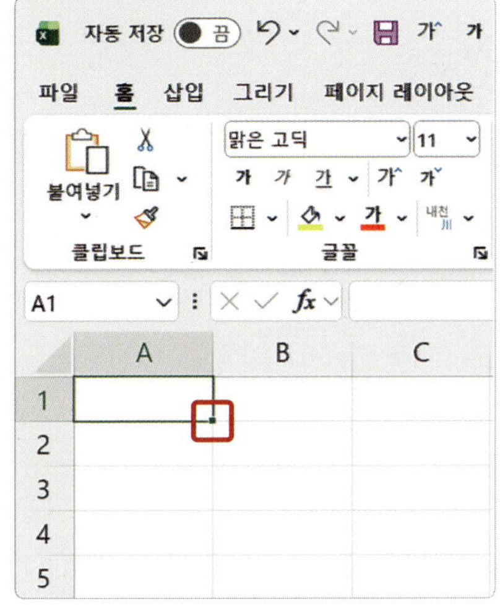

● 셀 오른쪽 아래에 위치한 채우기 핸들

① 숫자 데이터

채우기 핸들 위에 마우스를 올리면 커서가 십자가(✛) 모양으로 바뀝니다. 그 상태에서 드래그하면 셀의 값인 1이 계속 복사됩니다.

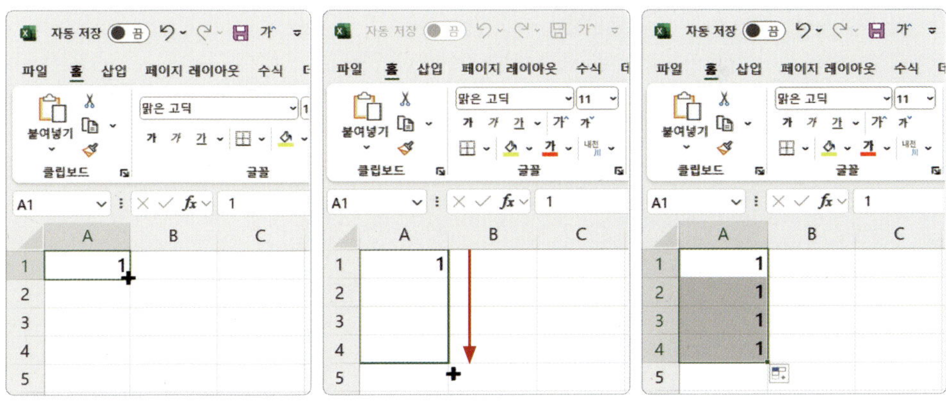

Ctrl 키를 누른 상태에서 드래그하면 1, 2, 3, 4… 순서로 숫자가 1씩 늘어납니다.

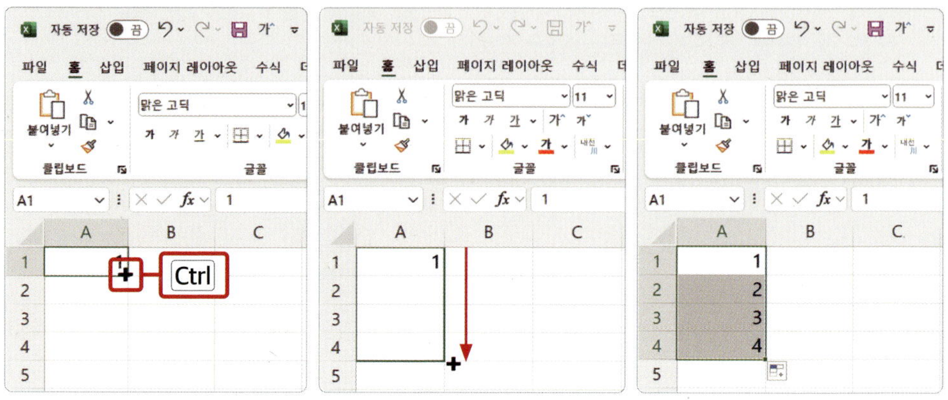

참고로 A1셀에 숫자 1을, A2셀에 숫자 2를 입력하고 A1~A2셀을 선택한 다음, A2셀의 채우기 핸들을 드래그해도 엑셀이 패턴을 인식하여 숫자가 1씩 증가합니다.

② 날짜 및 요일 데이터

엑셀은 날짜와 요일의 순서를 알고 있습니다. 1월을 입력하고 채우기 핸들을 드래그하면 2월, 3월… 순서로 채워지고, 월요일을 입력하고 드래그하면 화요일, 수요일… 순서로 채워집니다.

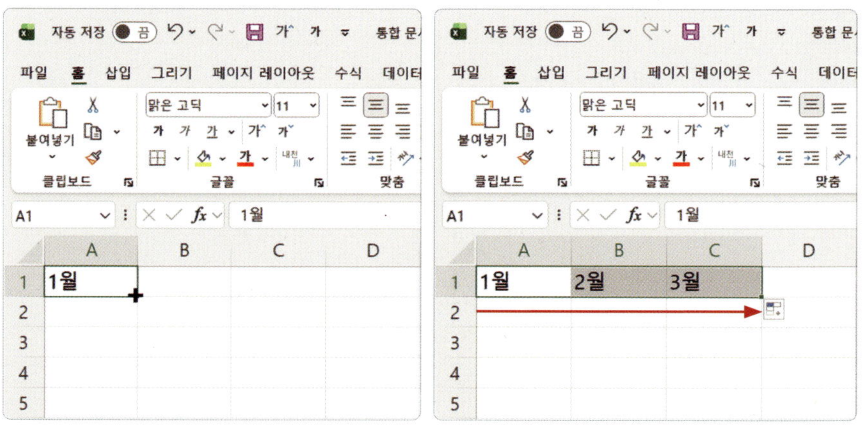

날짜 자동 채우기, 이것만은 꼭 확인하세요!

자동 채우기는 패턴에 따라 숫자를 늘릴 뿐, 그 값의 옳고 그름을 판단하지 않습니다. 날짜 데이터를 자동으로 채울 때 10월 32일, 10월 33일처럼 존재하지 않는 날짜가 생성되는 이유입니다. 이 문제를 해결하려면 엑셀에게 해당 데이터가 날짜라는 것을 알려줘야 합니다. 하이픈 (-) 또는 슬래시(/)로 연, 월, 일을 구분하세요. (ex. 2025-09-25, 25/9/25) 그럼 엑셀이 데이터를 날짜로 인식해 오류 없이 채워줍니다.

2. 예시를 줄 수 있다면 빠른 채우기를 활용하세요!

빠른 채우기는 사용자가 입력한 예시 패턴을 학습한 후, 나머지 데이터를 해당 패턴대로 채워주는 기능입니다. 오른쪽 그림을 보면 A열에는 아이디가, B열에는 도메인이 적혀 있는데요, 이 둘을 합쳐 이메일 주소로 만들어보겠습니다.

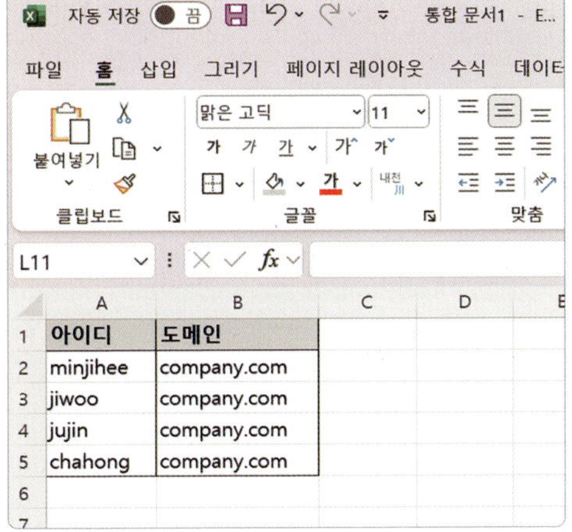

01 C1셀에 새로운 제목을 적고, C2셀에 A2셀과 B2셀에 있는 아이디와 도메인을 합쳐 minjihee@company.com이라고 직접 입력합니다. 엑셀에게 원하는 패턴의 예시를 보여주는 과정입니다.

02 상단의 ❶**데이터** 탭을 클릭하고, **데이터 도구** 그룹에서 ❷**빠른 채우기**를 선택합니다. 혹은 단축키 Ctrl + E 를 누르세요.

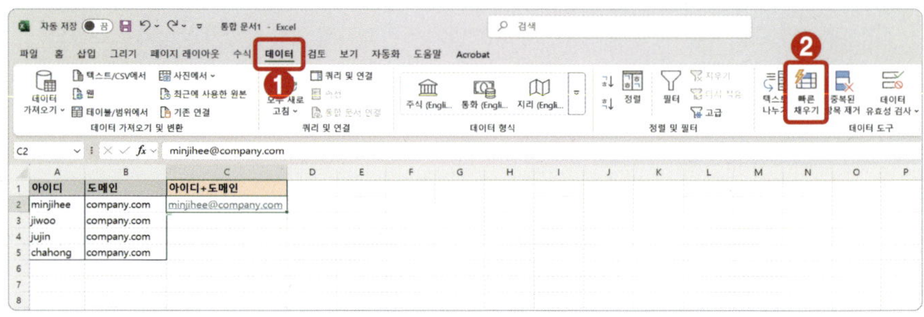

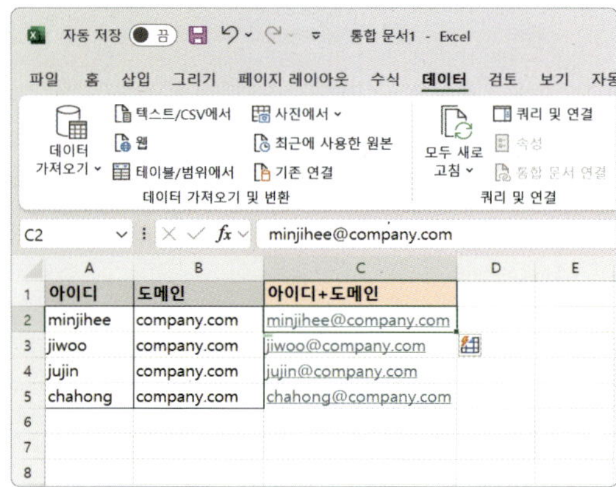

03 엑셀이 C2셀의 패턴을 파악해서 나머지 빈 셀을 자동으로 채워줍니다. 정말 신기하죠?

전화번호에 하이픈(-)을 넣거나, 흩어진 주소를 하나로 합치는 등 단순하고 반복적인 작업에 활용해보세요.

민 과장의 실무 꿀팁!   **빠른 채우기가 안 될 땐 이렇게 해보세요!**

빠른 채우기 기능이 작동하지 않을 때가 있습니다. 이럴 땐 예시를 2~3개 정도 더 입력해서 패턴을 보다 명확하게 알려주세요. 똑똑한 엑셀이 금방 패턴을 파악해 나머지 셀들을 채워줄 거예요.

행, 열, 셀

엑셀의 가장 기본 단위는 네모난 칸인 셀, 셀의 가로줄인 행, 세로줄인 열입니다. 이 세 가지를 얼마나 잘 다루느냐에 따라 작업의 효율이 결정되죠. 이번 장에서는 행 높이와 열 너비를 조정하고, 데이터를 셀 가운데에 정렬하는 방법을 배워보겠습니다.

이번 장에서 배울 내용!

✔ 행 높이와 열 너비 조정
✔ 병합하고 가운데 맞춤 및 선택 영역의 가운데로

 행 높이와 열 너비 조정하기

행 높이와 열 너비를 조정하는 방법은 다음과 같습니다.

1. 행 높이 조정하기

두 줄 이상의 데이터를 입력하면 셀 안에 다 담기지 않아 위·아래가 잘려 보입니다. 이럴 때는 행 높이를 조정해보세요.

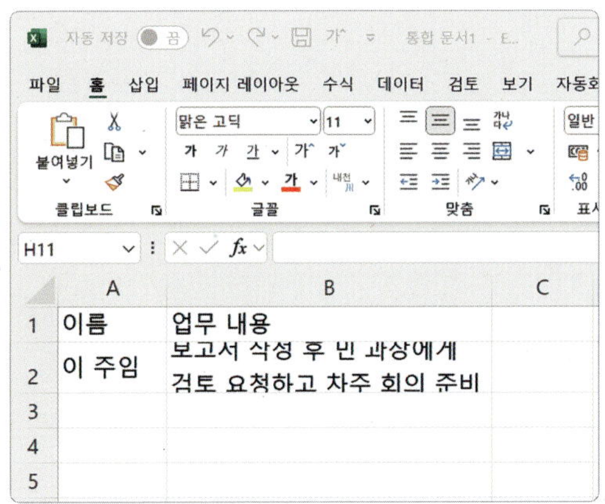

① 자동 조정

높이를 조정할 행의 머리글 아래쪽 경계선에 마우스를 가져다 대고 커서가 십자가(✛) 모양으로 바뀌면 더블클릭하세요. 셀에 입력된 데이터 길이에 맞춰 행 높이가 자동으로 조정됩니다.

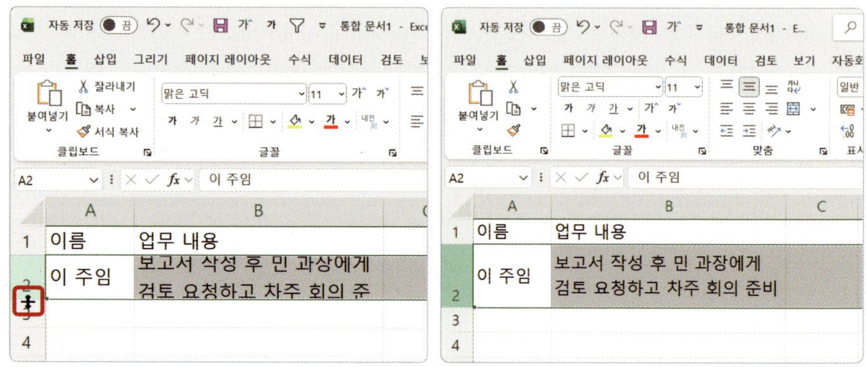

② 수동 조정

높이를 조정할 행의 머리글 아래쪽 경계선에 마우스를 가져다 대고 커서가 십자가(✛) 모양이 되었을 때, 마우스를 클릭한 채로 위 혹은 아래 방향으로 쭉 드래그하세요. 원하는 만큼 높이를 조정할 수 있습니다.

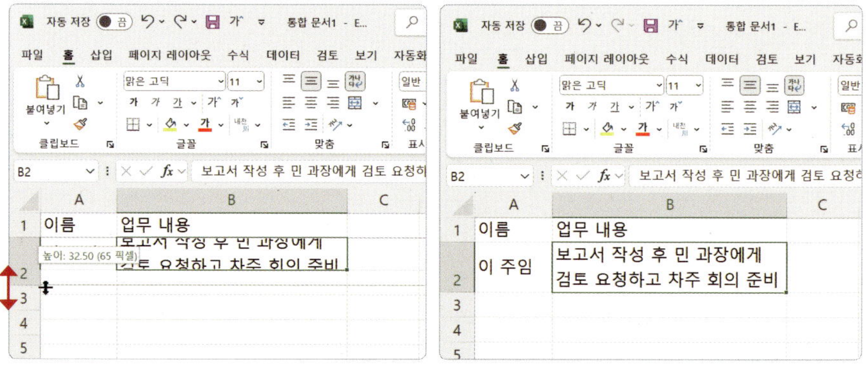

2. 열 너비 조정하기

내용이 길어지면 글자가 셀 밖으로 삐져나오거나, 숫자가 #####으로 표시됩니다. 이럴 땐 열 너비를 조정해보세요.

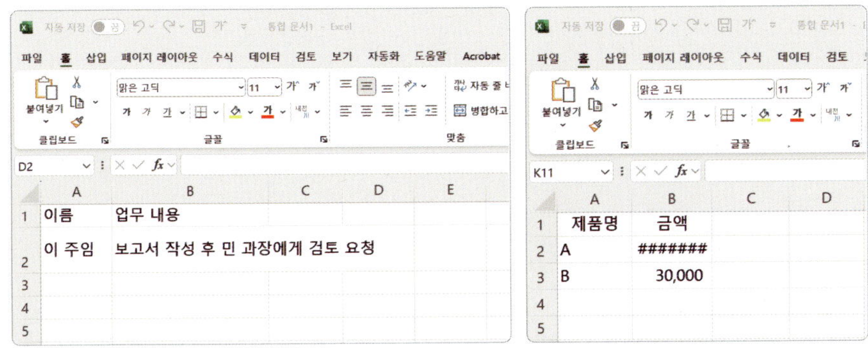

① 자동 조정

너비를 조정할 열의 머리글 오른쪽 경계선에 마우스를 가져다 대고 커서가 십자가(✛) 모양으로 바뀌면 더블클릭하세요. 셀에 입력된 데이터 길이에 맞춰 열 너비가 자동으로 조정됩니다.

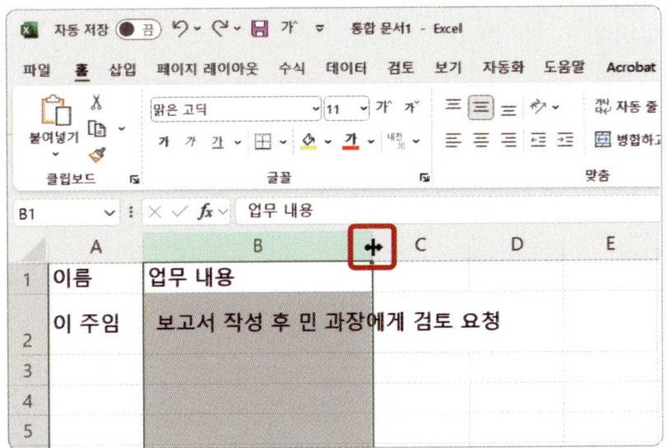

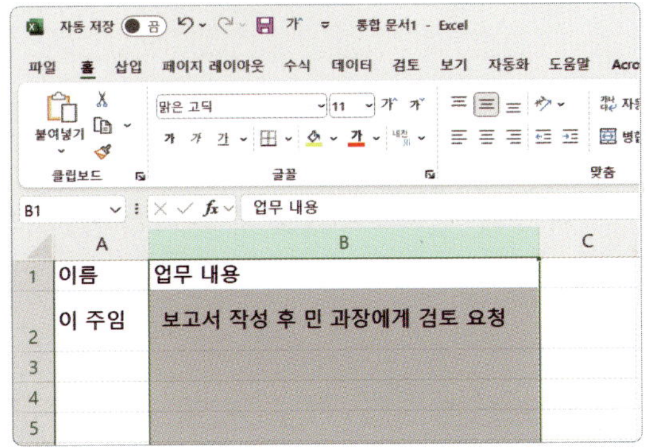

② 수동 조정

너비를 조정할 열의 머리글 오른쪽 경계선에 마우스를 가져다 대고 커서가 십자가(✛) 모양으로 바뀌면 마우스를 클릭한 채로 왼쪽 혹은 오른쪽 방향으로 쭉 드래그하세요. 원하는 만큼 너비를 조정할 수 있습니다.

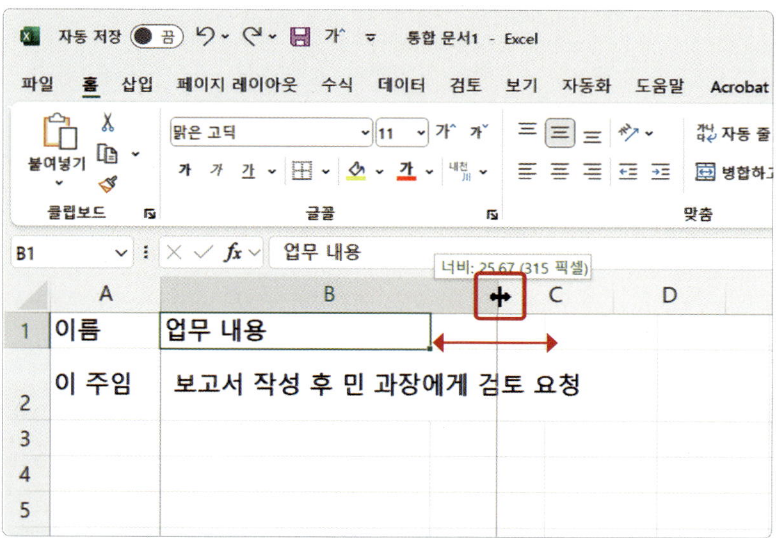

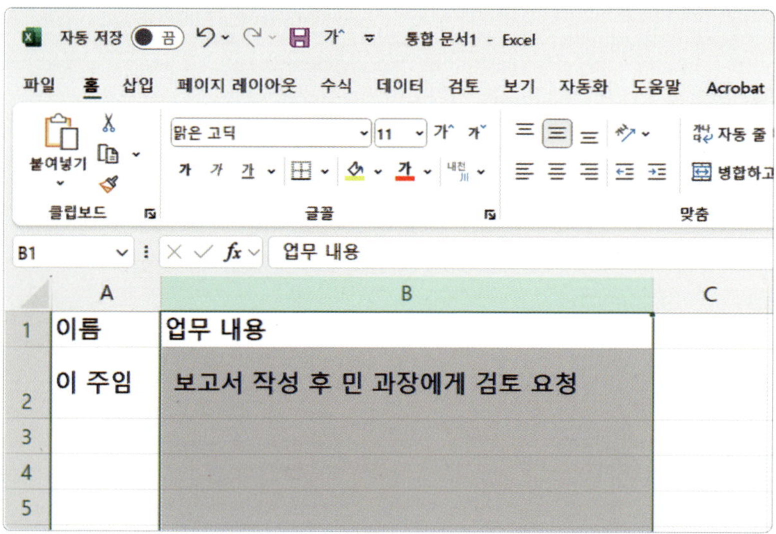

 **민 과장의 실무 꿀팁!** **긴 텍스트, 자동 줄 바꿈을 활용해보세요!**

열 너비 자동 조정 시, 텍스트가 긴 셀이 있으면 열이 지나치게 넓어질 수 있습니다. 이럴 때는 자동 줄 바꿈 기능을 활용하세요.

❶줄 바꿈 기능을 적용할 셀을 선택한 후, ❷**홈** 탭의 **맞춤** 그룹에서 ❸**자동 줄 바꿈**을 클릭합니다.

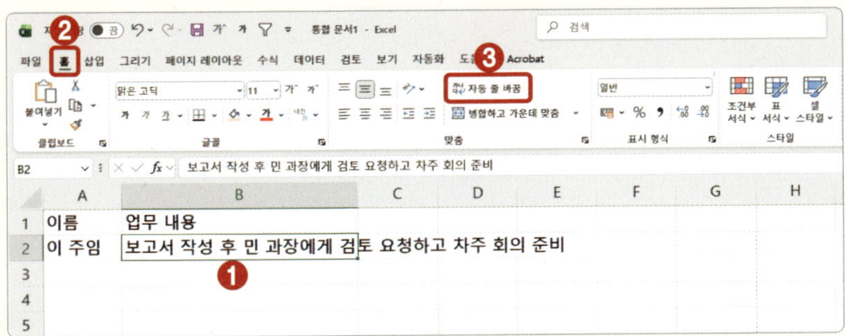

열 너비에 맞춰 자동으로 줄이 바뀌었습니다. 만약 특정 지점에서 줄을 바꾸고 싶다면 해당 위치에 커서를 놓고 Alt + Enter 를 누르세요.

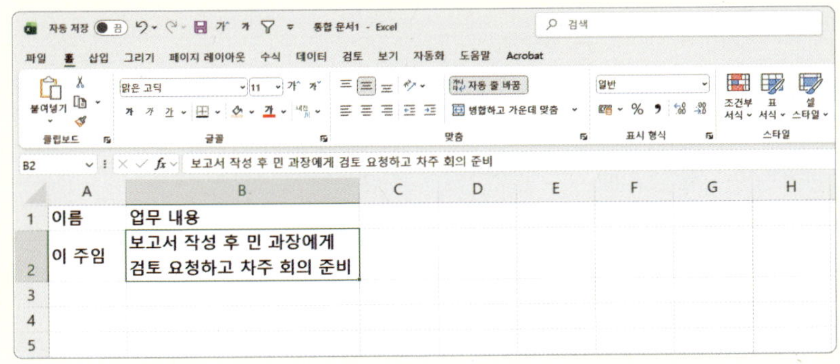

3. 여러 개의 행과 열을 한 번에 조정하기

높이와 너비를 조정해야 할 행과 열이 많다면 아래 방법을 사용해보세요.

① 데이터 길이에 맞춰 자동 조정하기

❶워크시트 왼쪽 상단에 삼각형 모양의 **전체 선택**(◢) 버튼을 클릭하면 시트의 모든 셀이 선택됩니다. ❷이 상태에서 아무 행이나 열의 머리글 경계선을 더블클릭하세요. ❸각 셀의 데이터 길이에 맞춰 모든 행과 열이 자동으로 조정됩니다.

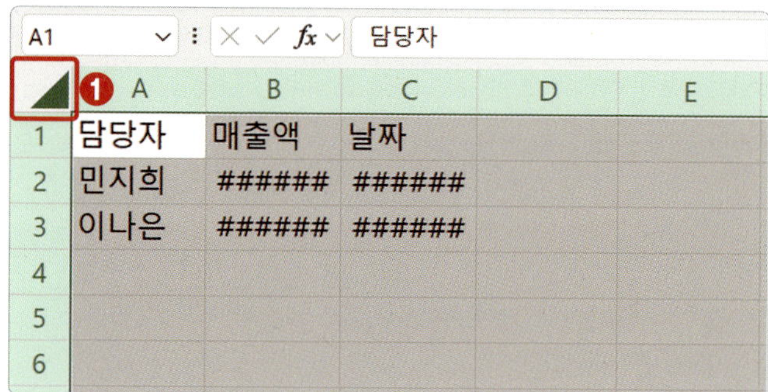

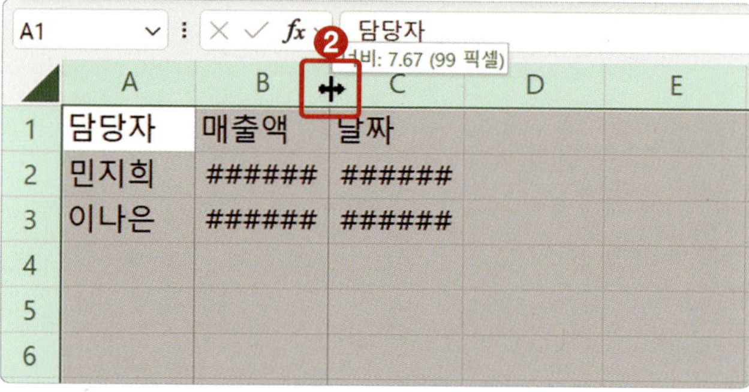

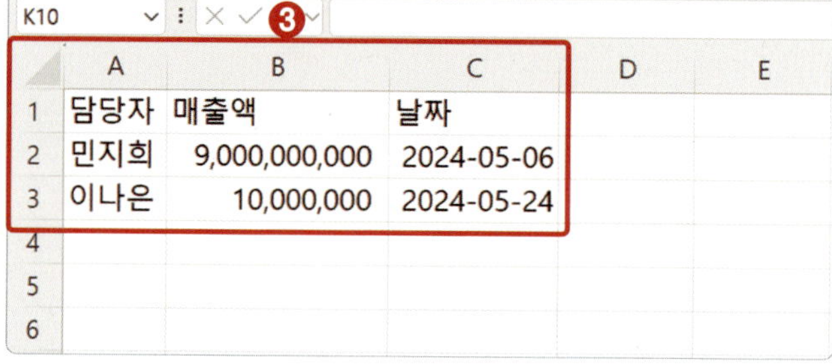

② 동일한 크기로 수동 조정하기

01 이번에는 A, C, E열처럼 서로 떨어져 있는 열의 너비를 동일하게 맞춰보겠습니다. ❶먼저, A열의 머리글을 클릭한 후, Ctrl 키를 누른 상태로 ❷C열과 E열의 머리글을 차례로 클릭합니다.

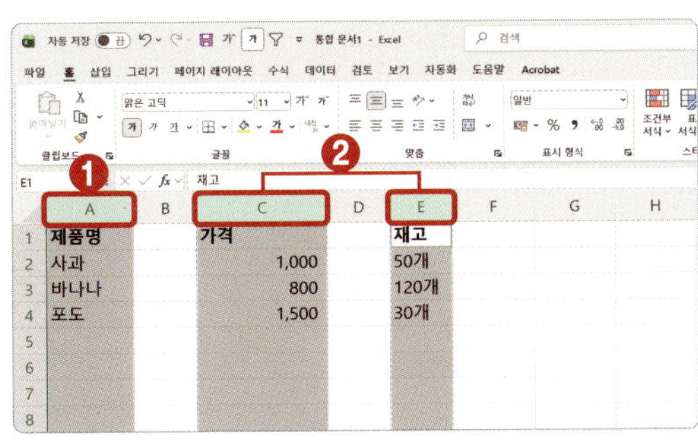

02 마우스 오른쪽 버튼을 눌러 **열 너비**를 선택하세요.

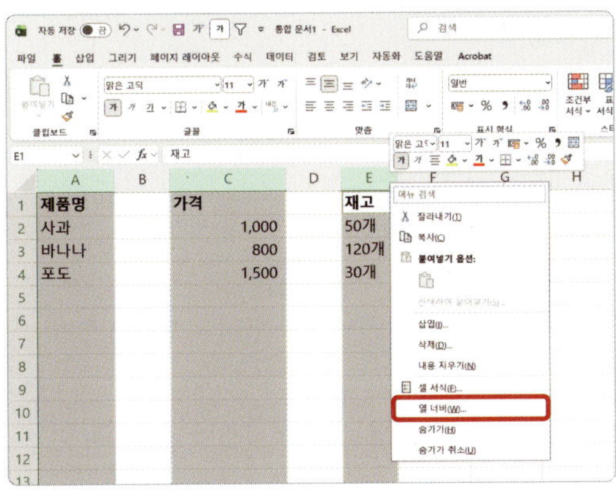

03 **열 너비** 창이 열리면 ❶원하는 숫자를 입력합니다. 책에서는 10을 입력했습니다. 완료되었다면 ❷**확인**을 누릅니다.

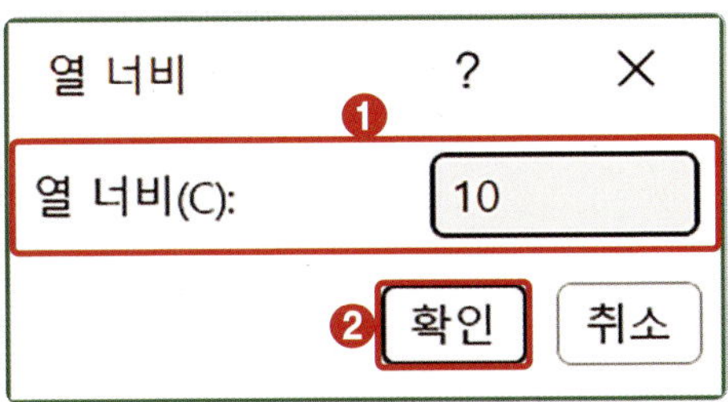

04 선택한 열의 너비가 동일하게 바뀌었습니다. 행 높이도 같은 방법으로 조정할 수 있습니다.

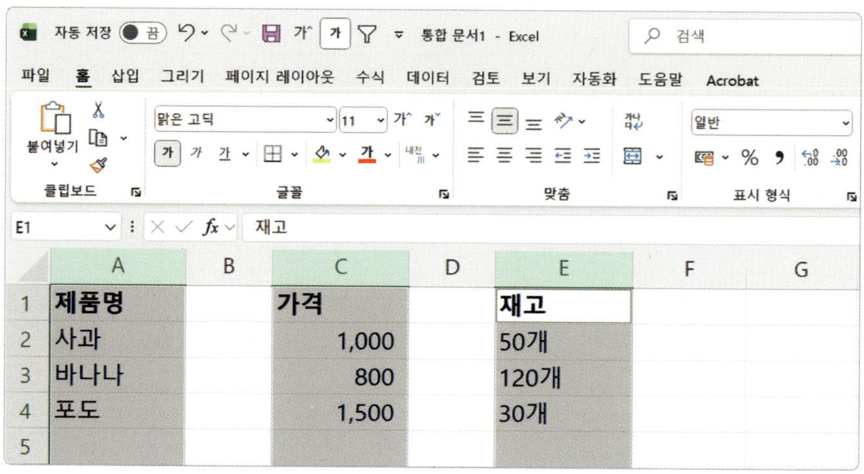

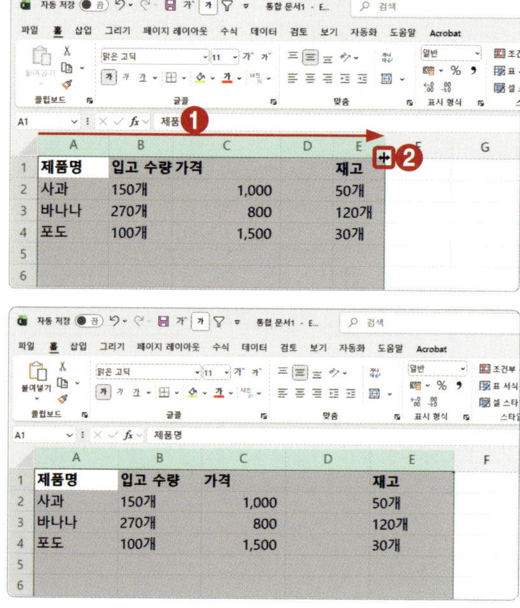

또 다른 방법도 있습니다. ❶표 전체 열의 머리글을 드래그한 후, ❷아무 열의 경계선에 마우스를 가져다 대세요. 커서가 십자가 모양(✛)으로 바뀌면 원하는 너비만큼 좌우로 쭉 드래그합니다. 그럼, 표 전체 열의 너비를 동일하게 맞출 수 있습니다.

 # 데이터를 셀 가운데에 정렬하기

병합하고 가운데 맞춤은 여러 개의 셀들을 하나의 셀로 합친 후 데이터를 가운데에 정렬하는 기능입니다. ❶ 병합할 셀을 드래그한 후, ❷ **홈** 탭의 **맞춤** 그룹에서 ❸ **병합하고 가운데 맞춤**을 클릭합니다. ❹ 셀들이 합쳐지면서 데이터가 가운데로 옮겨졌습니다.

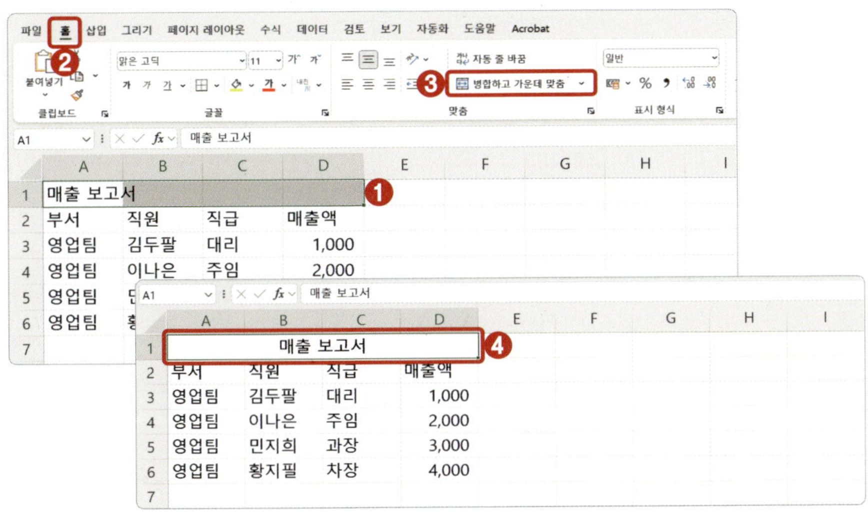

이 방법을 사용하면 언뜻 깔끔해 보이지만, 추후 데이터를 필터링하거나 함수를 쓸 때 오류를 일으킬 수 있습니다. 엑셀은 셀 단위로 작업을 수행하기 때문이죠. 셀을 병합하지 않고 데이터만 가운데로 정렬하는 방법은 없을까요?

선택 영역의 가운데로 기능을 사용하면 됩니다. 방법은 다음과 같습니다.

01 먼저, 범위를 지정합니다. A1 셀부터 D1 셀까지 마우스로 드래그해주세요.

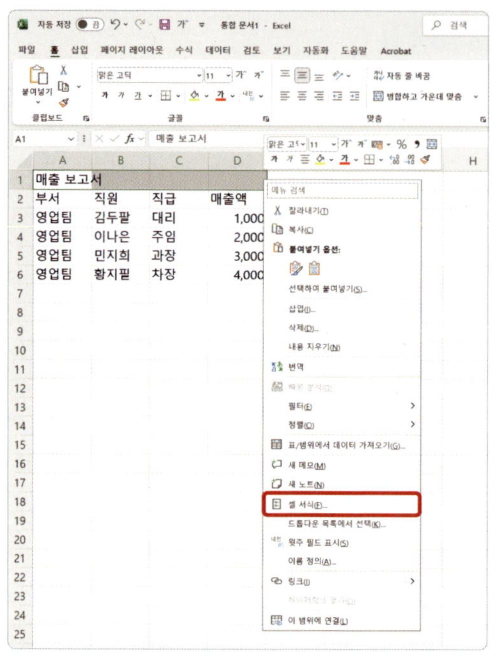

02 선택한 영역 위에서 마우스 오른쪽 버튼을 클릭한 후, **셀 서식**을 선택합니다. 혹은 단축키 Ctrl + 1 을 눌러주세요.

03 셀 서식 창이 열리면 **맞춤** 탭으로 이동합니다.

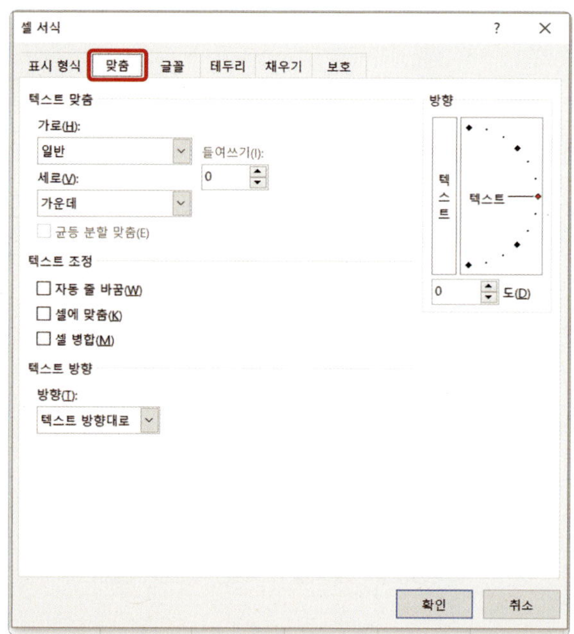

04 ❶**텍스트 맞춤** 항목의 **가로** 옵션에서 ❷**선택 영역의 가운데로**를 선택하고 ❸**확인**을 누릅니다.

05 선택한 셀 영역의 정중앙으로 데이터가 이동했습니다. 셀을 병합한 것처럼 보이지만, 각각의 셀이 독립된 상태이기 때문에 나중에 정렬, 필터, 함수 기능을 사용할 때 문제를 일으키지 않습니다.

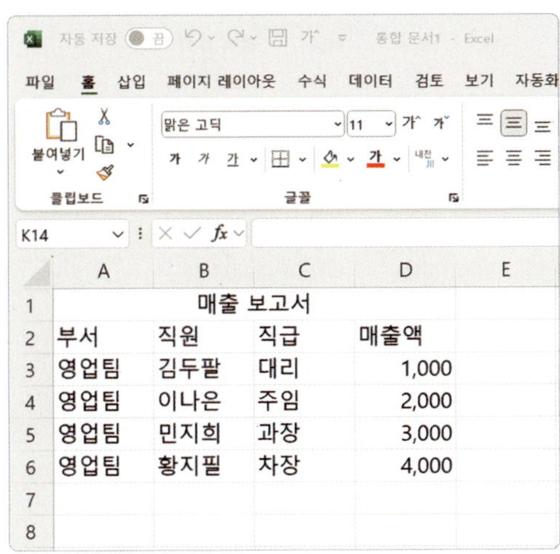

데이터 정렬

일정한 규칙에 따라 데이터를 재배열하면 작업 효율이 올라가겠죠? 이번 장에서는 데이터를 재배열하는 정렬 기능을 배워보겠습니다.

이번 장에서 배울 내용!
- ✔ 데이터 정렬(오름차순, 내림차순)
- ✔ 다중 기준 정렬

 데이터 정렬하기

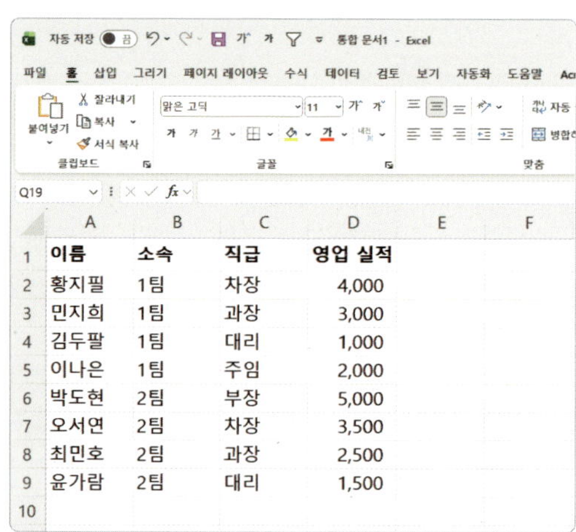

정렬은 데이터를 특정 기준에 따라 재배열하는 기능입니다. 오름차순과 내림차순이 대표적이죠. 오름차순은 작은 것부터 큰 것 순서로 데이터를 나열합니다. 숫자라면 작은 수에서 큰 수순으로, 텍스트라면 가나다순으로, 날짜라면 과거에서 최근 순(1월 1일 → 1월 2일)으로 데이터를 정렬하죠. 반면, 내림차순은 오름차순과 반대의 순서, 즉 큰 것부터 작은 것 순서로 데이터를 나열합니다.

D열의 영업 실적 데이터를 오름차순으로 정렬해보겠습니다.

01 ❶영업 실적 데이터 중 아무 셀을 하나 클릭합니다. ❷**데이터** 탭의 **정렬 및 필터** 그룹에서 ❸**오름차순 정렬**(⤋)을 선택합니다. (그 아래 버튼은 내림차순 정렬(⤋)입니다.)

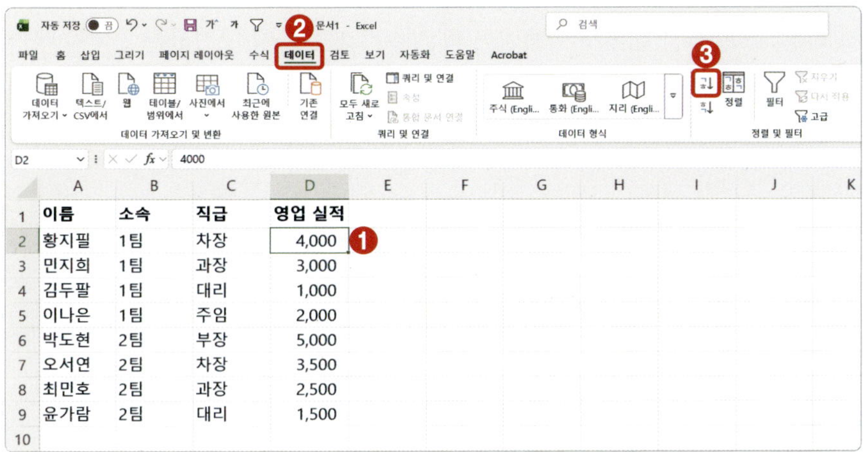

영업 실적 데이터가 오름차순으로 정렬되었습니다.

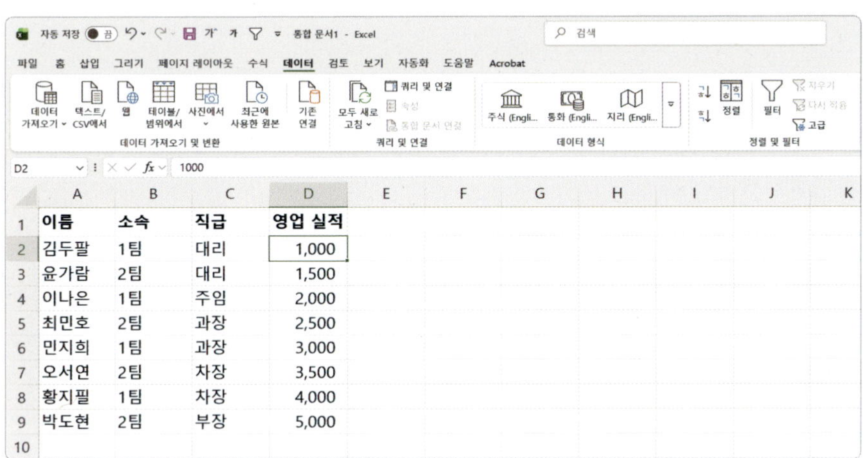

다중 기준 정렬하기

다중 기준 정렬은 하나의 기준으로 데이터를 정렬한 후, 같은 값으로 묶인 그룹 내에서 또 다른 기준을 추가하여 한 번 더 정렬하는 기능입니다. 부서별로 정렬한 다음, 같은 부서 내에서 입사일이 빠른 순서대로 다시 정렬하는 것처럼 여러 기준을 순차적으로 적용하고 싶을 때 사용합니다. 아래 데이터를 소속으로 정렬한 다음, 소속 내에서 영업 실적별로 다시 정렬해보겠습니다.

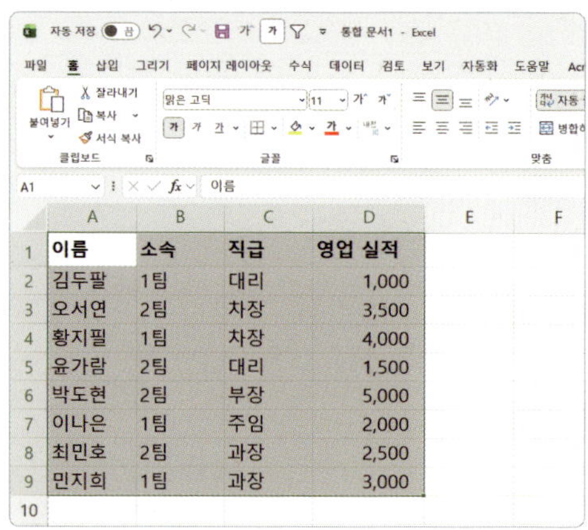

01 정렬할 전체 데이터를 드래그합니다. 혹은 표 안의 아무 셀을 하나 클릭한 후, 단축키 Ctrl +A 를 누릅니다.

02 엑셀 상단의 ❶데이터 탭을 클릭한 후, **정렬 및 필터** 그룹에서 ❷정렬을 선택합니다.

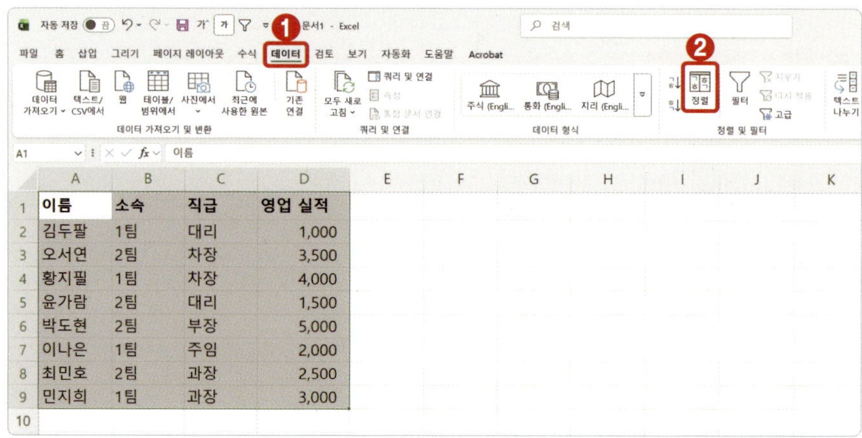

03 **정렬** 창이 나타납니다. ❶첫 번째 탭은 **정렬 기준**입니다. 이 탭에서는 어떤 열을 기준으로 데이터를 정렬할지 선택합니다. 먼저 소속별로 정렬할 것이므로 책에서는 '소속'을 선택했습니다. ❷두 번째 탭은 **정렬 기준값**입니다. 이 탭에서는 정렬할 때 기준이 되는 항목을 설정합니다. 보통 셀에 입력된 내용을 기준으로 정렬하므로 '셀 값'을 선택했습니다. ❸세 번째 탭은 **정렬 방식**입니다. 데이터를 어떤 순서(오름차순 혹은 내림차순)로 정렬할지 선택합니다. 책에서는 '오름차순'을 선택했습니다.

04 ❶왼쪽 상단의 **기준 추가** 버튼을 클릭해 두 번째 정렬 기준을 생성한 후, ❷정렬 기준, 정렬 기준값, 정렬 방식을 설정합니다. 책에서는 '영업 실적', '셀 값', '오름차순'을 선택했습니다. 설정이 완료되었다면 ❸**확인**을 누릅니다.

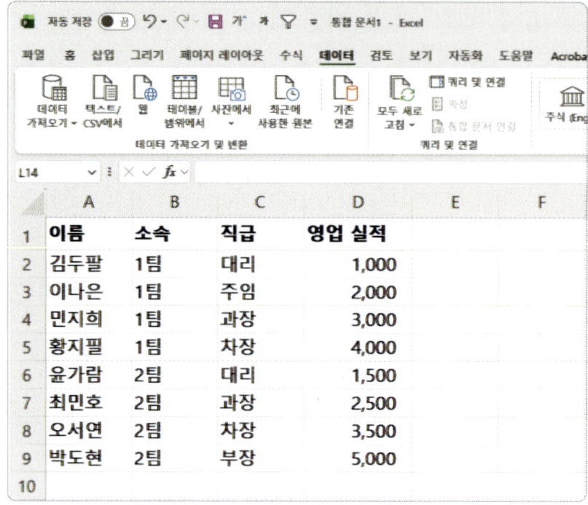

05 소속으로 1차 정렬이 되었고, 소속 내에서 영업 실적에 따라 다시 한번 정렬이 되었습니다.

기본 서식

서식은 원본 데이터는 그대로 둔 채, 겉모습만 보기 좋게 꾸며 가독성을 높이는 기능입니다. 이번 장에서는 글꼴과 표시 형식, 두 가지 기본 서식과 서식을 복사하고 저장하는 방법을 알아보겠습니다.

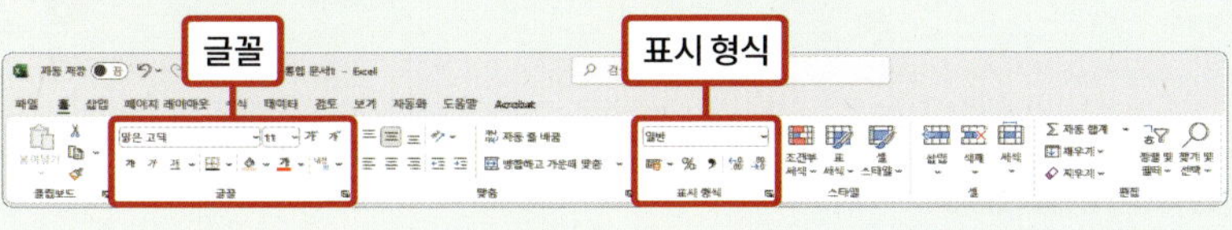

이번 장에서 배울 내용!

✔ 글꼴
✔ 서식 복사와 셀 스타일
✔ 숫자 서식
✔ 날짜 서식
✔ 사용자 지정 서식

 글꼴 서식 변경하기

워드나 파워포인트에서는 글자를 드래그해서 글꼴을 바꾼다면, 엑셀에서는 셀 자체를 선택해 글꼴을 바꿉니다. 특정 셀에 서식을 적용하면 그 안에 담긴 내용에도 서식이 적용되는 방식입니다. 하나씩 해볼까요?

❶A1셀을 클릭한 후, ❷**홈** 탭의 **글꼴** 그룹에서 ❸원하는 폰트를 선택하고, ❹**글꼴 색**을 눌러, 색상을 변경합니다. 책에서는 폰트는 헤드라인, 색상은 빨간색으로 변경했습니다.

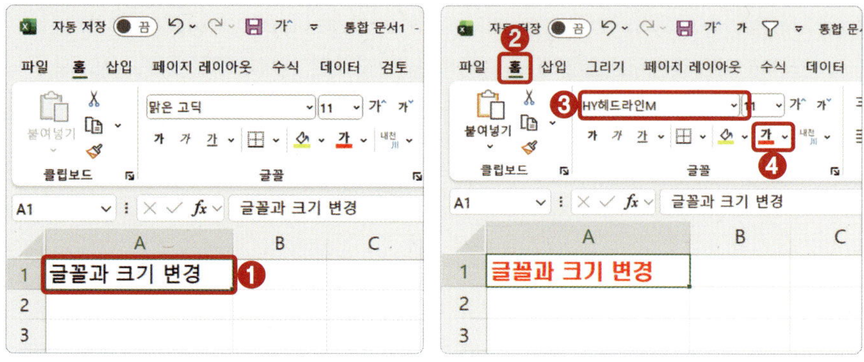

이번에는 데이터의 일부만 글꼴을 바꿔보겠습니다. 글꼴을 바꾸고 싶은 셀을 더블클릭해 커서가 깜빡이게 만드세요. ❶원하는 데이터를 드래그한 후, ❷폰트와 색상을 새롭게 설정합니다. 책에서는 '특정 글자'를 드래그해 폰트는 견고딕으로, 색상은 빨간색으로 변경했습니다.

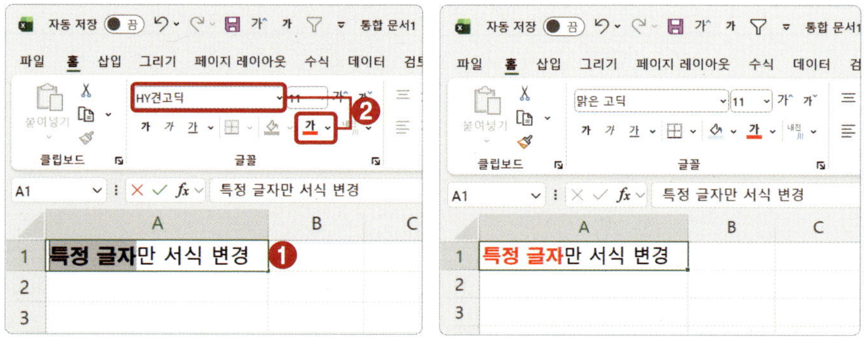

2. 크기 조정

글꼴의 크기는 **글꼴 크기** 상
자의 드롭다운 메뉴를 열어 숫
자를 선택하거나, 직접 숫자를
입력해 변경합니다. 숫자 옆에
있는 **가ˆ**를 눌러 글꼴 크기를
한 단계씩 크게, **가ˇ**를 눌러 한
단계씩 작게 조정할 수도 있습
니다.

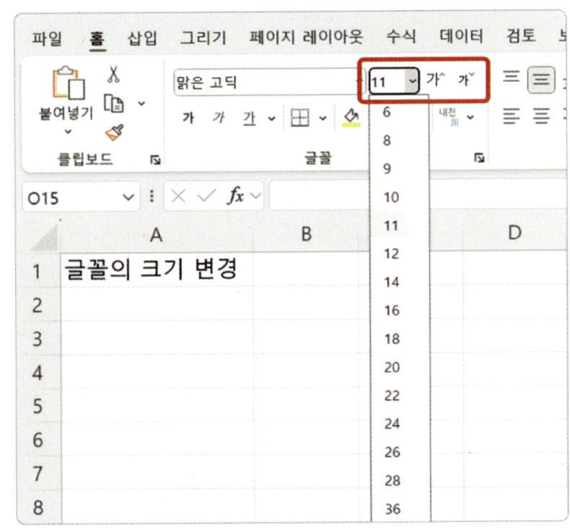

3. 테두리, 채우기, 텍스트 강조

밋밋한 표에 선을 긋고 색을 채운 후, 제목을 굵게 표시해 가독성을 높여보겠습
니다.

01 ❶표 전체를 선택한 후, ❷**테두리** 상자를 누르고, ❸**모든 테두리**를 클릭합
니다. 오른쪽 그림에서 볼 수 있듯이 표에 테두리가 그어졌습니다.

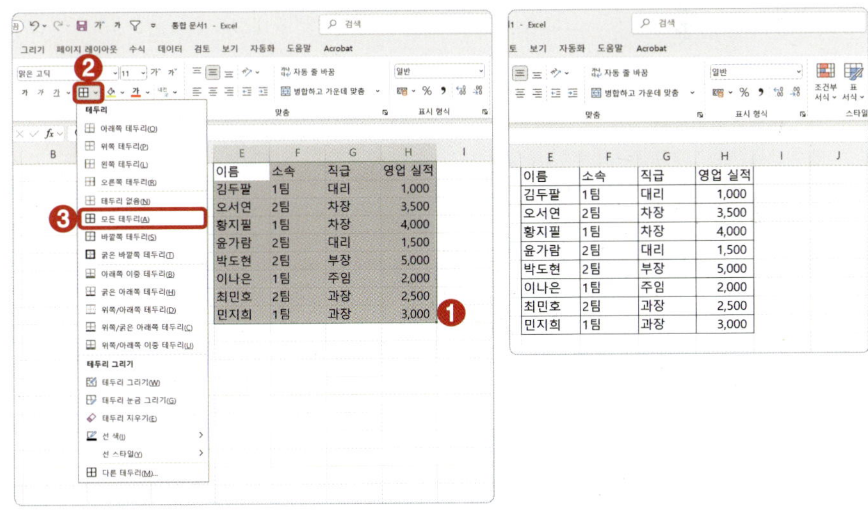

02 ❶제목 행을 드래그한 후, ❷**테두리** 상자를 클릭해 ❸**굵은 아래쪽 테두리**를 선택합니다. 오른쪽 그림에서 볼 수 있듯이, 제목 행의 아래쪽에 굵은 테두리가 그어졌습니다.

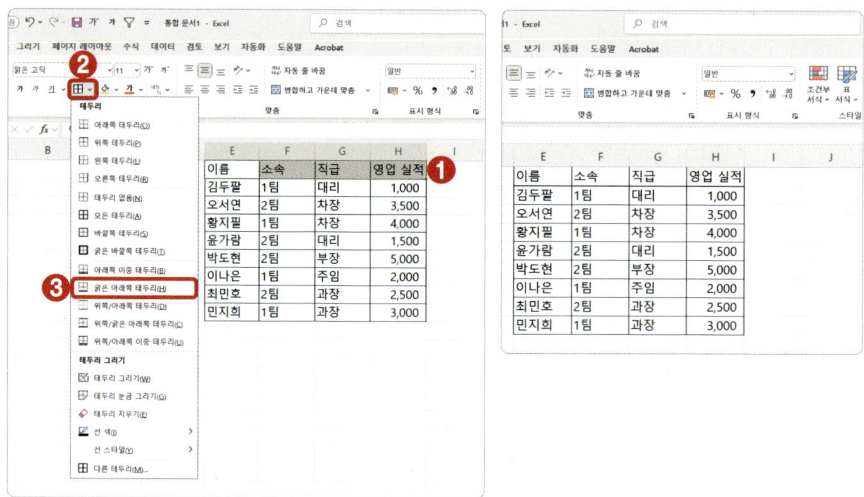

03 마찬가지로 ❶제목 행을 드래그한 후, ❷**채우기 색**을 선택합니다. 책에서는 연한 주황색을 선택했습니다. 오른쪽 그림에서 볼 수 있듯이, 제목 행에만 주황색 배경색이 적용되었습니다.

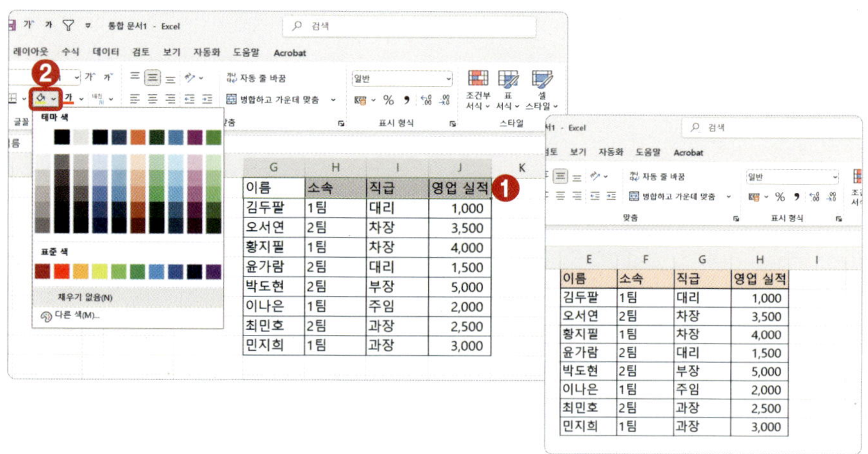

04 ❶제목 행을 드래그한 후, ❷글꼴 그룹에서 **굵게**를 선택합니다. 오른쪽 그림에서 볼 수 있듯이, 제목 행의 텍스트가 굵게 강조되었습니다.

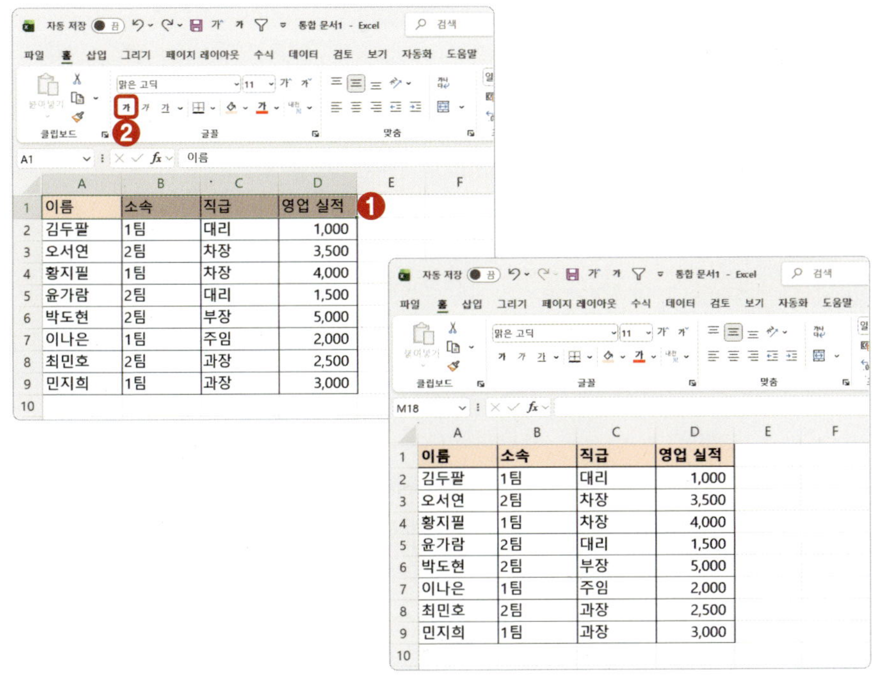

 서식 복사와 셀 스타일

엑셀은 반복 작업을 효율적으로 줄여주는 다양한 기능을 제공합니다. 그중에서 서식과 관련된 서식 복사와 셀 스타일을 알아보겠습니다.

1. 서식 복사

엑셀 작업을 하다 보면 특정 셀에 적용한 폰트, 색상, 테두리 등의 서식을 다른 셀에도 똑같이 적용해야 할 때가 많습니다. 그때마다 일일이 서식을 설정하는 것은 매우 번거로운 일이죠. 이럴 때는 서식 복사 기능을 사용해보세요.

01 먼저, ❶서식이 적용된 셀을 클릭합니다. 그다음 ❷**홈** 탭의 **클립보드** 그룹에서 ❸**서식 복사**(🖌)를 선택하세요. ❹그러면 마우스 커서가 페인트 붓(🖑🖌) 모양으로 바뀝니다.

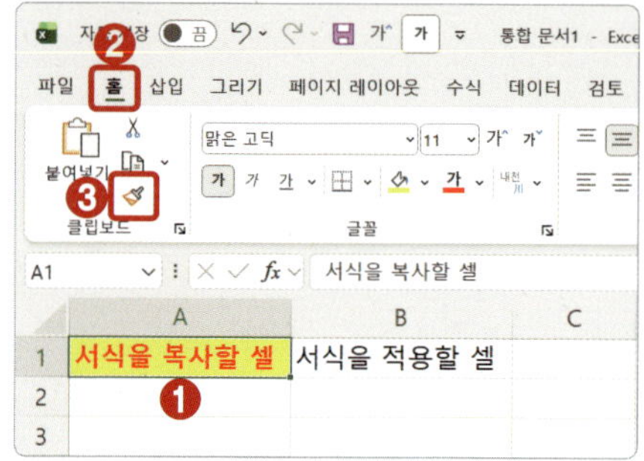

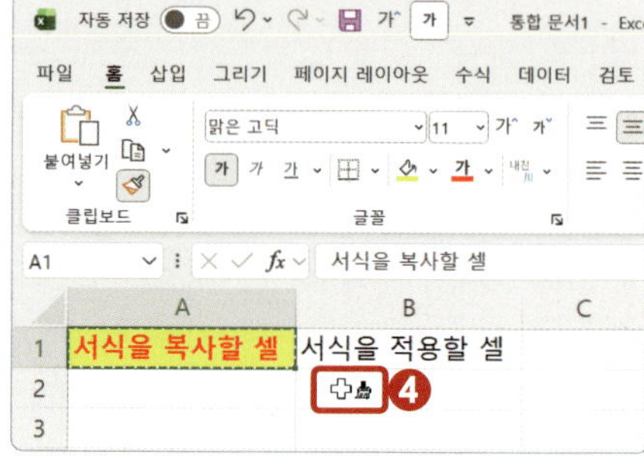

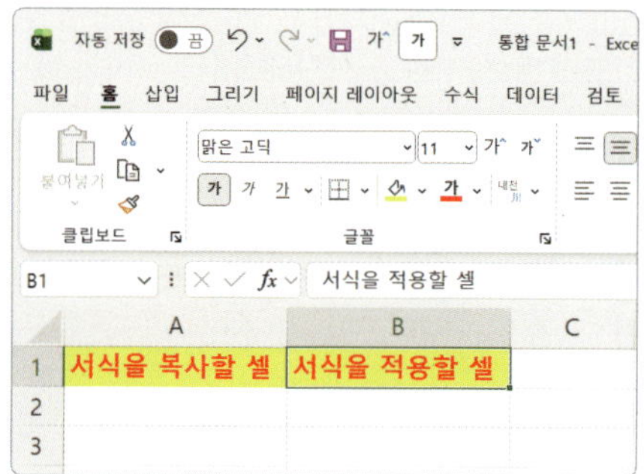

02 그 상태에서 서식을 적용하고 싶은 다른 셀을 클릭하면, 셀 값은 그대로 둔 채 서식만 복사됩니다.

민 과장의 실무 꿀팁!　**더블클릭으로 서식 복사 효율 UP!**

서식을 여러 곳에 적용해야 할 땐, 서식 복사 버튼을 더블클릭하세요. 서식을 한 번 복사한 후, 기능이 꺼지는 게 아니라 원하는 만큼 반복해서 쓸 수 있습니다. 기능을 종료하고 싶을 땐 Esc 키를 누르거나 서식 복사 버튼을 다시 한번 클릭하세요.

2. 셀 스타일

서식 복사가 다른 셀의 서식을 그때 그때 복사하는 기능이라면 셀 스타일은 자주 사용하는 서식을 엑셀에 저장해두고 필요할 때마다 꺼내 쓰는 기능입니다. 매번 만드는 보고서의 제목이나 강조하고 싶은 부분의 스타일이 정해져 있다면, 셀 스타일로 저장해두고 클릭 한 번으로 적용해보세요. 작업 속도가 빨라지는 것은 물론, 모든 문서의 통일성을 유지해 전문가다운 인상을 줄 수 있습니다.

① 엑셀이 제공하는 셀 스타일 적용하기

01 ❶서식을 적용할 셀을 선택한 후, ❷홈 탭의 **스타일** 그룹에서 ❸**셀 스타일**을 클릭합니다.

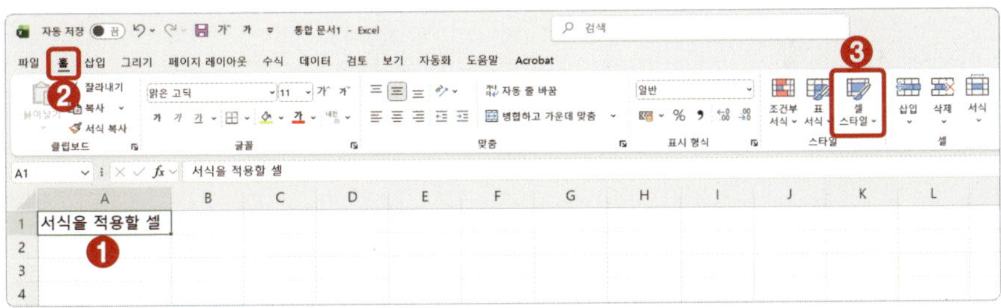

02 유형별로 엑셀이 미리 만들어둔 다양한 스타일이 나타납니다. 이 중 하나를 클릭하면 서식이 바로 적용됩니다.

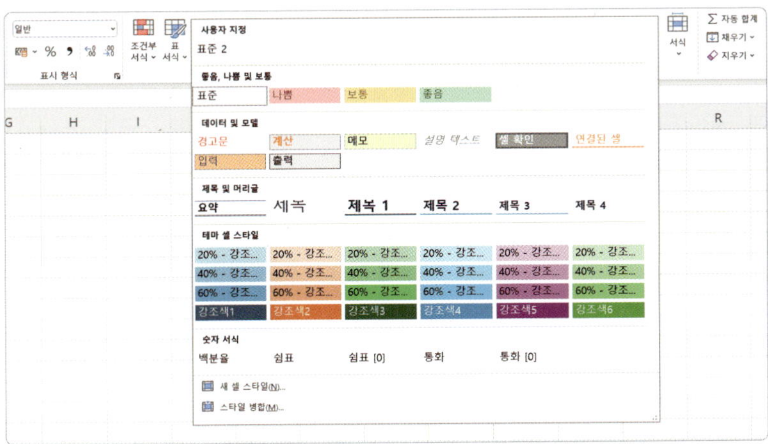

② 나만의 셀 스타일 만들기

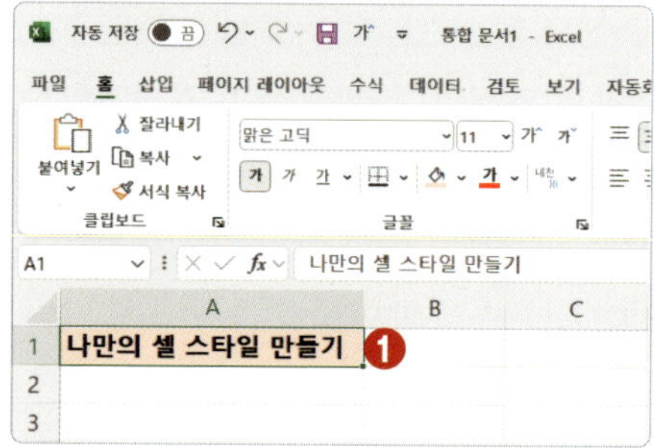

01 ❶저장하고 싶은 서식이 적용된 셀을 클릭합니다.

02 이 상태에서 ❶**셀 스타일** 항목을 클릭해 드롭다운 메뉴를 연 후, ❷**새 셀 스타일**을 선택합니다.

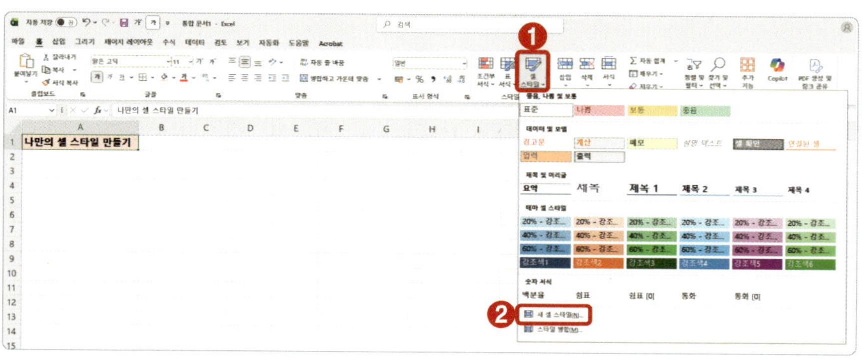

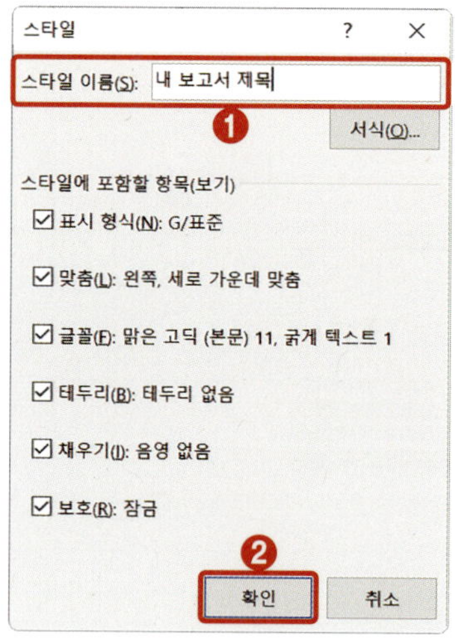

03 ❶**스타일 이름**을 입력합니다. 책에서는 '내 보고서 제목'이라고 입력했습니다. 완료되었다면 ❷**확인**을 눌러주세요.

04 홈 탭의 **스타일** 그룹에 나만의 셀 스타일이 추가된 것을 확인할 수 있습니다. 서식을 적용할 셀을 선택한 후, 이 스타일을 클릭하면 서식이 바로 적용됩니다.

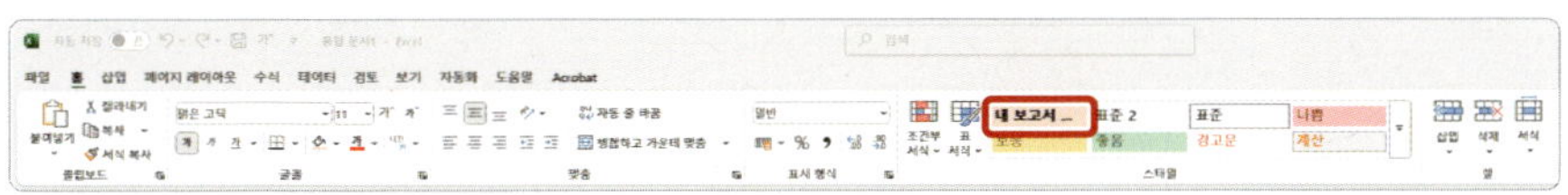

표시 형식

표시 형식은 셀에 입력된 실제 데이터(값)는 그대로 둔 채, 사용자에게 보여지는 모양(형식)만 바꾸는 기능입니다. 표시 형식을 활용하여 데이터의 가독성을 높이고 정보의 의미를 명확하게 전달하는 방법을 알아보겠습니다.

1. 숫자 서식

단위가 큰 숫자 데이터가 나열되면 이를 식별하기가 어렵습니다. 이럴 때는 ❶서식을 적용할 셀을 선택한 후, ❷**홈** 탭의 **표시 형식** 그룹에서 ❸**쉼표 스타일**(**,**)을 눌러보세요.

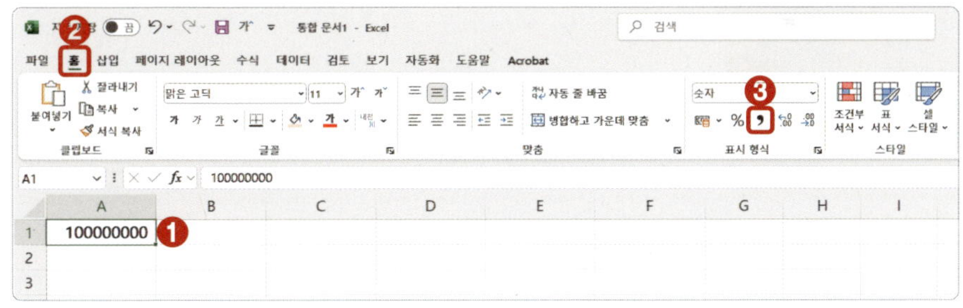

천 단위 구분 기호가 표시되면서 가독성이 올라갑니다.

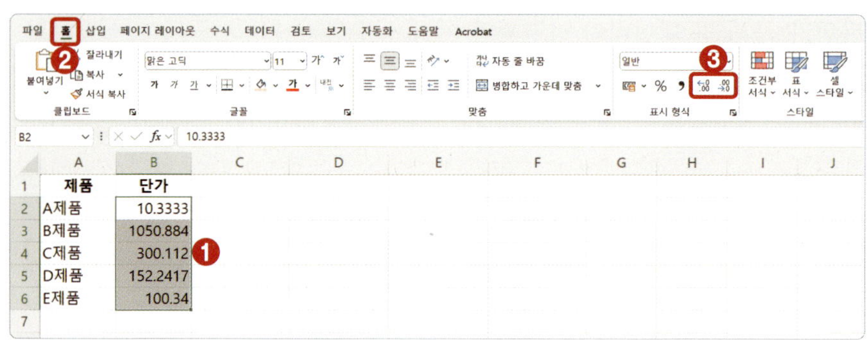

소수점이 있어도 숫자의 식별이 어렵습니다. 이럴 때는 소수점을 없애거나 소수점의 자릿수를 통일해주세요. 방법은 다음과 같습니다.

01 먼저, ❶소수점 자릿수를 조정할 셀을 드래그합니다. ❷**홈** 탭의 **표시 형식** 그룹에서 ❸**소수점 자릿수 늘림**(⤓) 혹은 **줄임**(⤒)을 눌러주세요. 책에서는 소수점을 두 자릿수로 통일하기 위해, 소수점 자릿수 줄임 버튼을 두 번 클릭했습니다.

02 아래처럼 선택한 셀의 소수점 자릿수가 두 자리로 통일되었습니다.

비율을 나타낼 때는 백분율 형식을 사용하는 것이 좋습니다. 방법은 다음과 같습니다.

01 ❶백분율 형식으로 나타낼 셀을 드래그합니다. ❷**홈** 탭의 **표시 형식** 그룹에서 ❸**백분율 스타일**(%)을 눌러주세요.

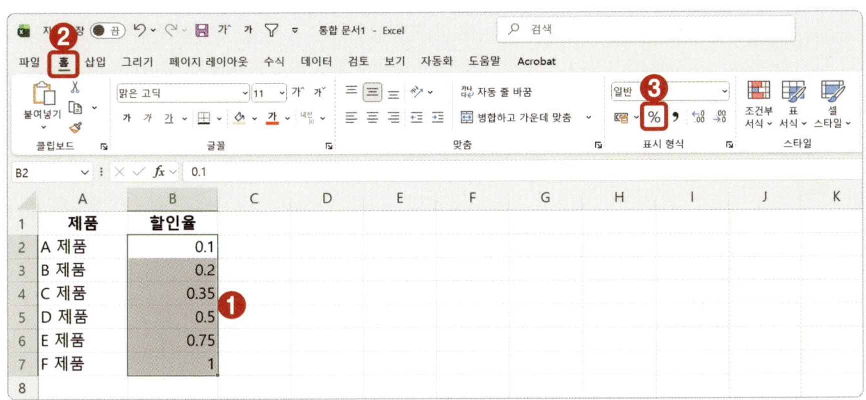

02 소수로 표시되어 있던 값이 백분율로 바뀌었습니다. 참고로 엑셀은 숫자 1을 100%로 인식합니다. 따라서 50%를 나타내려면 50이 아닌 0.5를 적고 백분율 스타일을 적용해야 한다는 사실, 잊지 마세요!

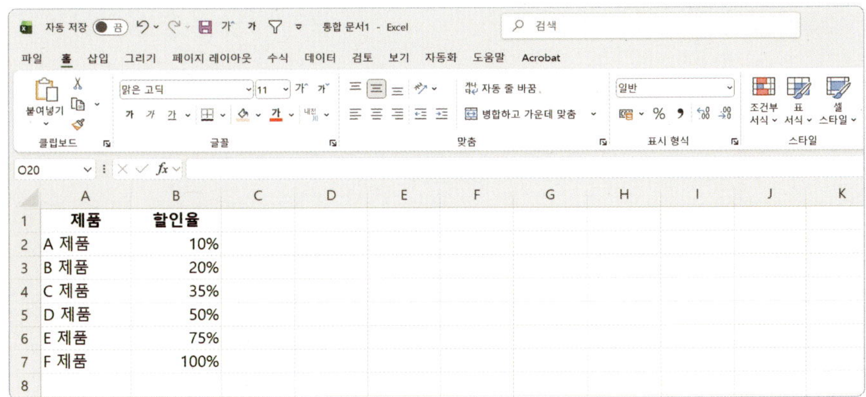

단순히 마이너스(-) 기호만으로는 빼곡한 숫자 데이터 속에서 음수 값을 명확하게 보여주기가 어렵습니다. 이럴 땐 음수를 빨간색으로 표시하거나 회계 서식처럼 괄호로 감싸주세요. 방법은 다음과 같습니다.

01 ❶서식을 적용할 셀을 드래그한 후, ❷**홈** 탭의 **표시 형식** 그룹 오른쪽 아래의 ❸**실행(🡖)** 버튼을 클릭해 셀 서식 창을 엽니다. 혹은 단축키 Ctrl +1 을 눌러주세요.

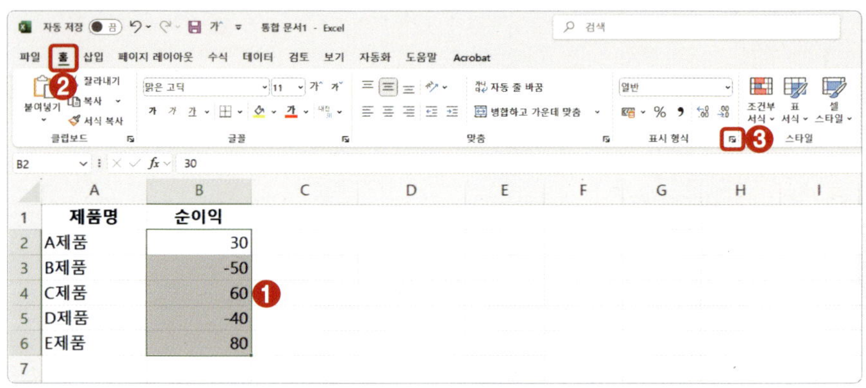

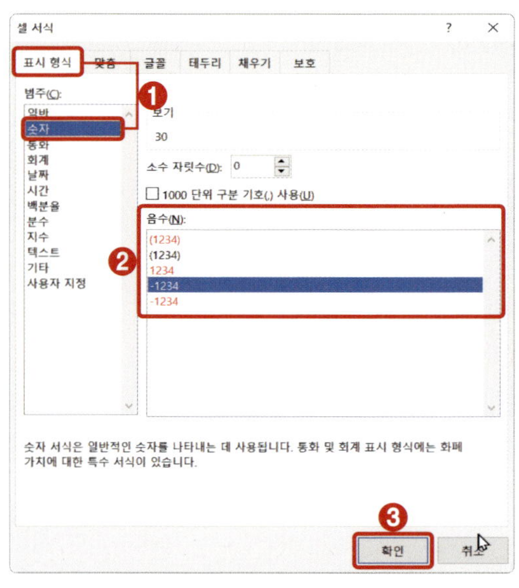

02 ❶**표시 형식** 탭의 **범주**에서 **숫자**를 선택합니다. ❷오른쪽 하단 음수 목록에서 음수를 표현하는 형식을 고릅니다. 책에서는 마이너스 기호가 붙은 빨간색(-1234) 형식을 선택했습니다. 완료 후 ❸ **확인**을 눌러주세요.

03 음수 데이터가 빨간색으로 표시되었습니다.

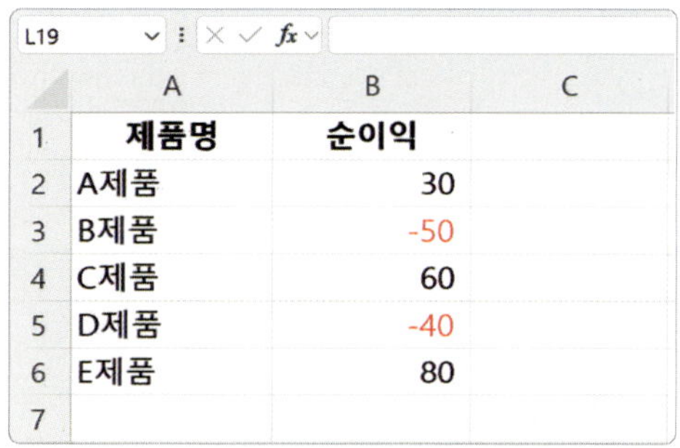

 **이 주임은 이래서 혼났어요!** **숫자가 외계어가 됐어요!**

VIP 고객의 카드 번호 16자리를 정성껏 입력한 이 주임! 그런데 엔터를 누르자마자 카드 번호가 1.23E+15라는 알 수 없는 암호로 바뀌었습니다.

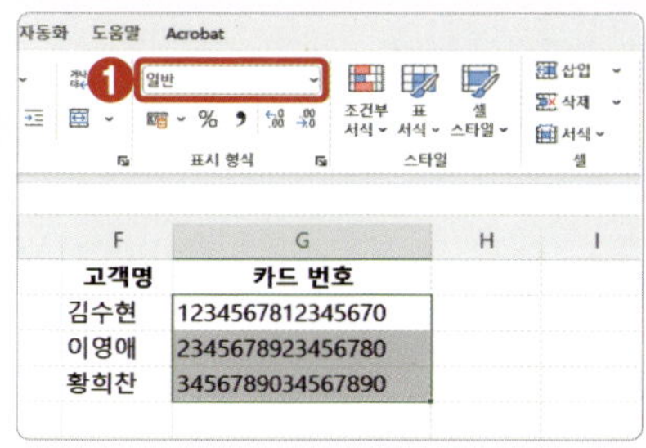

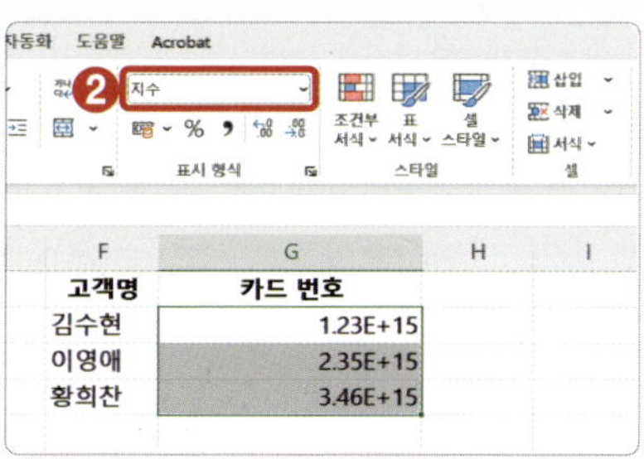

식은땀을 흘리는 이 주임에게 민 과장이 다가와 말했습니다. "이 주임, 놀라지 마. ❶ 일반 서식에서 숫자가 12자리를 넘어가면 엑셀이 자동으로 ❷ 지수 형태로 변환을 해. 표시 형식을 ❸ 숫자로 바꾸면 다시 보일 거야. 참고로 카드, 계좌, 전화번호처럼 계산(연산)을 할 필요가 없는 숫자는 서식을 아예 ❹ 텍스트로 지정해두는 게 좋아. 텍스트 서식은 자동 변환을 막아주거든."

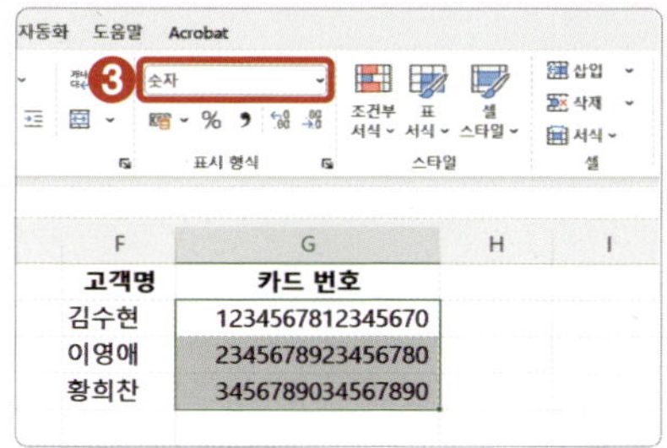

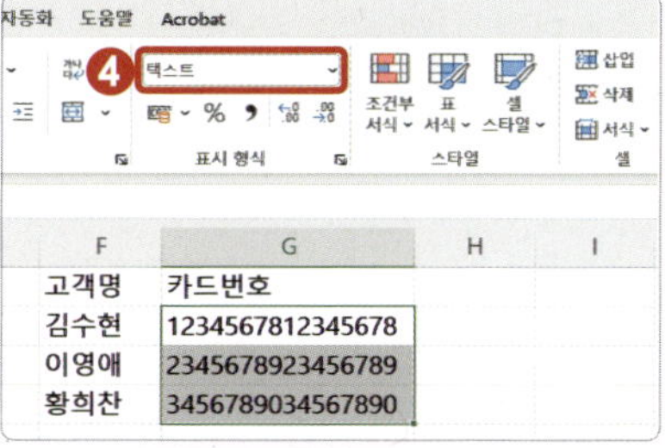

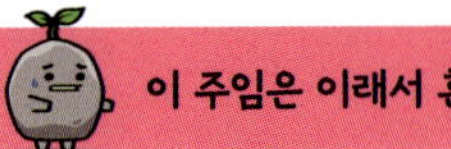

이 주임은 사원 번호 001, 002, 007을 열심히 입력했습니다. 그런데 입력을 마치고 보니 1, 2, 7로 바뀌어 있었습니다.

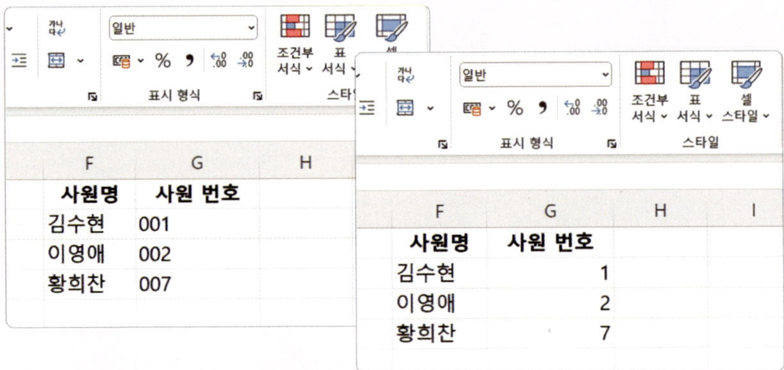

● 앞자리가 0인 숫자를 입력하자(좌) 자동으로 0이 사라진 모습(우)

당황한 이 주임에게 민 과장이 설명합니다. "이 주임, 엑셀은 표시 형식이 일반이나 숫자일 때 맨 앞에 0이 있으면 이를 무의미한 숫자로 판단하고 삭제해버려. 이런 상황을 방지하려면 입력하기 전에 표시 형식을 텍스트로 바꿔줘야 해. 이건 사용자가 입력한 값을 숫자나 날짜로 자동 변환하지 말고 있는 그대로 보여 달라는 요청이거든."

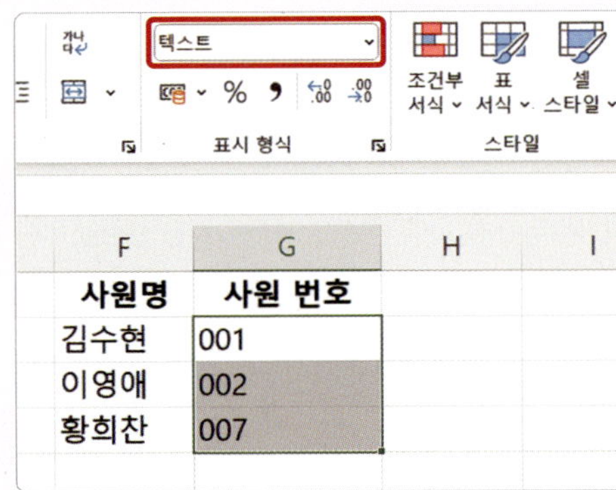

2. 날짜 서식

날짜 서식은 실무에서 자주 사용하는 형식 중 하나입니다. 엑셀은 숫자 사이에 하이픈(-)이나 슬래시(/)가 있으면 해당 데이터를 날짜로 인식합니다. 예를 들어, 20251013은 숫자 데이터로 이해하지만, 2025-10-13은 날짜 데이터로 이해하는 것이죠.

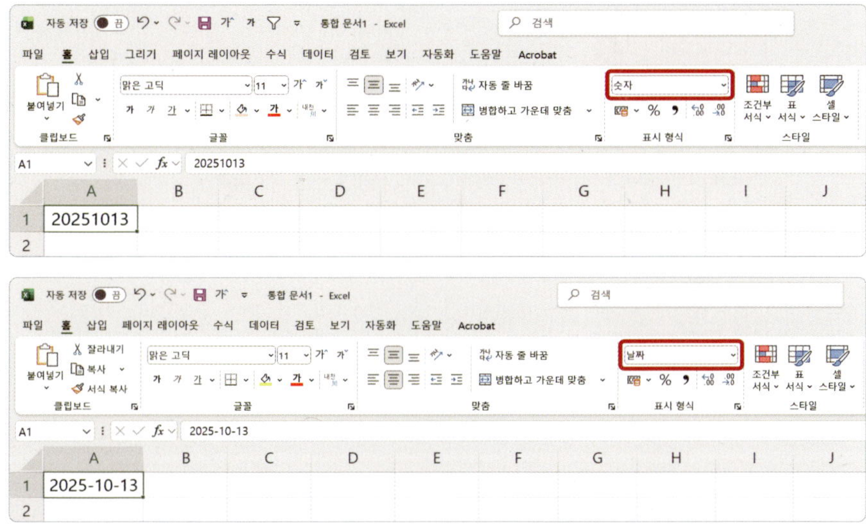

● 연속된 숫자를 숫자 데이터로 인식한 모습(위)과 하이픈이 있는 숫자를 날짜 데이터로 인식한 모습(아래)

실무에서는 다양한 날짜 형식을 사용합니다. 함께 살펴볼까요? ❶날짜 데이터가 입력된 셀을 클릭한 후, ❷홈 탭의 **표시 형식** 그룹 오른쪽 아래에 있는 ❸**실행**(⧉) 버튼을 클릭합니다. 혹은 단축키 Ctrl +1 을 누릅니다.

셀 서식 창이 열렸습니다. ❶**표시 형식** 탭의 **범주** 항목에서 **날짜**를 선택하고, ❷**형식** 선택란에서 다양한 방식을 골라보세요. 책에서는 '2025년 10월 13일' 형식을 선택했습니다. 완료되었다면 ❸**확인**을 눌러주세요. ❹날짜 형식이 2025-10-13에서 2025년 10월 13일로 바뀌었습니다.

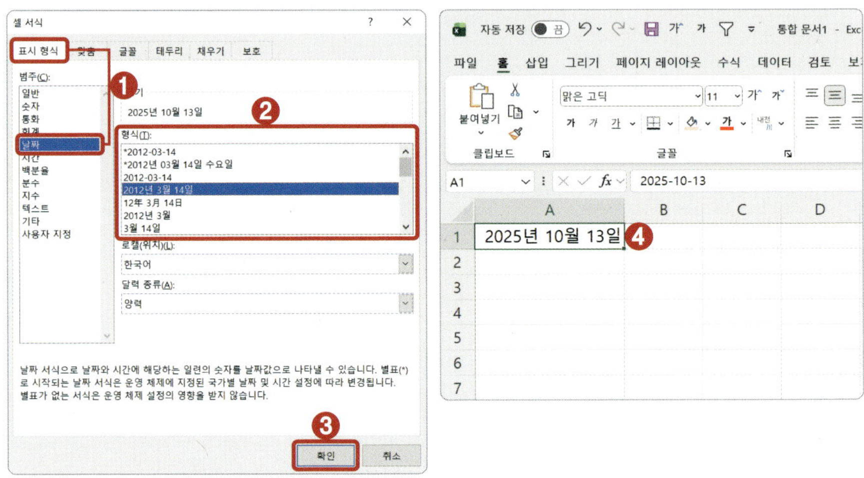

이 주임은 1-1, 1-2와 같은 품목 코드를 열심히 입력했습니다. 그런데 정신을 차리고 보니, 셀에 1월 1일, 1월 2일과 같은 날짜가 입력되어 있었습니다. 품목 코드를 지우고 다시 입력해보았지만 결과는 마찬가지였습니다.

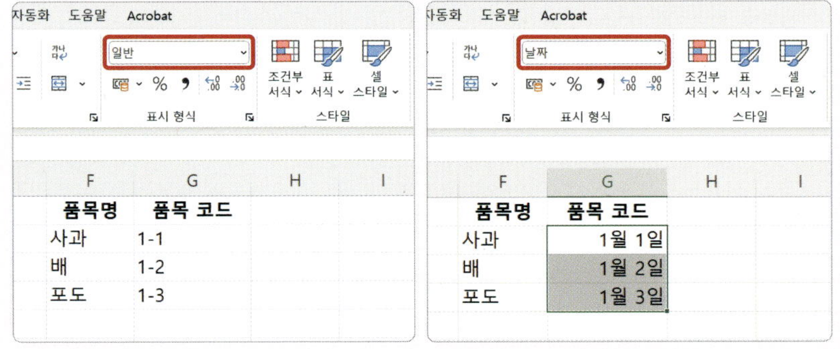

• 숫자 사이에 하이픈이 들어가(좌) 날짜로 자동 변환된 모습(우)

그 모습을 본 민 과장이 한마디 합니다. "이 주임, 엑셀은 숫자 사이에 하이픈(-)이나 슬래시(/)가 보이면 이걸 날짜로 인식해서 자동으로 변환해버려. 그래서 품목 코드처럼 기호를 그대로 살려야 할 땐, 엑셀이 마음대로 끼어들지 못하게 입력하기 전에 표시 형식을 텍스트로 바꿔야 해. 더 쉬운 방법도 있어. '1-2처럼 맨 앞에 작은따옴표(')를 붙이는 거야. 그럼 엑셀이 데이터를 숫자가 아닌 문자로 인식하거든. 꼭 기억해!"

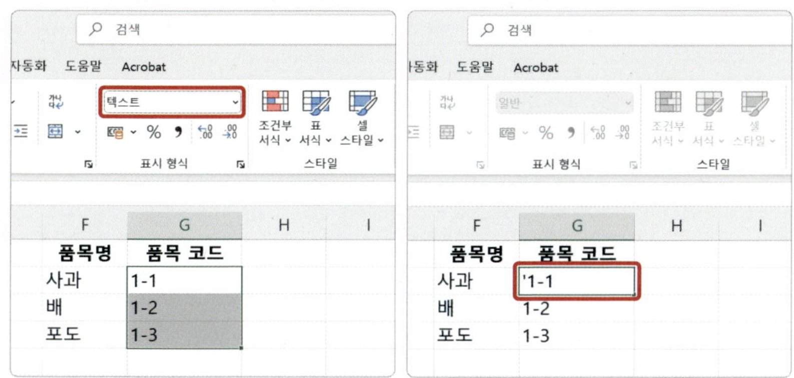

● 표시 형식을 텍스트로 바꾼 모습(좌)과 작은따옴표를 앞에 붙인 모습(우)

3. 사용자 지정 서식

보고서에 1,500 대신 1,500개라고 단위를 함께 표시하면 가독성이 좋아지겠죠? 그런데 많은 분들이 셀에 직접 1,500개라고 입력하는 실수를 합니다. 이렇게 하면 한 셀에 숫자와 문자가 섞여 있어 엑셀의 다양한 기능을 사용할 수 없게 됩니다. 이 문제는 표시 형식을 바꿔서 간단하게 해결할 수 있습니다. 셀에 입력된 실제 값(1500)은 그대로 두고, 화면에 보이는 모습만 1,500개로 바꾸는 것이죠. 직접 해볼까요?

01 ❶서식을 적용할 셀을 드래그한 후, ❷**홈** 탭의 **표시 형식** 그룹 오른쪽 아래에 있는 ❸**실행**(⬎) 버튼을 클릭합니다. 혹은 단축키 Ctrl + 1 을 누릅니다.

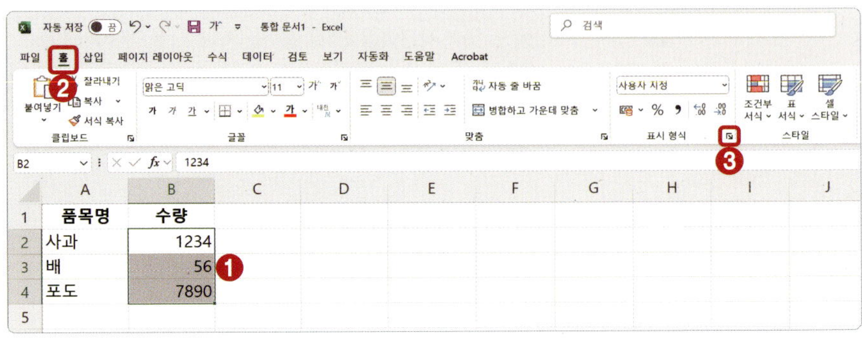

02 **셀 서식** 창이 나타나면 ❶**표시 형식** 탭의 **범주**에서 **사용자 지정**을 선택합니다. ❷**형식** 입력란에 쓰여 있는 G/표준을 삭제하고 #,##0"개"라고 입력한 뒤, ❸**확인**을 눌러주세요.

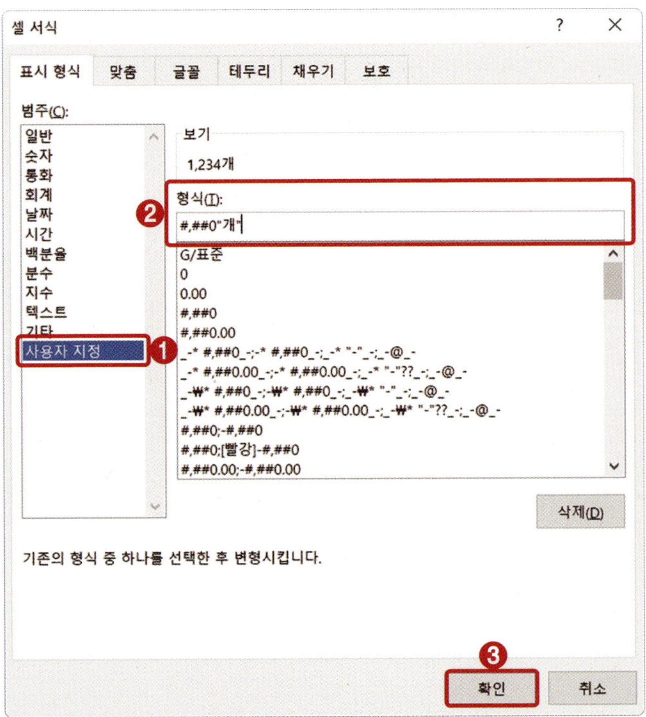

03 ❶데이터는 숫자 형식을 유지하면서 ❷화면에는 단위(개)가 붙어서 표시됩니다. "개" 대신 "원", "명" 등 원하는 문자를 넣어 다양하게 활용할 수 있습니다.

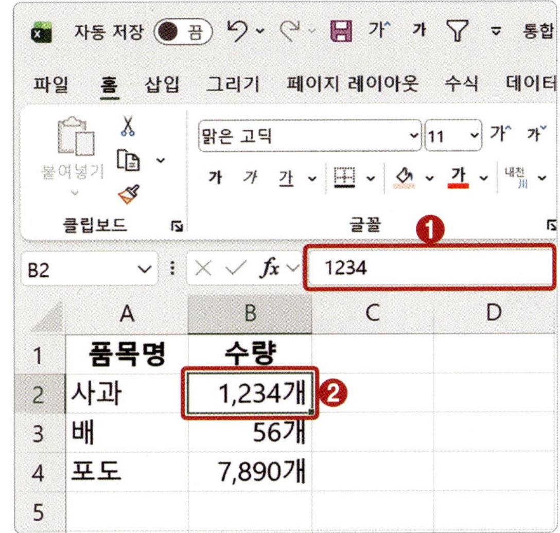

 **민 과장의 실무 꿀팁!**　**#,##0"개"는 무슨 뜻일까?**

사용자 지정 서식은 엑셀이 데이터를 화면에 표시하는 방식을 사용자가 직접 설정하는 기능입니다. 앞서 사용한 #,##0"개"가 어떤 의미인지 알아보겠습니다.

- **#**: 해당 자리에 숫자가 있으면 표시하고, 없으면 비워둡니다. 즉, 자릿수를 맞추기 위해 0을 억지로 채우지 않습니다.(ex. 005가 아니라 5로 표시)
- **, (콤마)**: 천 단위마다 구분 기호(쉼표)를 표시합니다.
- **0**: 해당 자리에 숫자가 없으면 무조건 0을 채워서 표시합니다. 만약 이 자리에 0 대신 #을 쓰면, 데이터 값이 0일 때 숫자가 사라지고 화면에 '개'라는 글자만 남습니다. 값이 0일 때도 '0개'라고 정확히 표시하기 위해 마지막 일의 자리에는 #이 아닌 0을 넣어주었습니다.
- **"개"**: 숫자 뒤에 '개'라는 텍스트를 붙여 표시합니다.

정리하면, #,##0"개"는 천 단위 쉼표를 찍고, 의미 없는 앞자리 0은 생략하되 실제 값이 0일 때는 0을 정확히 표시한 후, 마지막에 '개'를 붙이라는 서식입니다.
이 밖에도 다양한 사용자 지정 서식이 있는데, 다 외우지 말고 필요할 때 찾아보면 됩니다.

01 필수 단축키

단축키를 쓰면 업무 속도를 크게 향상시킬 수 있습니다. 지금부터 꼭 알아야 할 필수 단축키를 소개합니다. 참고로 단축키는 하나의 키를 누른 상태에서 나머지 키를 함께 눌러주어야 제대로 동작합니다.

1. 원하는 셀로 빠르게 이동하기

마우스 스크롤 없이 순식간에 수천 개의 데이터를 건너뛰어 이동할 수 있습니다.

① Ctrl + 방향키 (↑, ↓, →, ←)

셀 포인터를 데이터가 있는 영역의 맨 끝 셀로 이동합니다. 단, 이동 중에 빈 셀이나 데이터 형식이 다른 셀을 만나면 그 지점에서 멈춥니다. 계속해서 그다음 셀로 이동하고 싶다면 한 번 더 Ctrl + 방향키 를 눌러주세요.

② Ctrl + Home

셀 포인터를 현재 선택된 셀에서 A1 셀로 이동시킵니다. 스크롤 하단까지 작업을 완료한 후, 처음으로 돌아갈 때 유용합니다.

③ Ctrl + End

셀 포인터를 데이터가 입력된 가장 마지막 셀로 이동합니다. 전체 데이터 영역을 확인할 때 유용합니다.

2. 전체 영역 잡기

마우스를 드래그하지 않고 단축키만으로 표 전체를 빠르게 선택할 수 있습니다.

① `Ctrl` + `Shift` + `방향키`

현재 셀에서부터 데이터가 있는 영역의 맨 끝 셀까지 한 번에 선택합니다.

② `Ctrl` + `A`

현재 커서가 속해 있는 표 전체를 선택합니다. 이 단축키를 한 번 더 누르면 워크시트 전체가 선택됩니다.

3. 원하는 데이터를 한 번에 찾기

수많은 데이터 속에서 원하는 단어나 숫자를 단숨에 찾아줍니다.

① `Ctrl` + `F`

워크시트 내에서 특정 텍스트나 값을 찾아주는 **찾기** 창을 엽니다.

② `Ctrl` + `H`

특정 텍스트나 값을 찾아서 다른 내용으로 일괄 변경해주는 **바꾸기** 창을 엽니다.

4. 셀 서식 창, 순식간에 열기

① `Ctrl` + `1`

선택한 셀 또는 영역의 **셀 서식** 창을 바로 엽니다. 가장 많이 쓰는 단축키 중 하나이니, 꼭 기억해두세요!

⟨02⟩ 리본 메뉴가 없어졌어요!

홈, 삽입 등의 탭을 더블클릭하면 리본 메뉴가 접힙니다. 갑자기 리본 메뉴가 사라지면 당황할 수 있는데요, 탭을 다시 한번 더블클릭하면 리본 메뉴가 화면에 나타납니다.

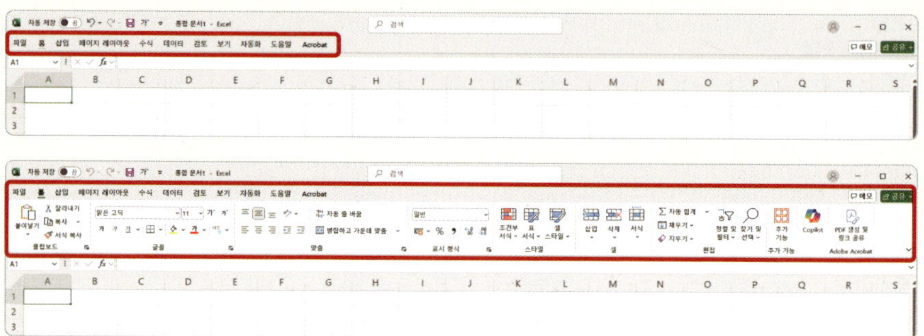

● 리본 메뉴가 사라진 모습(위)과 다시 나타난 모습(아래)

리본 메뉴를 없애고, 화면을 더 넓게 쓰고 싶다면 엑셀 창 오른쪽 위에 있는 리본 표시 옵션을 클릭해보세요. 작업 스타일에 따라 **전체 화면 모드, 탭만 표시, 항상 리본 표시** 중에서 원하는 방식을 선택할 수 있습니다.

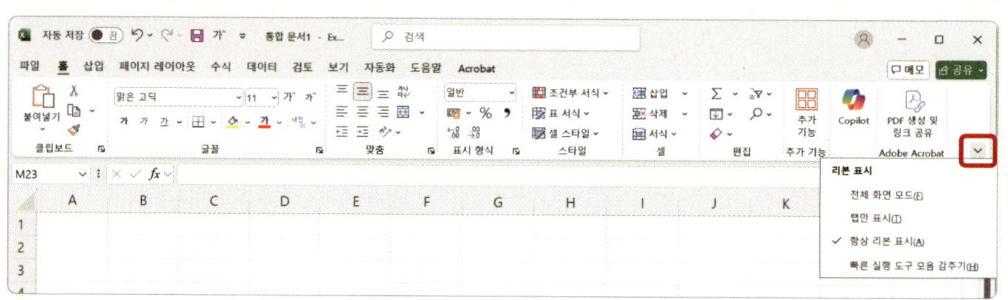

⟨03⟩ 빠른 실행 도구 모음

자주 사용하는 기능은 빠른 실행 도구 모음에 넣어두세요.

필터 기능을 넣어볼까요? ❶**데이터** 탭의 **정렬 및 필터** 그룹에 있는 ❷**필터** 버튼 위에서 마우스 오른쪽 버튼을 클릭합니다. ❸드롭다운 메뉴에서 **빠른 실행 도구 모음에 추가**를 누르세요.

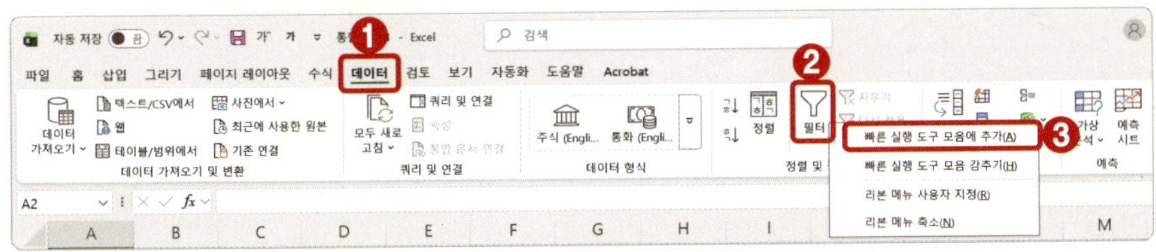

빠른 실행 도구 모음에 필터 아이콘이 생겼습니다. 이제 클릭 한 번으로 바로 필터 기능을 쓸 수 있습니다.

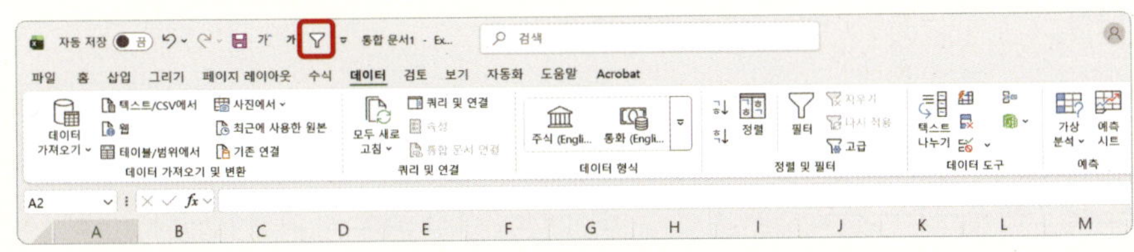

04 숨기기

숨기기 기능을 사용하면 데이터의 일부를 숨길 수 있습니다. 오른쪽 데이터에서 B열을 숨겨보겠습니다. ❶B열의 열 머리글을 클릭한 후, 마우스 오른쪽 버튼을 눌러 ❷**숨기기**를 선택합니다.

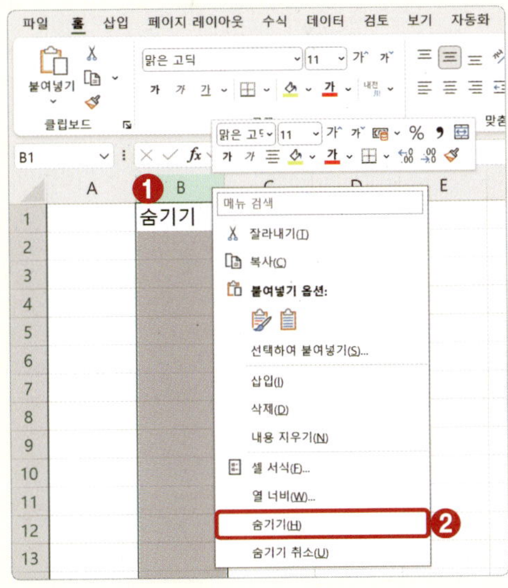

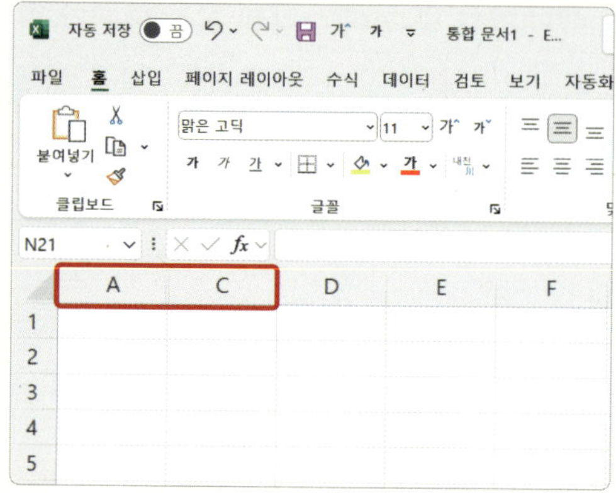

B열이 화면에서 사라졌습니다. 참고로 숨기기를 한 행이나 열은 화면에서만 보이지 않을 뿐, 데이터는 그대로 유지됩니다.

숨기기 기능은 멀리 떨어진 두 데이터를 비교할 때도 유용합니다. 예를 들어, A열과 Z열 사이의 열들을 모두 숨기면 A열과 Z열을 나란히 놓고 비교할 수 있습니다.

이번에는 숨긴 B열을 다시 살려보겠습니다. ❶A열과 C열의 열 머리글을 함께 드래그한 후, 마우스 오른쪽 버튼을 눌러 ❷**숨기기 취소**를 선택합니다.

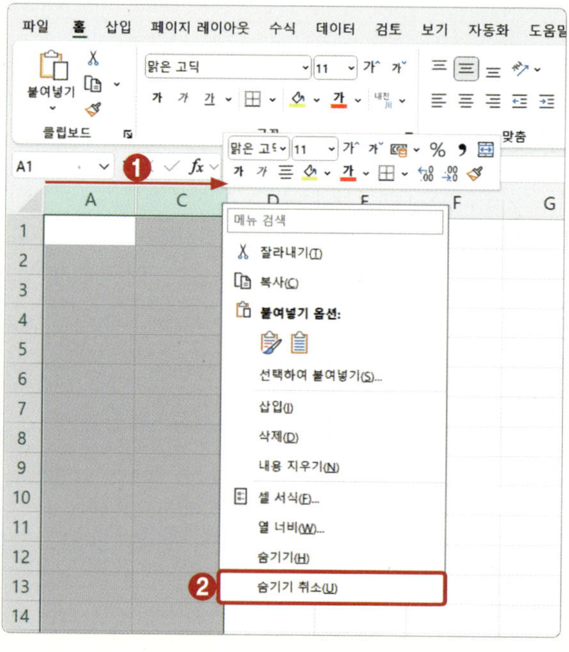

B열이 다시 나타났습니다.

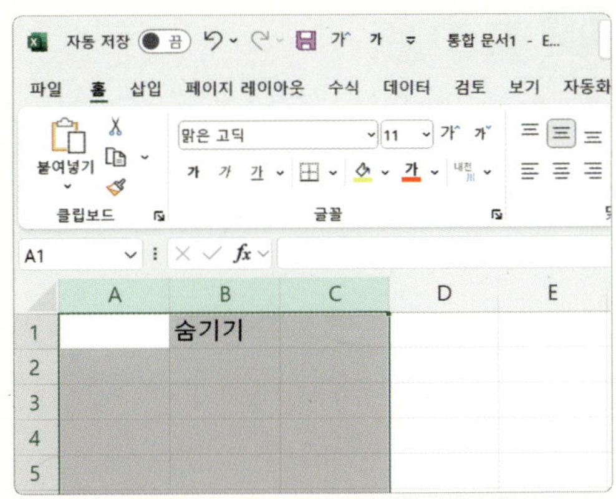

숨기기 취소가 잘 되지 않거나(1행이나 A열이 숨겨져 있는 경우), 숨겨진 행과 열의 위치를 모를 때는 워크시트 왼쪽 맨 위에 있는 ❶**전체 선택**(◢) 버튼을 클릭해 보세요. 그다음, ❷아무 행이나 열의 머리글에서 마우스 오른쪽 버튼을 클릭하고 ❷**숨기기 취소**를 누릅니다. 그럼 시트에 숨겨진 모든 행과 열이 한 번에 나타납니다.

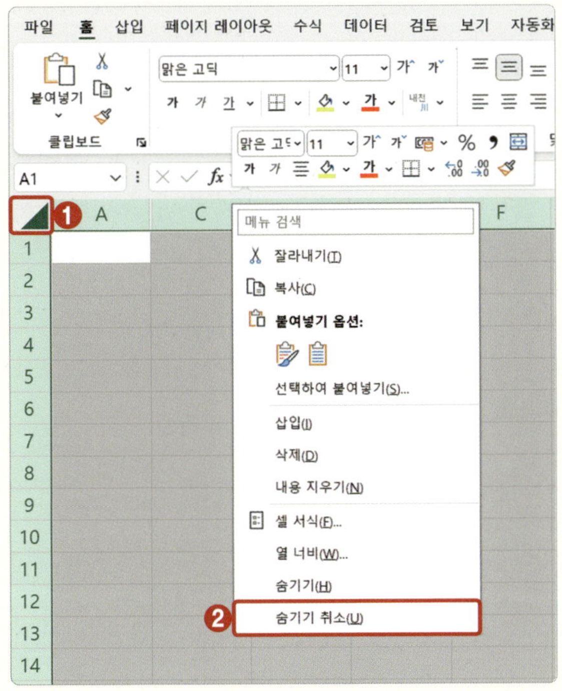

05 틀 고정

틀 고정은 특정 행이나 열이 항상 화면에 보이도록 고정하는 기능입니다. 즉, 스크롤을 내려도 1행에 있는 제품명, 날짜, 부서명 같은 기준 정보가 사라지지 않고 계속 화면에 표시됩니다.

아래 데이터에서 1행을 고정해보겠습니다. ❶1행의 행 머리글을 클릭한 후, ❷보기 탭의 창 그룹에서 ❸틀 고정을 선택합니다. 드롭다운 메뉴에서 ❹첫 행 고정을 눌러주세요.

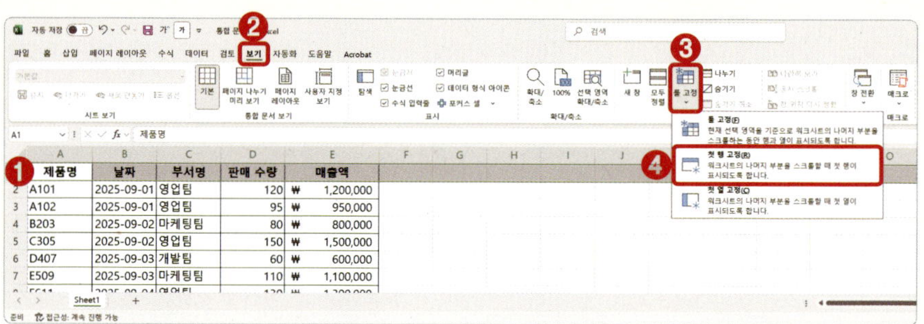

이제 스크롤을 내려도 첫 행이 화면 상단에 고정됩니다. 만약 두 번째 행까지 고정하고 싶다면 세 번째 행의 행 머리글을 클릭한 다음, 보기 탭의 창 그룹에서 틀 고정을 선택하고, 드롭다운 메뉴에서 다시 한번 틀 고정을 누르세요. 열 번째 행까지 고정하고 싶다면 열한 번째 행의 행 머리글을 클릭하면 됩니다. 행이 아닌 열도 같은 방식으로 작동합니다.

	A	B	C	D	E	F
1	제품명	날짜	부서명	판매 수량	매출액	
5	C305	2025-09-02	영업팀	150	₩ 1,500,000	
6	D407	2025-09-03	개발팀	60	₩ 600,000	
7	E509	2025-09-03	마케팅팀	110	₩ 1,100,000	
8	F611	2025-09-04	영업팀	130	₩ 1,300,000	
9	G713	2025-09-04	개발팀	70	₩ 700,000	
10	H815	2025-09-05	영업팀	140	₩ 1,400,000	
11	I917	2025-09-05	마케팅팀	100	₩ 1,000,000	

06 암호 설정

급여 자료, 영업 전략처럼 보안이 필요한 파일들이 있죠. 암호 설정은 파일에 자물쇠를 채우는 기능입니다. 이 기능을 알아두면 중요한 데이터를 안전하게 보호할 수 있습니다. 설정 방법은 간단합니다.

먼저, 엑셀 상단의 **파일** 탭을 클릭합니다.

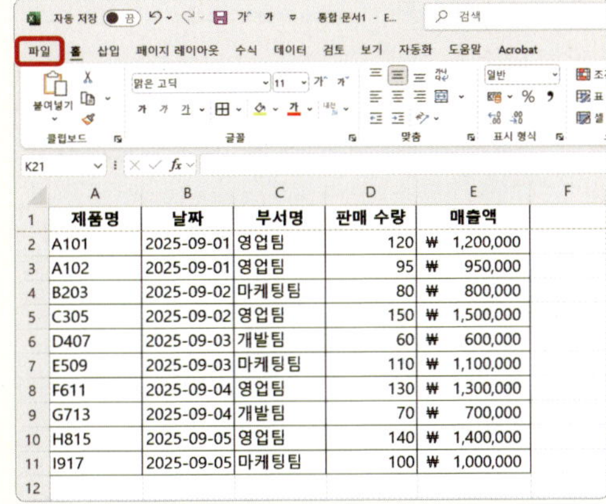

왼쪽 메뉴에서 ❶정보 탭을 선택한 후, 오른쪽 화면 상단의 ❷통합 문서 보호를 눌러주세요.

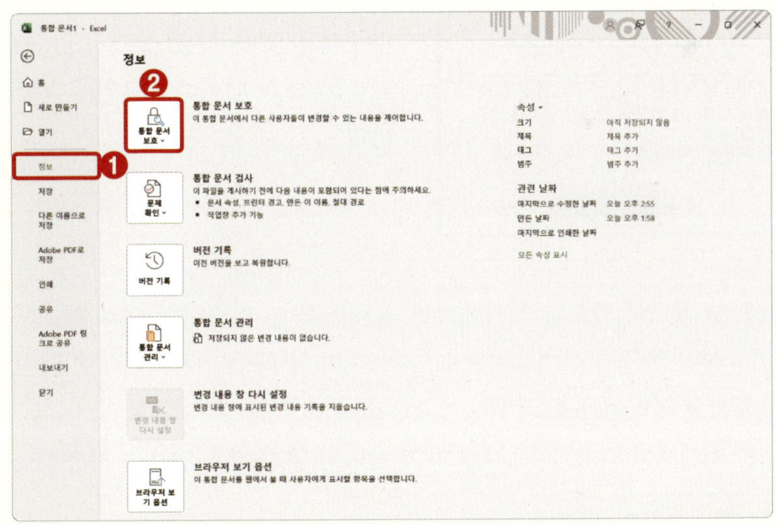

메뉴가 열리면 **암호 설정**을 선택합니다.

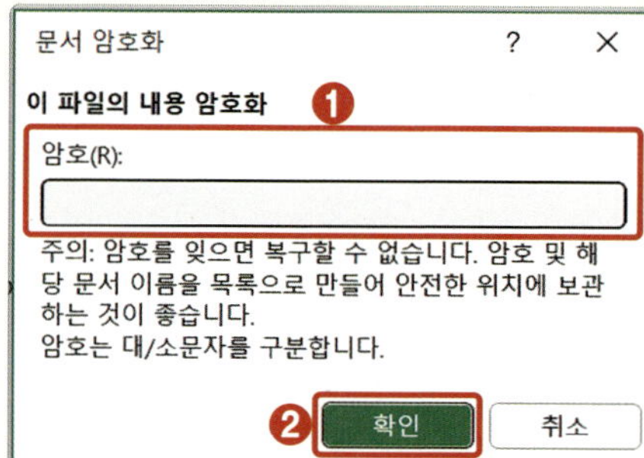

문서 암호화 창이 열리면 ❶**암호** 입력란에 암호를 적고 ❷**확인**을 눌러주세요. **암호 확인** 창이 뜨면, 한 번 더 암호를 입력하고 **확인**을 누릅니다.

이제 파일을 열 때마다 암호를 입력해야만 내용을 볼 수 있습니다. 엑셀 암호는 한 번 잊어버리면 복구가 불가능하므로, 따로 메모를 해두거나 본인이 기억하기 쉬운 조합으로 설정하세요.

만약 내용은 확인하되, 수정은 못하게 하고 싶다면 읽기 전용 암호를 사용하세요. 방법은 다음과 같습니다.

엑셀 상단의 **파일** 탭을 클릭합니다.

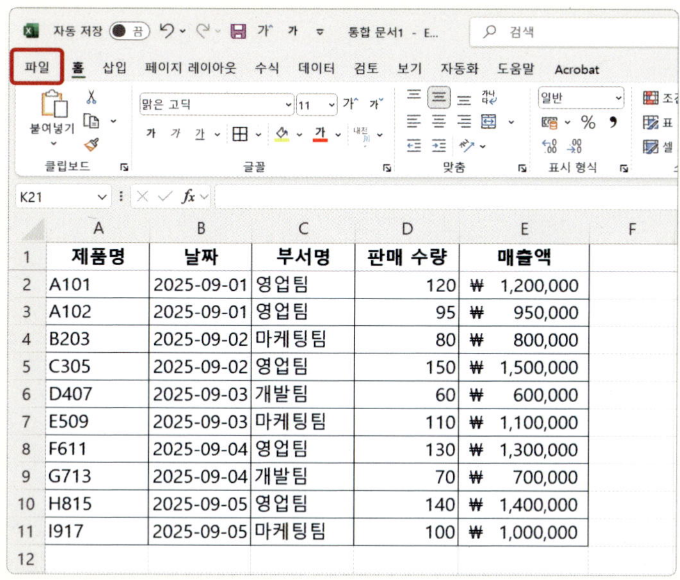

왼쪽 메뉴에서 ❶**다른 이름으로 저장**(혹은 복사본 저장) 탭을 선택한 후, ❷**찾아보기**를 클릭합니다.

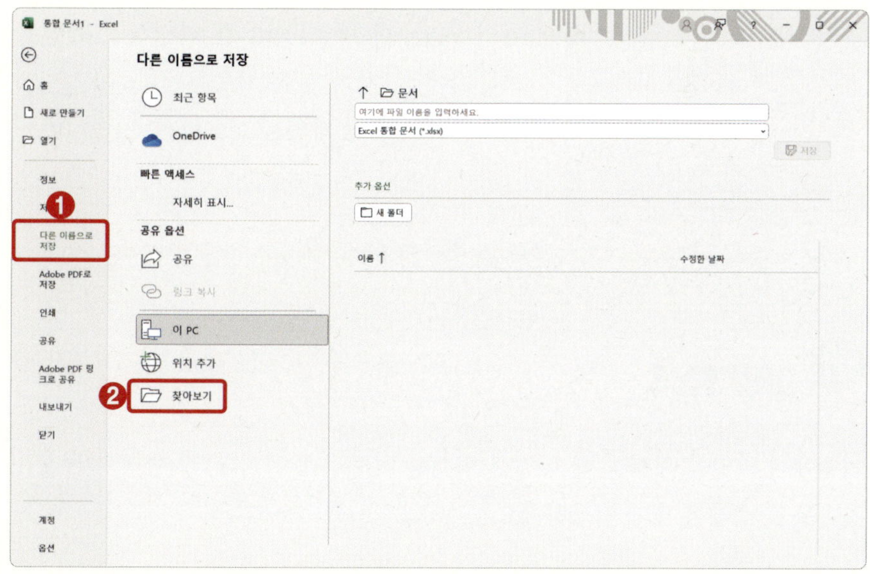

다른 이름으로 저장 창이 뜹니다. 오른쪽 하단에 있는 ❶도구를 클릭한 후,
❷일반 옵션을 선택하세요.

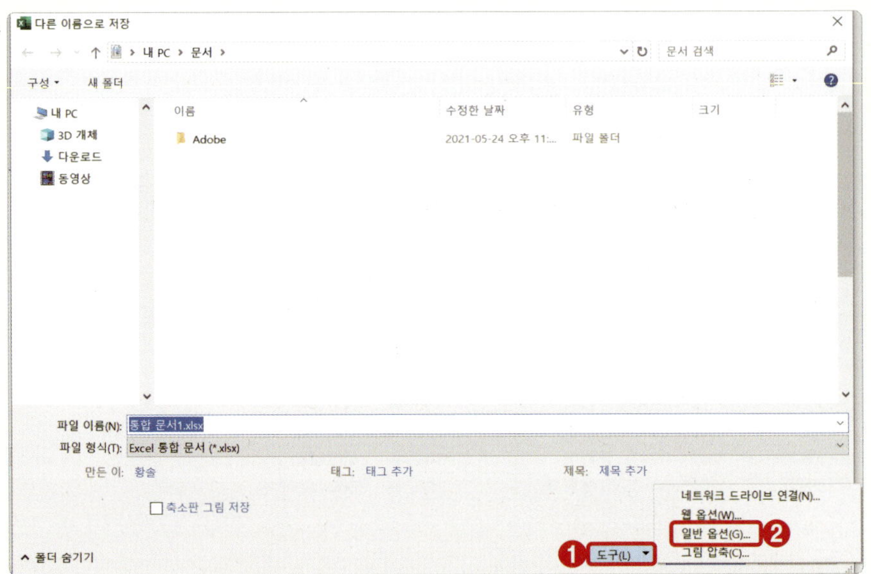

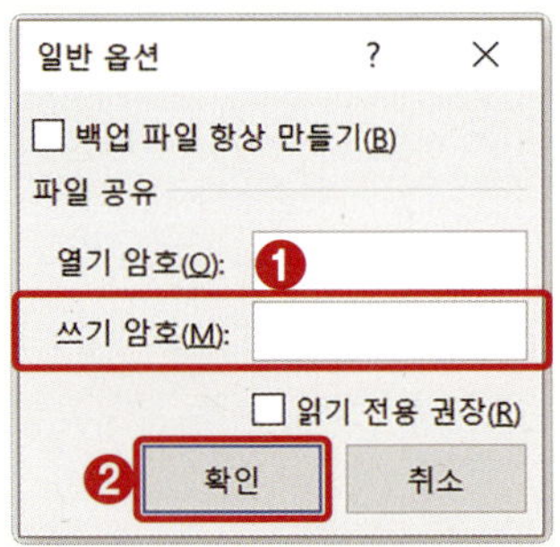

일반 옵션 창이 열리면 ❶쓰기 암호 입력란에 암호를 적고 ❷확인을 눌러주세요. 암호 확인 창이 뜨면, 한 번 더 암호를 입력하고 확인을 누릅니다. 이제 열람은 가능하지만 수정은 제한되는 방식으로 파일을 보호할 수 있습니다.

07 파일 형식

엑셀에서 파일을 저장할 때 다양한 형식을 마주하게 됩니다. 각 형식의 특징을 알아두고, 상황에 맞게 저장하세요.

형식	설명
.xlsx (Excel 통합 문서)	엑셀의 기본 파일 형식입니다. 엑셀 2007 이후 버전에서 사용되며, 대부분의 기능을 그대로 저장할 수 있어 가장 널리 쓰입니다.
.xls (Excel 통합 문서)	엑셀 97~2003 버전과 호환되는 옛날 형식입니다. 최신 기능이 일부 제한될 수 있으므로, 특별한 이유가 없다면 사용을 권장하지 않습니다.
.csv	쉼표로 구분된 텍스트 파일 형식입니다. 서식이나 수식, 차트는 저장되지 않고 순수한 데이터만 남습니다. 엑셀 외의 다른 프로그램(메모장, 구글 스프레드시트 등)과 데이터를 주고받을 때 주로 사용합니다.
.pdf	엑셀 파일을 PDF 파일로 저장합니다. 상대방의 PC에 엑셀 프로그램이 설치되어 있지 않더라도 내용을 확인할 수 있어 보고용으로 유용합니다.

08 인쇄 설정

엑셀 문서를 인쇄할 때, 데이터의 일부가 잘리거나 불필요하게 여러 장에 걸쳐 출력되는 등 의도와 다르게 진행되는 경우가 많습니다. 이런 문제를 방지하려면 다음 세 가지 설정을 확인하세요.

첫째, 페이지 구분선입니다. 단축키 Ctrl + P 를 눌러 인쇄 미리 보기 화면으로 이동합니다. ❶ 미리 보기 화면 오른쪽 하단에 있는 두 개의 버튼 중 왼쪽 여백 표시를 클릭합니다. ❷ 상하, 좌우에 페이지 구분선이 생깁니다. 이를 통해 표가 한 페이지에 모두 들어오는지, 잘리는 부분은 없는지 등을 직관적으로 확인할 수 있습니다.

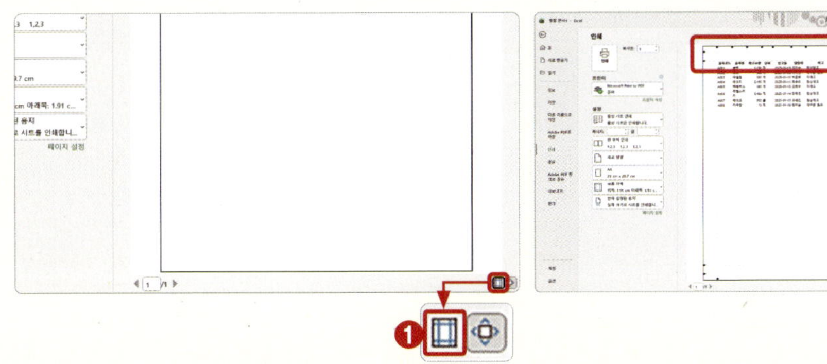

둘째, 인쇄할 영역입니다. 워크시트의 특정 부분만 인쇄한다면 마우스로 인쇄할 셀을 드래그한 후, 단축키 Ctrl+P를 눌러 인쇄 미리 보기 화면으로 이동하세요. 그다음 화면 왼쪽 ❶설정 메뉴의 **활성 시트 인쇄**를 ❷**선택 영역 인쇄**로 변경합니다. 미리 보기 화면이 선택한 영역으로 바뀝니다.

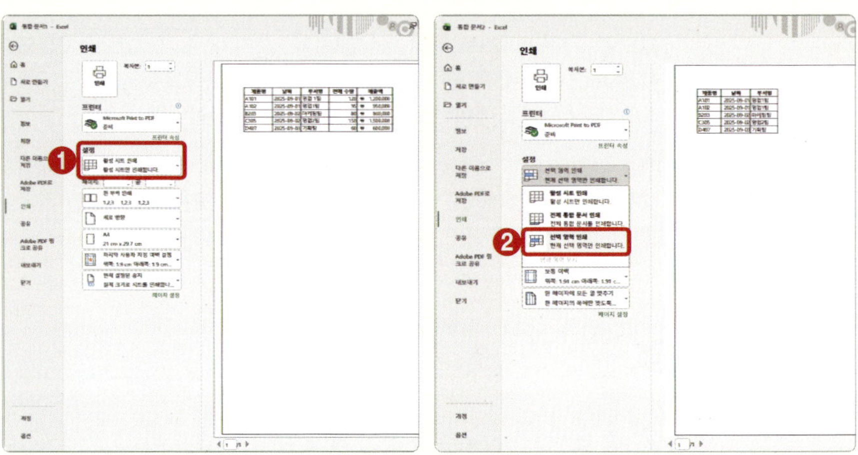

셋째, 배율 옵션입니다. **설정** 메뉴 가장 아래에 있는 ❶**현재 설정된 용지**를 클릭합니다. 드롭다운 메뉴에서 ❷**한 페이지에 모든 열 맞추기**를 선택하세요. 표의 너비가 자동으로 축소되어 한 페이지에 깔끔하게 인쇄됩니다.

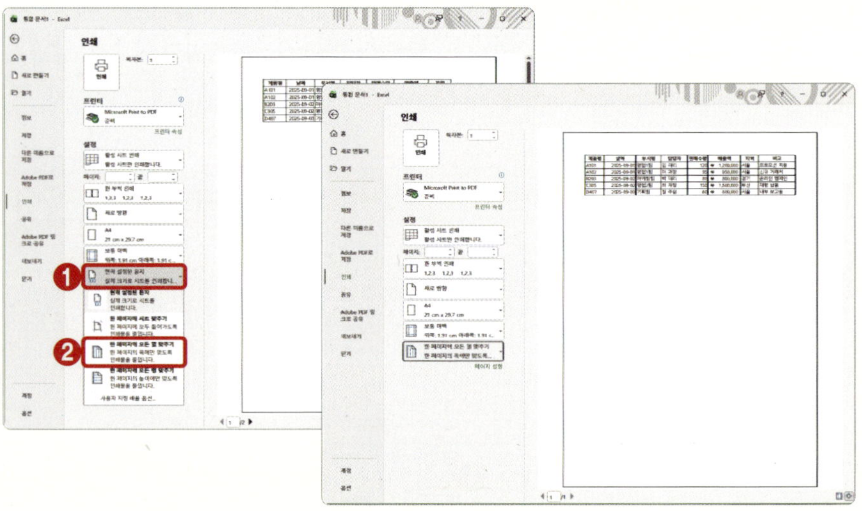

09 눈금선 없애기

워크시트의 회색 눈금선을 없애면 보고서를 더욱 깔끔하게 만들 수 있습니다.
방법도 간단합니다.

❶ **보기** 탭을 누르고 **표시** 그룹에 있는 ❷ **눈금선**의 체크박스를 해제하세요.

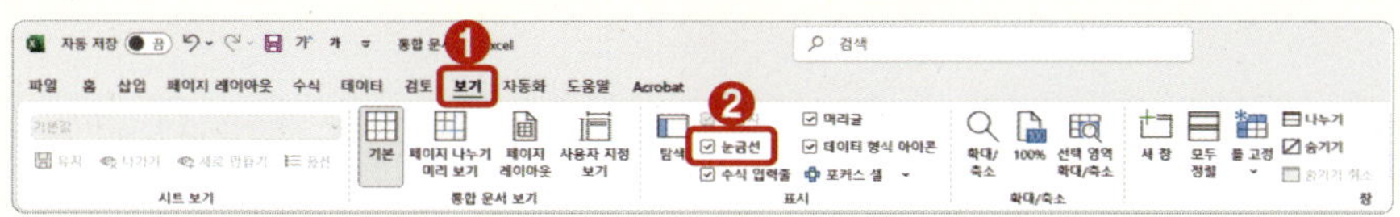

눈금선이 사라지니, 보고서가 한결 깔끔해졌죠?

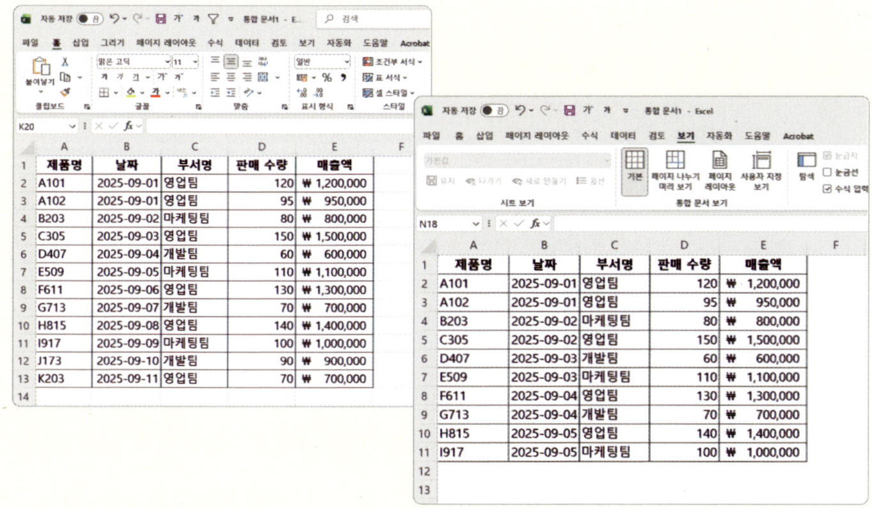

• 눈금선을 없애기 전(좌)과 후(우)

⑩ 서식 지우기

서식 지우기는 데이터는 그대로 두고, 셀에 적용된 서식만 제거하는 기능입니다.

❶서식을 제거할 셀 영역을 마우스로 드래그합니다. ❷홈 탭의 **편집** 그룹에서 ❸**지우기**를 클릭한 후, ❹**서식 지우기**를 선택합니다. 셀에 입력된 값만 유지되고, 서식은 깔끔하게 지워집니다.

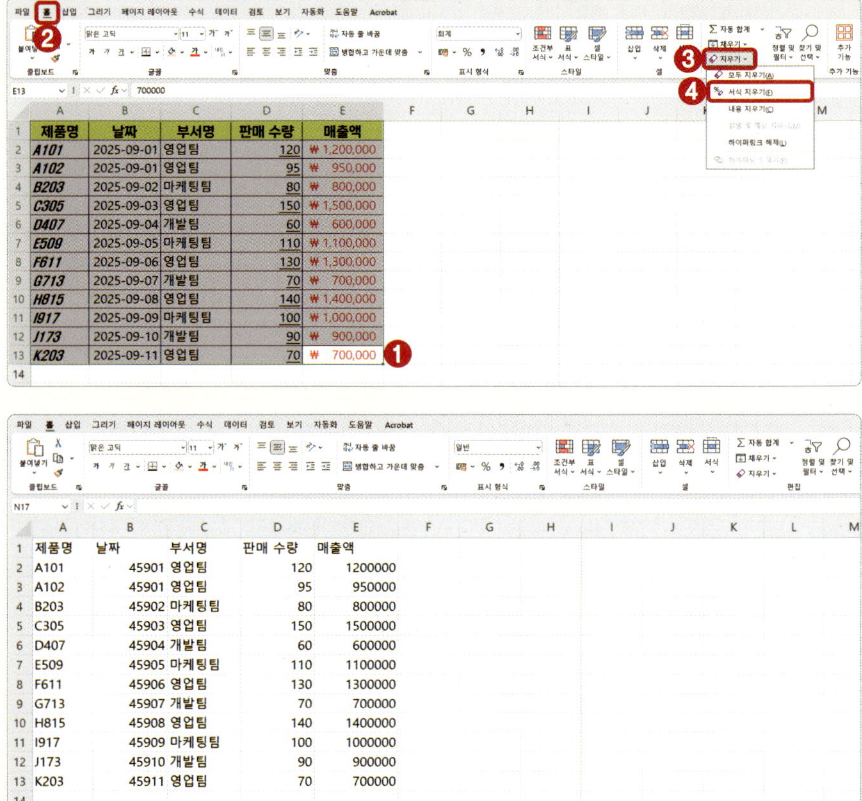

참고로 지우기 안의 여러 옵션 중 **모두 지우기**는 서식뿐 아니라 셀에 입력된 데이터까지 전부 삭제하는 기능이고, **내용 지우기**는 서식은 그대로 두고, 그 안의 데이터만 지워주는 기능입니다.

⑪ 저장하지 않은 문서 복구하기

데이터를 저장하지 않은 상태에서 갑자기 컴퓨터가 멈춘 상황, 생각만 해도 아찔합니다. 이럴 때는 엑셀의 자동 복구 기능을 사용해보세요.

먼저, 엑셀을 새로 열고, 엑셀 상단의 **파일** 탭을 클릭합니다.

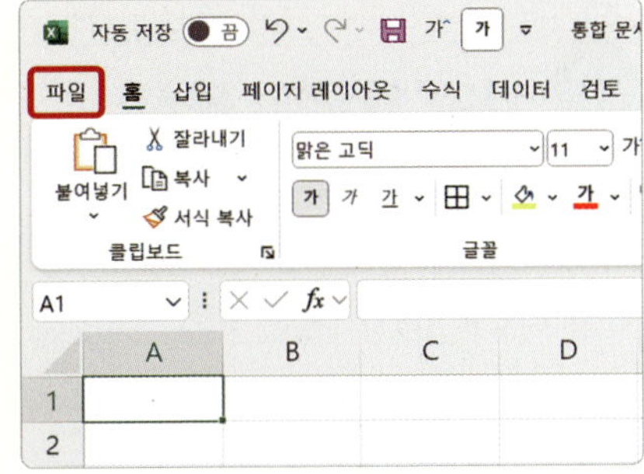

왼쪽 메뉴에서 ❶ 정보 탭을 선택한 후, ❷ 통합 문서 관리를 누릅니다. 드롭다운 메뉴가 나타나면 ❸ 저장되지 않은 통합 문서 복구를 클릭하세요.

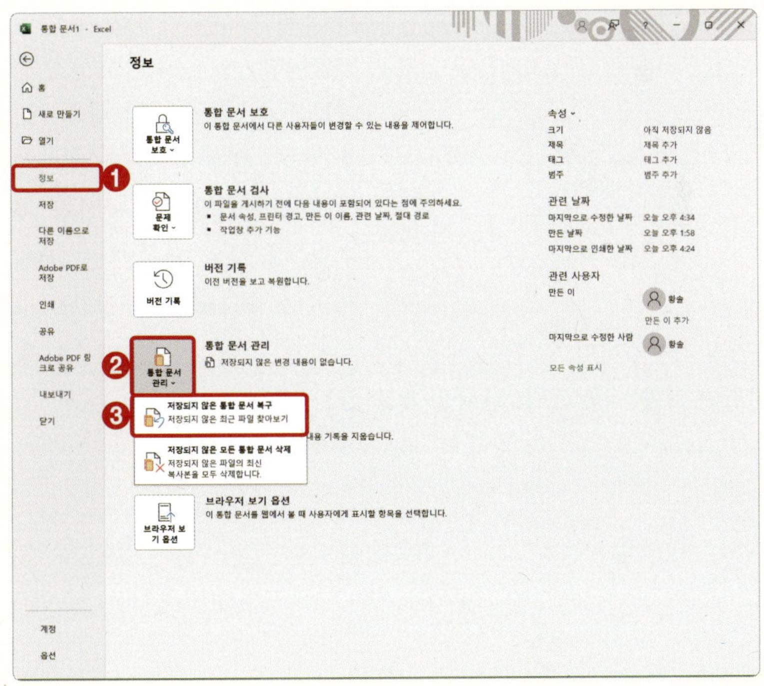

낯선 폴더가 하나 열릴 텐데, 그 안에 저장하지 못한 파일이 남아 있을 수 있습니다. 파일을 열어 내용을 확인하고 **다른 이름으로 저장**을 눌러 저장하세요. 참고로 엑셀이 예상치 못하게 종료된 경우에만 파일이 생성되므로, 정상적으로 종료했다면 해당 폴더에 파일이 없는 것이 맞습니다.

12 자동 채우기 옵션

앞서 배운 자동 채우기에는 여러 옵션이 있습니다. 이 중 날짜와 관련된 옵션을 살펴보겠습니다.

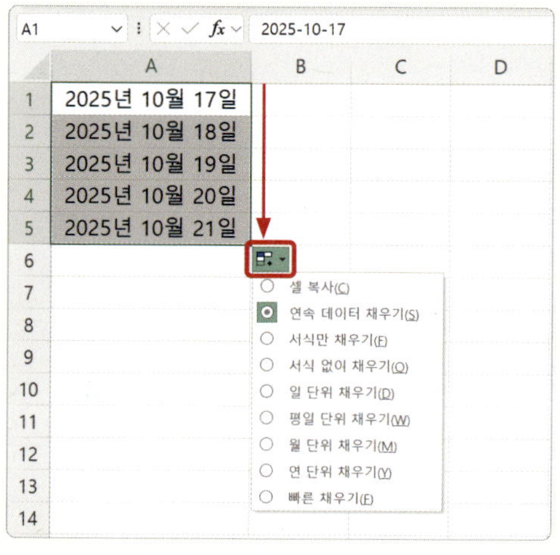

시작 날짜를 하나 입력하고, 채우기 핸들을 아래로 드래그하면, 오른쪽에 **자동 채우기 옵션**(▦⁺) 아이콘이 나타납니다. 여기서 원하는 방식으로 날짜를 채울 수 있습니다.

예를 들어, 평일 단위 채우기는 주말(토요일과 일요일)을 제외한 평일(업무일)만으로 날짜를 채우고, 월 단위 채우기는 10월 16일, 11월 16일처럼 일자는 고정한 채 월만 증가시킵니다. 연 단위 채우기는 2025년 10월 1일, 2026년 10월 1일처럼 연도만 바뀌는 방식으로 날짜를 채웁니다.

사용자 지정 목록

사용자 지정 목록이란 자주 쓰는 항목을 미리 등록해두고, 채우기 핸들로 손쉽게 입력하는 기능입니다. 이 기능을 사용하면 보고서를 만들 때마다 부서명이나 직급 같은 항목을 일일이 타이핑할 필요가 없습니다. 사용 방법은 다음과 같습니다.

엑셀 상단의 **파일** 탭을 클릭합니다.

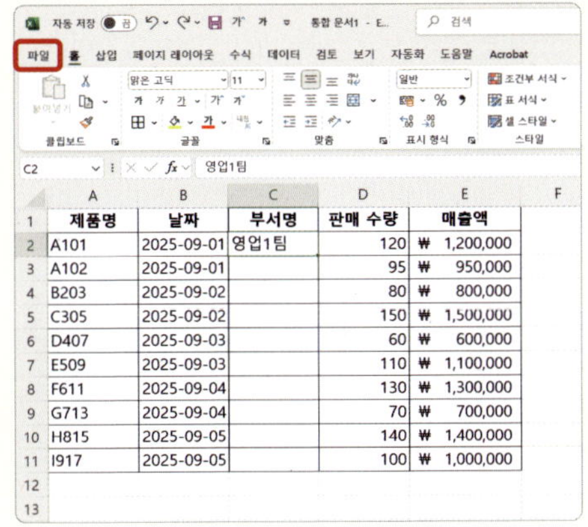

왼쪽 메뉴에서 **옵션** 탭을 선택합니다.

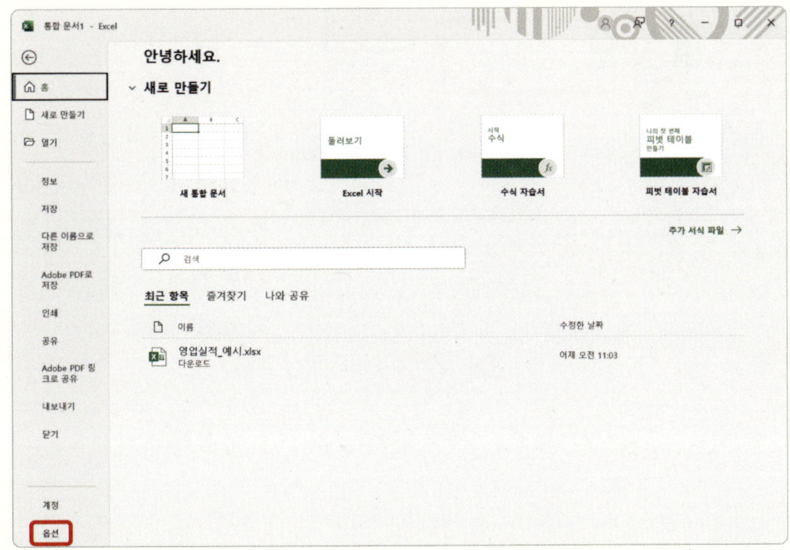

Excel **옵션** 창이 열리면 ❶**고급** 탭을 클릭합니다. ❷아래로 스크롤해 **일반** 그룹을 찾은 후, 하단의 ❸**사용자 지정 목록 편집**을 누르세요.

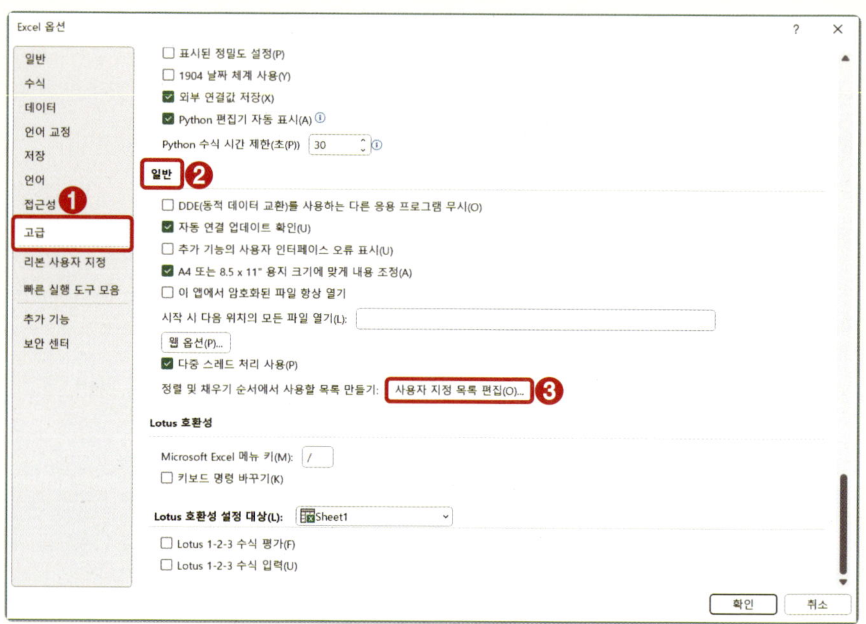

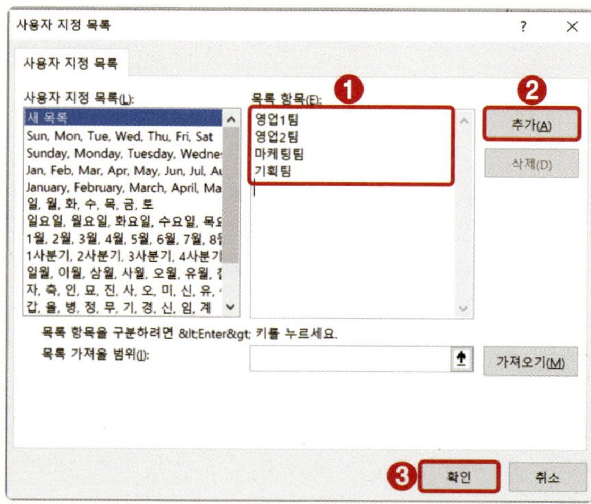

❶**목록 항목** 입력란에 원하는 항목을 순서대로 적습니다. 책에서는 영업1팀, 영업2팀, 마케팅팀, 기획팀을 입력했습니다. 오른쪽의 ❷ **추가** 버튼을 클릭한 후, ❸**확인**을 눌러 등록을 완료합니다.

이제 영업1팀이라고 입력한 C2셀의 채우기 핸들을 아래로 드래그해보세요. 등록한 목록이 순서대로 채워집니다.

이 기능은 단순히 입력 시간을 줄여주는 것 이상의 효과가 있습니다. 예를 들어, 타이핑을 하다 보면 '마케팅팀', '마케팅 팀'처럼 띄어쓰기를 다르게 입력할 수 있는데, 이런 사소한 데이터 불일치를 미리 막을 수 있죠. 데이터의 정확성과 통일성은 작은 습관에서 시작된다는 사실, 잊지 마세요!

⑭ 데이터 유효성 검사

데이터 유효성 검사는 셀에 입력할 수 있는 값의 범위나 형식을 미리 지정하는 기능입니다. 누가 입력하든 동일한 형태의 데이터가 쌓이기 때문에 나중에 집계하거나 분석할 때 오류가 획기적으로 줄어듭니다. 사용 방법은 다음과 같습니다.

❶규칙을 적용할 셀을 드래그합니다. ❷데이터 탭의 데이터 도구 그룹에서 ❸데이터 유효성 검사를 클릭합니다.

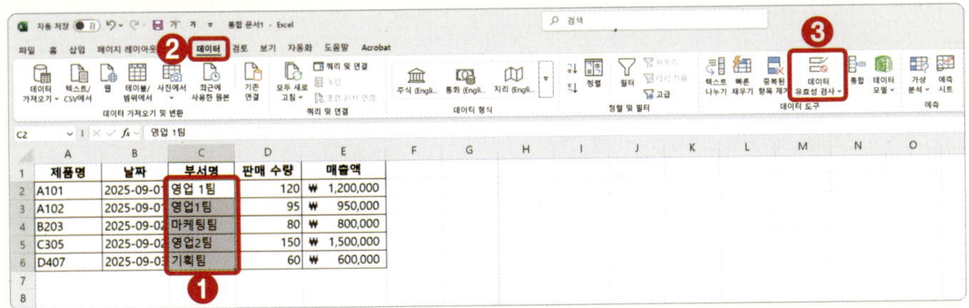

데이터 유효성 검사 창이 열립니다. ❶**설정** 탭에서 ❷**제한 대상**을 **목록**으로 변경합니다. 완료되었다면 ❸**확인**을 눌러주세요.

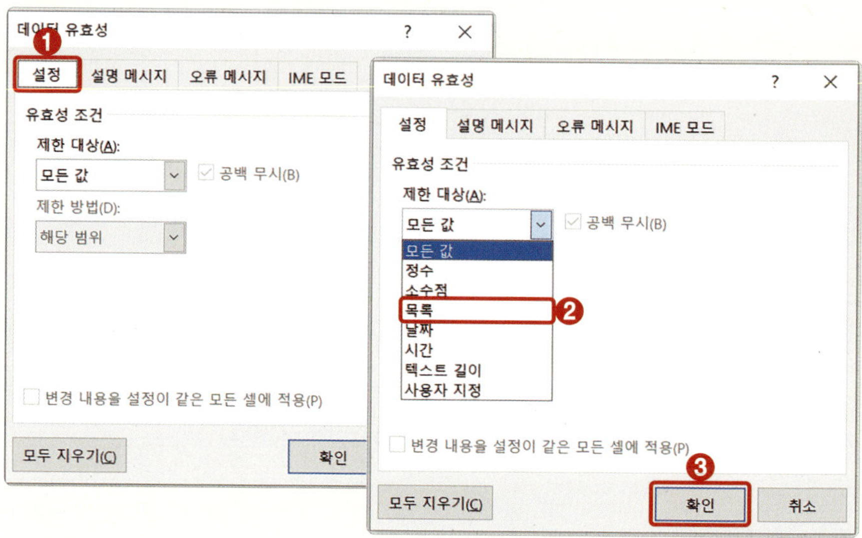

하단에 ❶**원본** 입력란이 생깁니다. 여기에 원하는 항목을 쉼표(,)로 구분해서 입력합니다. 책에서는 영업1팀, 영업2팀, 마케팅팀, 기획팀을 적었습니다. ❷**확인**을 눌러주세요.

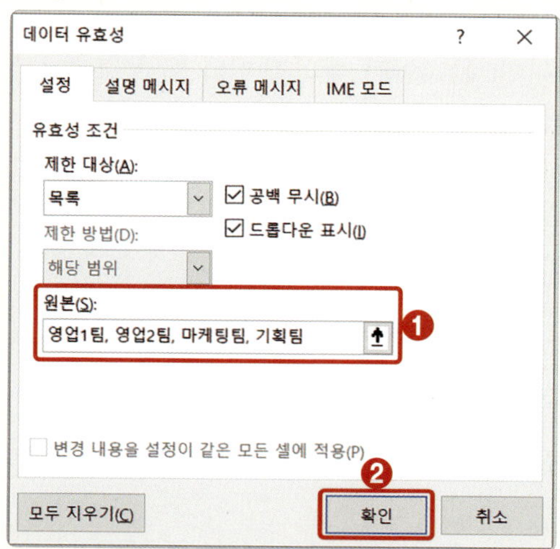

이제 해당 셀을 클릭하면 작은 화살표가 생기고, 사용자는 목록에 있는 값만 선택해서 입력할 수 있습니다.

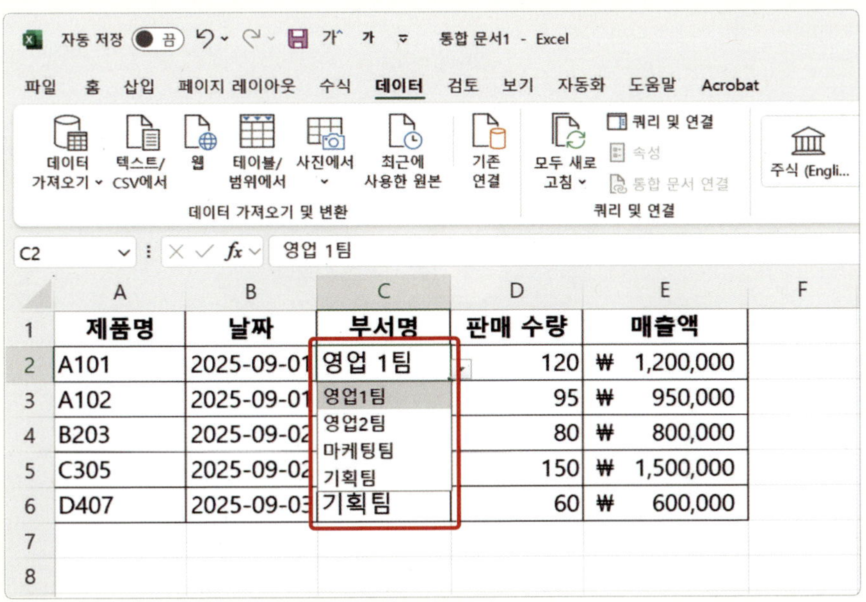

목록에 있지 않은 데이터를 입력하면 아래와 같이 오류 메시지가 뜹니다. 이처럼 데이터 유효성 검사는 입력 실수를 줄이고, 데이터의 통일성을 유지하는 데 아주 효과적인 기능이니, 꼭 기억해두세요!

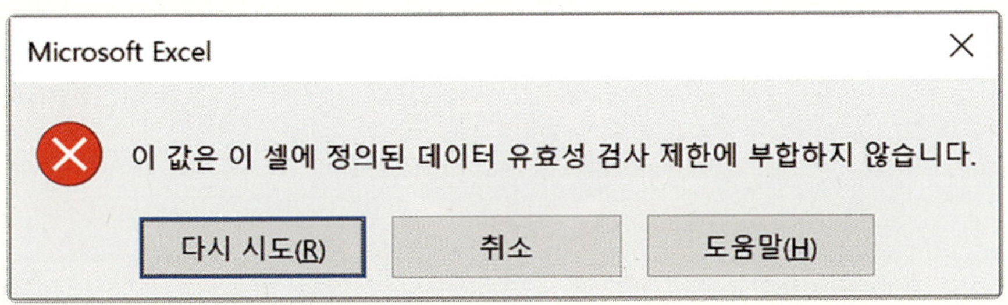

PART 02

엑셀 실무의 핵심 기능

자주 사용하는 함수

함수의 개념

함수(Function)란 미리 정해둔 규칙에 따라 복잡한 계산을 간편하게 처리해주는 도구입니다. 쉽게 말해 엑셀에 내장된 '자동 계산기'와 같습니다. 함수를 사용하면 작업 시간을 단축하고, 계산 실수를 줄일 수 있습니다. 이번 장에서는 함수의 구조를 알아보겠습니다.

이번 장에서 배울 내용!

✓ 함수의 구조

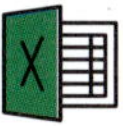 함수의 구조

함수를 사용하려면 약속된 '문법'을 지켜야 합니다. 모든 함수는 기본적으로 =으로 시작하며, 함수의 이름과 괄호( ) 안의 인수로 구성됩니다. 합계를 구하는 SUM 함수를 통해 좀 더 자세히 알아보겠습니다.

1. 계산의 시작, 등호(=)

"지금부터 계산을 시작할 거야"라고 엑셀에게 알리는 신호입니다. 함수뿐만 아니라 덧셈(=1+1)이나 곱셈(=10*5) 같은 간단한 계산을 할 때도 맨 앞에 반드시 등호를 입력해야 합니다.

2. 함수 이름

계산의 목적을 알려주는 명령어입니다. 합계를 구한다면 SUM, 평균을 구한다면 AVERAGE처럼 역할에 맞는 고유한 이름이 정해져 있습니다. 엑셀에는 수많은 함수가 있는데, 다 외우지 말고 필요할 때 찾아보면 됩니다.

3. 괄호와 인수

함수가 계산을 수행하는 데 필요한 데이터(재료)를 넣는 공간입니다. 이 데이터를 인수(Argument)라고 부릅니다. 인수는 함수에 따라 1개가 필요할 수도, 아예 필요하지 않을 수도, 여러 개가 필요할 수도 있는데, 여러 개를 넣을 때는 쉼표(,)로 구분하거나 콜론(:)으로 셀 범위를 지정해줍니다. 예를 들어, =SUM(A3, B5)는 A3셀과 B5셀을 더하라는 의미이고, =SUM(A1:A10)은 A1셀부터 A10셀까지 모두 더하라는 뜻입니다.

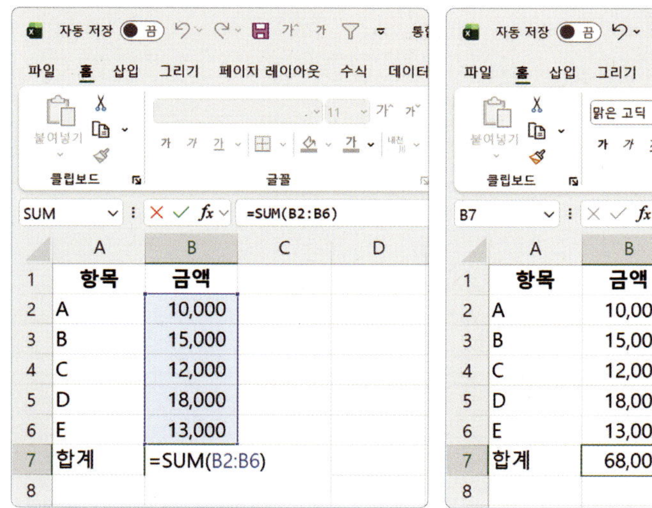

• SUM 함수를 이용해 B2~B6셀의 합계를 구한 모습

이 주임은 이래서 혼났어요!   인수를 빠르고 정확하게 입력하는 방법!

점심 전까지 제출해야 할 보고서를 부랴부랴 작성 중인 이 주임. 그런데 함수의 인수를 직접 타이핑하다 보니 자꾸 실수가 나옵니다. 이 모습을 본 민 과장이 한마디 합니다. "인수를 입력할 때는 타이핑을 하는 것보다 마우스를 사용하는 게 훨씬 효율적이야. 인수에 해당하는 셀을 클릭하거나 범위를 드래그하면 복잡한 인수도 실수 없이 입력할 수 있거든. 꼭 기억해!"

민 과장의 실무 꿀팁!　　**수식 입력줄을 활용하세요!**

함수는 셀에 입력할 수도 있지만, 화면 상단의 수식 입력줄에 입력할 수도 있습니다. 길고 복잡한 함수를 입력하거나 이를 수정해야 할 때는 수식 입력줄을 활용해보세요.

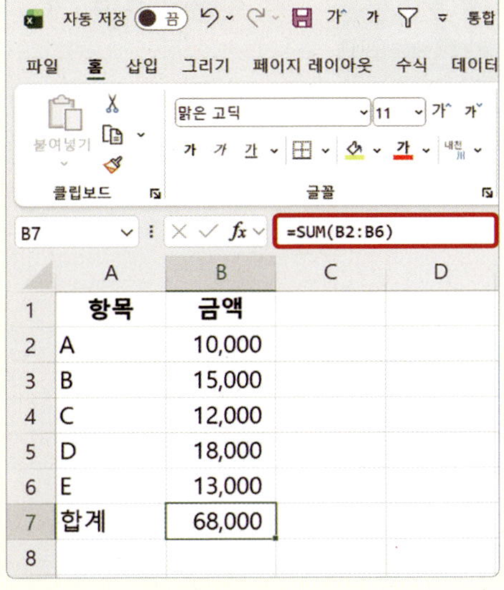

● 수식 입력줄에 함수를 입력한 모습

민 과장의 실무 꿀팁!　　**함수는 대소문자를 구분하지 않아요!**

대부분의 함수는 대소문자를 구분하지 않습니다. 따라서 함수를 입력할 때는 굳이 대문자로 바꾸지 않아도 됩니다.

기초 함수

실무에서 자주 쓰는 함수는 정해져 있습니다. 이 함수들만 제대로 익혀도 '엑셀 좀 다룬다'는 소리를 들을 수 있죠. 이번 장에서는 꼭 알아야 할 기초 함수 6개를 배워보겠습니다.

이번 장에서 배울 내용!

✓ 합계 구하는 SUM
✓ 평균 구하는 AVERAGE
✓ 개수를 세는 COUNT와 COUNTA
✓ 최댓값과 최솟값 찾는 MAX와 MIN
✓ 자동 합계

 ## SUM

SUM은 엑셀에서 가장 많이 쓰는 함수로, 시작 셀부터 종료 셀까지의 숫자를 모두 더해줍니다. 중간에 숫자가 아닌 글자나 빈칸이 있다면, 이를 무시하고 숫자만 골라서 계산하죠. 입력 형식은 아래와 같습니다.

$$=SUM(시작\ 셀:종료\ 셀)$$

왼쪽 그림에서 볼 수 있듯이, A4셀 혹은 수식 입력줄에 =SUM(A1:A3)을 입력하고 엔터를 누르면 A1, A2, A3셀에 있는 숫자의 합계인 6이 자동으로 계산됩니다.

이 주임은 B6셀에 =SUM(B2:B5)를 입력해 1분기 합계를 구했습니다. 그러고는 2분기 합계를 구하기 위해 C6셀에 또 수식을 타이핑하기 시작했죠.

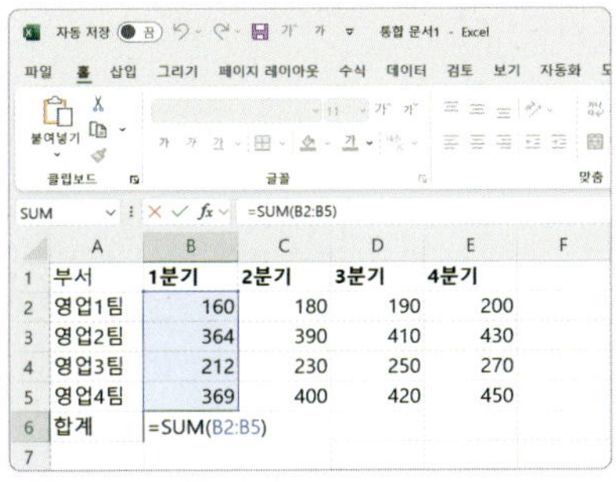
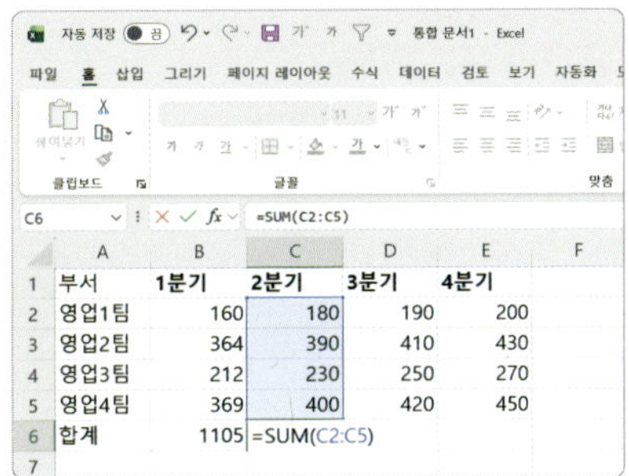

이를 본 민 과장이 말했습니다. "이 주임, 1분기 합계(B6셀)를 구했으면 2, 3, 4분기 합계도 쉽게 구할 수 있어. B6셀 오른쪽 아래에 있는 채우기 핸들 보이지? 마우스를 가져다 대면 커서가 십자가(+) 모양으로 바뀔 거야. 채우기 핸들을 E6셀까지 쭉 드래그해봐. 2, 3, 4분기 합계가 순식간에 계산되지? 이처럼 함수와 자동 채우기를 함께 사용하면 반복 작업을 획기적으로 줄일 수 있어."

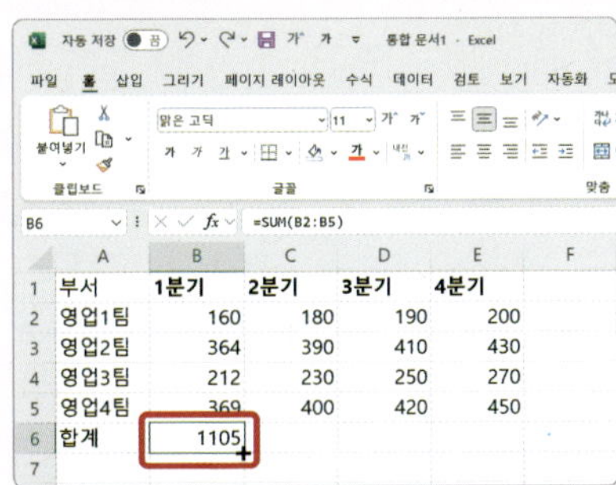
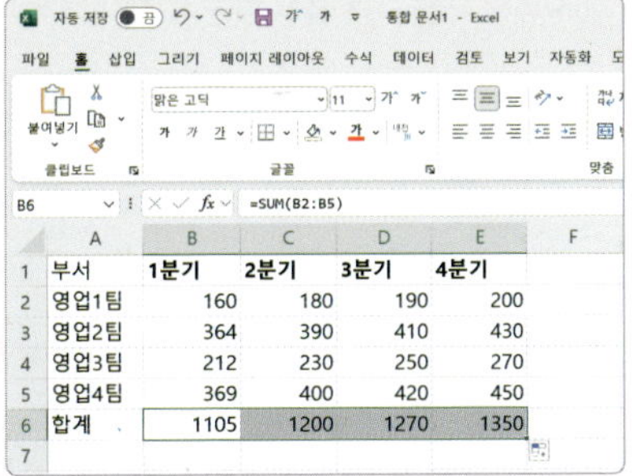

● 1분기 매출 합계만 함수로 구하고(좌) 2, 3, 4분기 매출 합계는 자동 채우기를 활용한 모습(우)

AVERAGE

AVERAGE는 지정한 셀 안에 있는 숫자들의 평균값을 구해줍니다. 중간에 숫자가 아닌 글자나 빈칸이 있다면, 이를 제외하고 숫자만 골라서 평균을 계산하죠. 입력 형식은 아래와 같습니다.

$$= \text{AVERAGE}(시작\ 셀 : 종료\ 셀)$$

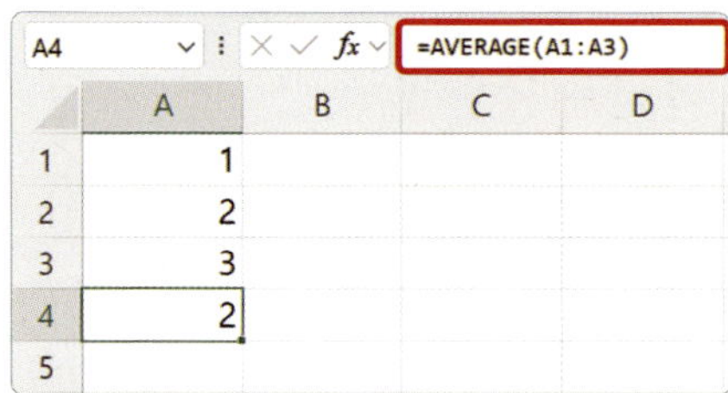

왼쪽 그림에서 볼 수 있듯이, A4셀 혹은 수식 입력줄에 =AVERAGE(A1:A3)을 입력하고 엔터를 누르면 A1, A2, A3셀에 있는 숫자들의 평균인 2가 자동으로 계산됩니다.

이 주임은 이래서 혼났어요!　AVERAGE 함수, 이 점은 주의하세요!

"이 주임! 1, 2월 시험 점수 평균이 왜 이렇게 차이가 나지?"

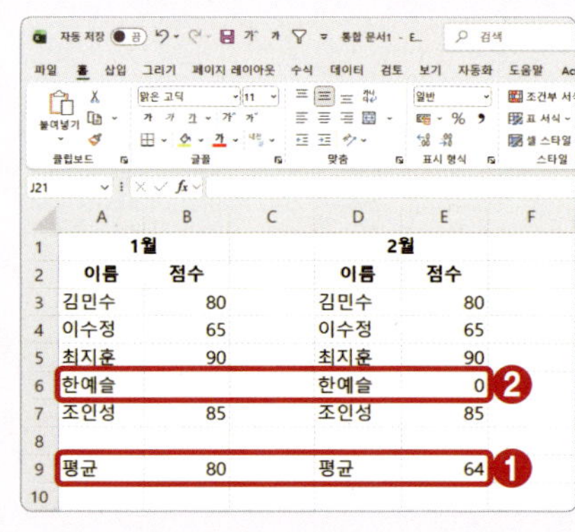

❶1월과 2월의 시험 점수가 동일한데 평균은 크게 차이가 납니다. 이유가 뭘까요? ❷1월에는 시험을 보지 않은 직원의 점수란이 빈칸으로 처리되어 있고, 2월에는 0점으로 처리되어 있네요. AVERAGE 함수는 글자나 빈 셀은 데이터가 없다고 판단해, 이를 제외한 나머지의 평균을 계산합니다. 반면 숫자 0은 데이터로 인식해 계산에 포함시키죠. 그래서 100점과 빈칸의 평균은 100점(100÷1)이지만, 100점과 0점의 평균은 50점((100+0)÷2)이 됩니다. 따라서 AVERAGE 함수를 사용할 때는 값이 없는 경우(빈칸)와 값이 0인 경우를 명확히 구분해야 정확한 결과를 얻을 수 있습니다!

COUNT & COUNTA

데이터가 입력된 셀의 개수를 세어야 할 때가 있습니다. "총 몇 건의 주문이 들어왔지?" 또는 "참석자는 몇 명이야?"와 같은 질문에 답을 해야 하는 경우죠. 이럴 때는 COUNT 함수와 COUNTA 함수를 사용하세요.

COUNT는 지정한 범위에서 숫자가 들어 있는 셀만 골라서 개수를 셉니다. 입력 형식은 아래와 같습니다.

$$=COUNT(시작\ 셀:종료\ 셀)$$

아래 그림에서 볼 수 있듯이, B7셀 혹은 수식 입력줄에 =COUNT(B2:B6)을 입력하고 엔터를 누르면, 숫자가 적힌 셀(B2, B3, B5)의 개수인 3이 자동으로 계산됩니다.

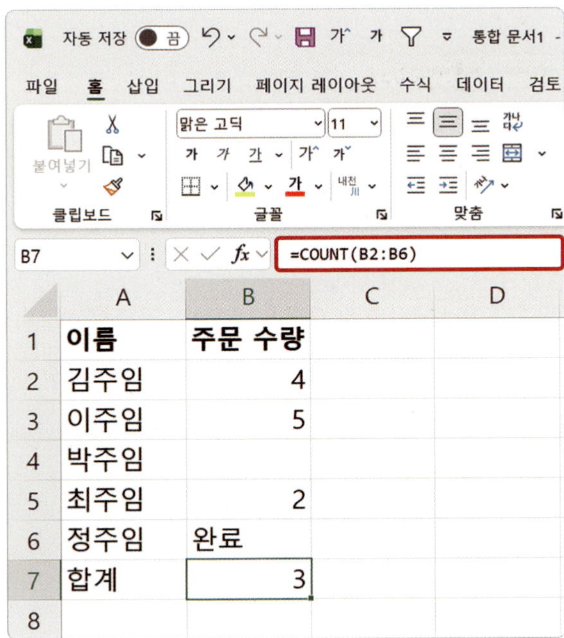

COUNTA는 지정한 범위에서 비어 있지 않은 셀의 개수를 세어줍니다. 숫자, 문자뿐만 아니라 수식이나 오류가 표시된 셀까지, 내용이 있기만 하면 무엇이든 개수에 포함시키죠. 입력 형식은 다음과 같습니다.

=COUNTA(시작 셀:종료 셀)

아래 그림에서 볼 수 있듯이, B7셀 혹은 수식 입력줄에 =COUNTA(B2:B6)을 입력하고 엔터를 누르면, 비어 있지 않은 셀(B2, B3, B5, B6)의 개수인 4가 자동으로 계산됩니다.

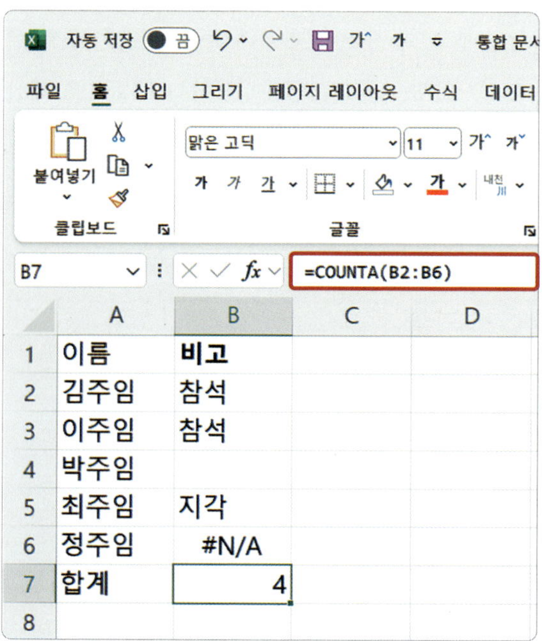

MAX & MIN

수백, 수천 개의 데이터 속에서 가장 높은 매출액이나 가장 낮은 판매량을 찾아야 할 때는 MAX 함수와 MIN 함수를 사용하세요.

MAX는 지정한 범위의 숫자들 중 가장 큰 값(최댓값)을 반환합니다. 전사 실적 1등, 최고 시험 점수 등을 찾을 때 유용하죠. 반면, MIN은 지정한 범위의 숫자들 중 가장 작은 값(최솟값)을 반환합니다. 최저 판매 실적, 최소 재고량 등을 확인할 때 유용합니다. 두 함수의 입력 형식은 아래와 같습니다.

$$= MAX(시작\ 셀:종료\ 셀)$$

$$= MIN(시작\ 셀:종료\ 셀)$$

아래 그림에서 볼 수 있듯이, B10셀 혹은 수식 입력줄에 =MAX(B2:B9) 또는 =MIN(B2:B9)을 넣고 엔터를 누르면, 최댓값(좌) 또는 최솟값(우)이 자동으로 반환됩니다.

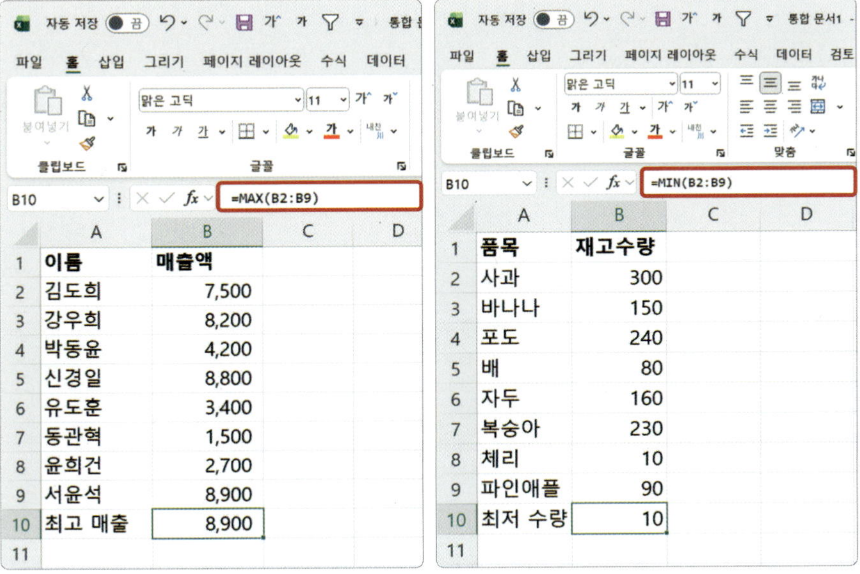

 **자동 합계**

사실 앞서 배운 6개의 기초 함수는 직접 입력할 필요가 없습니다. 엑셀이 자동 합계라는 아주 편리한 기능을 만들어두었기 때문이죠. 사용법도 간단합니다.

01 ❶먼저, 값을 구할 셀을 클릭한 후, ❷**홈** 탭의 **편집** 그룹에서 ❸**자동 합계** 우측의 드롭다운 메뉴(∨)를 눌러주세요.

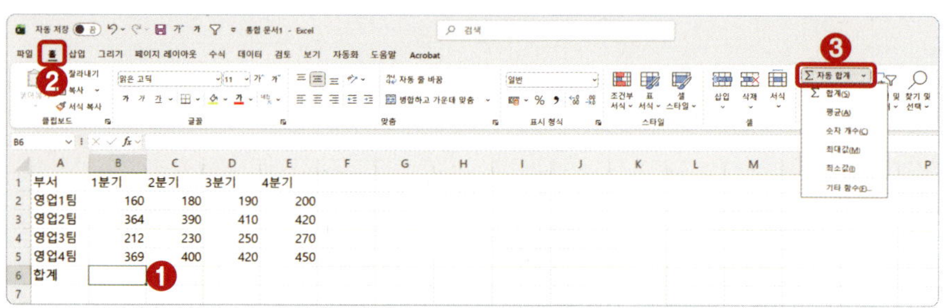

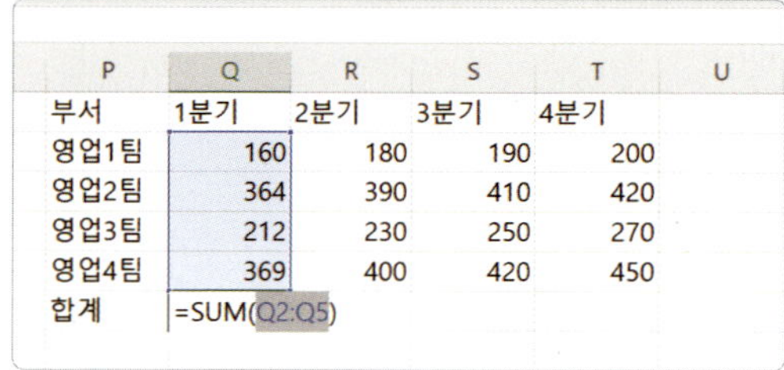

02 합계, 평균, 숫자 개수 등 원하는 항목을 클릭하면 엑셀이 자동으로 범위를 지정하고 함수까지 입력해줍니다. 책에서는 합계를 구해보았습니다.

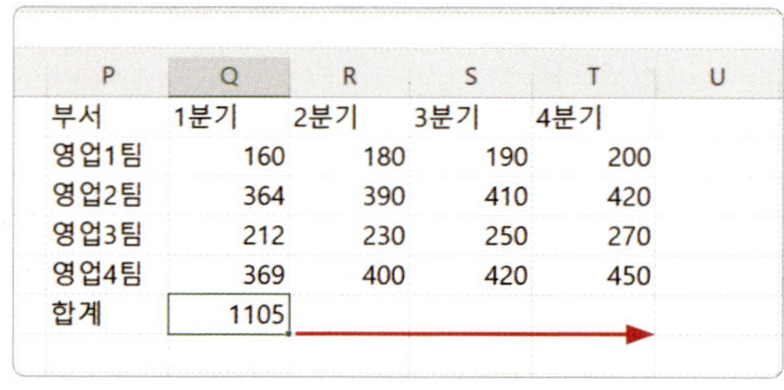

03 엔터를 누르면 값이 계산됩니다. 자동 채우기로 2, 3, 4분기 합계도 구해보세요.

조건부 함수

기초 함수는 전체 범위의 합계나 평균을 구하는 데 유용합니다. 하지만 실무에서는 전체 데이터가 아닌 특정한 조건에 맞는 데이터만 골라서 계산해야 할 때가 훨씬 많습니다. 예를 들면, "이번 시험에서 80점 이상 받은 사람이 총 몇 명이야?"처럼 말이죠. 이때 필요한 것이 바로 조건부 함수입니다. 조건부 함수란 특정 기준을 충족하는 데이터만 계산하거나, 조건에 따라 서로 다른 결과를 보여주는 함수입니다. 이번 장에서는 실무에서 가장 자주 사용하는 조건부 함수들을 배워보겠습니다.

이번 장에서 배울 내용!

✔ 참, 거짓에 따라 값을 구하는 IF

✔ 단일 조건에서 합계/개수를 구하는 SUMIF와 COUNTIF

✔ 여러 조건에서 합계/개수를 구하는 SUMIFS 와 COUNTIFS

IF

IF는 조건이 참(TRUE)인지 거짓(FALSE)인지 판단해서 그에 따라 정해진 값을 출력하는 함수입니다. 시험 점수가 60점 이상이면 합격, 아니면 불합격을 표시하는 것처럼, 조건에 따라 서로 다른 결과를 보여줘야 할 때 사용합니다. 입력 형식은 아래와 같습니다.

$$=IF(조건, 참일 때 값, 거짓일 때 값)$$

- **조건**: 참, 거짓을 판단하는 기준입니다. (예: B2>100000)
- **참일 때 값**: 조건이 맞을 경우(TRUE) 보여줄 결과입니다. (예: "할인 적용")
- **거짓일 때 값**: 조건이 틀릴 경우(FALSE) 보여줄 결과입니다. (예: "미적용")

아래 데이터에서 10만 원 초과 구매 고객에게는 할인 적용이라는 문구를, 10만 원 이하 구매 고객에게는 미적용이라는 문구를 표시해보겠습니다.

01 C2셀에 다음과 같은 함수를 입력합니다.

=IF(B2>100000, "할인 적용", "미적용")

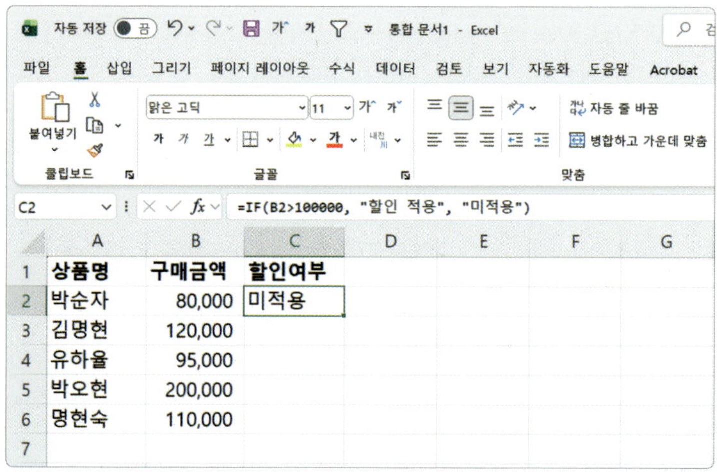

02 엔터를 누르자, 미적용 문구가 출력되었습니다.

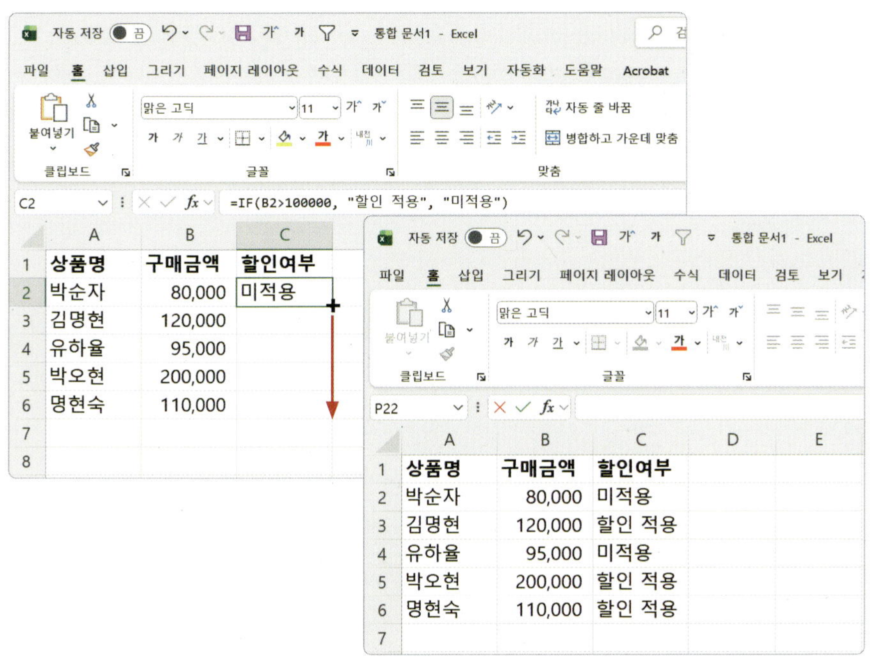

함수 작성 시, 인수가 숫자라면 그대로 입력해도 되지만, 텍스트라면 반드시 큰따옴표(" ")로 감싸줘야 합니다. 사소해 보이지만 이 작은 차이 때문에 오류가 자주 발생하니 꼭 기억하세요!

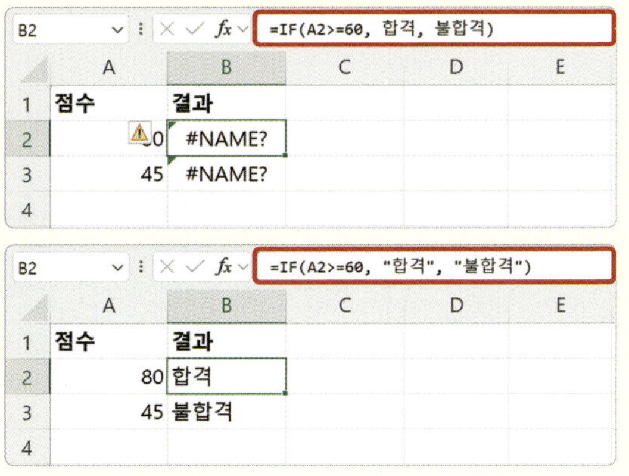

● 큰따옴표를 생략해 오류가 발생한 모습(위)과 큰따옴표를 입력해 올바르게 출력된 모습(아래)

"이 주임! 이번 시험 80점 이상인 사람은 다 체크하라니까, 80점을 맞은 김 대리는 왜 빼고 보고해? 함수 수식에 >80이라고 썼지, 또!"

조건부 함수를 배울 때 가장 헷갈리는 부분이 바로 부등호입니다. 특히 이상/이하와 초과/미만을 구분하지 못해 엉뚱한 결과를 내는 경우가 많죠. 등호(=)가 붙으면 그 숫자를 '포함'한다고 외우세요.

연산자	의미	예시	설명
>	초과	>80	80점은 빼고, 81, 82…
<	미만	<80	80점은 빼고, 79, 78…
>=	이상	>=80	80점부터 포함해서, 80, 81…
<=	이하	<=80	80점부터 포함해서, 80, 79…
<>	같지 않다	<>80	80이 아닌 모든 값(78, 79, 81, 82…)

● 엑셀에서 사용하는 주요 비교 연산자

SUMIF & COUNTIF

단일 조건에서 합계나 개수를 구할 때는 SUMIF 함수와 COUNTIF 함수를 사용합니다.

SUMIF는 지정한 범위 내에서 특정 조건을 만족하는 셀들의 값을 더해주는 함수입니다. 수많은 과일 판매량 중에서 사과의 판매량만 합산하거나, 여러 부서의 실적 중 영업팀의 실적만 더할 때 유용하게 쓸 수 있습니다. 입력 형식은 아래와 같습니다.

= SUMIF(조건 범위, 조건, 합계를 구할 범위)

- **조건 범위:** 조건을 검사할 데이터의 범위입니다. (예: C2:C10)

- **조건:** 찾고자 하는 조건입니다. (예: ABC)

- **합계를 구할 범위:** 실제 합산할 숫자가 있는 데이터의 범위입니다. (예: D2:D10)

SUMIF 함수를 이용해 ABC 제품의 판매량 합계를 구해보겠습니다.

01 먼저, 값을 출력할 셀을 선택합니다. 책에서는 D11셀을 선택했습니다.

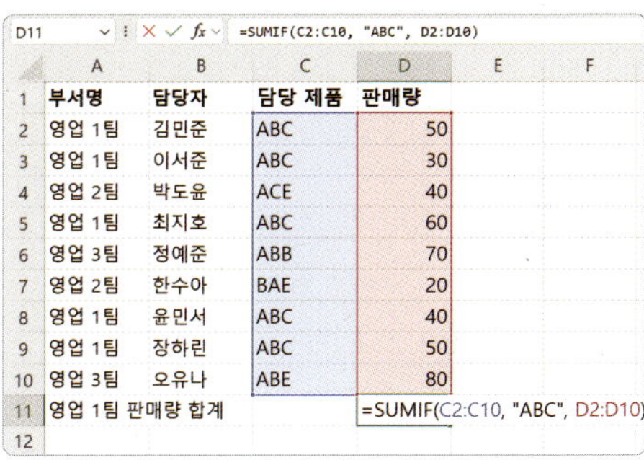

02 D11셀 혹은 수식 입력줄에 =SUMIF(C2:C10, "ABC", D2:D10)을 적습니다. 함수를 해석하면, C2~C10셀에서 ABC와 일치하는 항목을 찾고, 찾았으면 그와 같은 위치(행)에 있는 D2~D10셀 범위의 값들을 모두 더하라는 의미입니다.

03 엔터를 누르면 D11셀에 ABC 제품의 판매량 합계가 출력됩니다.

COUNTIF는 특정 조건을 만족하는 셀의 개수를 세어주는 함수입니다. 예를 들어, 참석자 명단에서 대학생이 몇 명인지, 전체 직원 중 근속 연수가 10년 이상인 직원이 몇 명인지 구할 때 유용합니다. 입력 형식은 아래와 같습니다.

=COUNTIF(조건 범위, 조건)

- **조건 범위**: 조건을 검사할 데이터의 범위입니다. (예: B2:B9)
- **조건**: 개수를 세는 기준입니다. (예: ">=10")

COUNTIF 함수를 이용해 근속 연수가 10년 이상인 직원의 수를 알아보겠습니다.

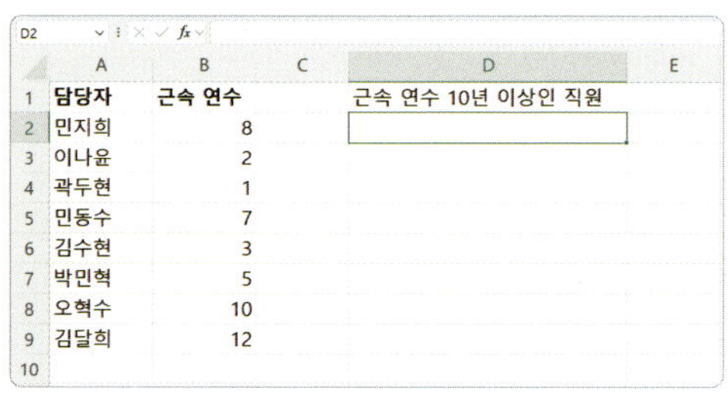

01 먼저, 값을 출력할 셀을 선택합니다. 책에서는 D2셀을 선택했습니다.

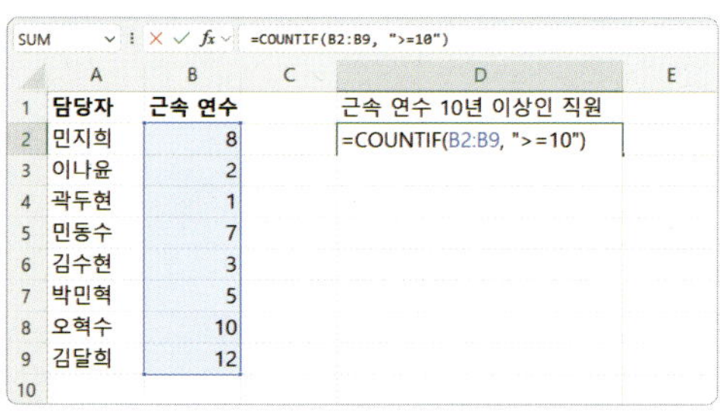

02 D2셀에 =COUNTIF(B2:B9, ">=10")을 적습니다. 함수를 해석하면, B2~B9셀에서 값이 10 이상인 셀이 몇 개인지 세라는 의미입니다.

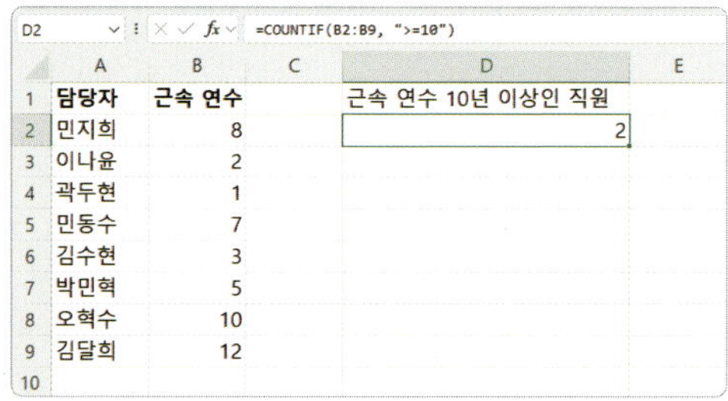

03 엔터를 누르면 D2셀에 근속 연수 10년 이상인 직원의 수가 출력됩니다.

SUMIF나 COUNTIF 같은 조건부 함수에서 부등호를 사용할 때는 큰따옴표(" ")로 감싸주세요. 큰따옴표가 없으면 엑셀이 부등호를 조건이 아닌 수식으로 인식해 오류가 발생합니다.

 SUMIFS & COUNTIFS

여러 조건에서 합계나 개수를 구하고 싶을 땐, SUMIFS 함수와 COUNTIFS 함수를 사용하세요.

SUMIFS는 여러 조건을 모두 충족하는 셀들의 값을 더해주는 함수입니다. 예를 들어, 영업1팀이 담당한 제품 중 ABC 제품의 판매량만 합산하거나, 특정 지역에 있는 특정 제품의 합계를 구해야 할 때 유용하게 쓸 수 있습니다. 입력 형식은 아래와 같습니다.

=SUMIFS(합계를 구할 범위, 조건 범위1, 조건1, 조건 범위2, 조건2, …)

- **합계를 구할 범위:** 실제 합산할 숫자가 있는 데이터의 범위입니다. (예: D2:D10)
- **조건 범위1:** 첫 번째 조건을 검사할 데이터의 범위입니다. (예: A2:A10)
- **조건1:** 첫 번째 조건입니다. (예: "영업1팀")
- **조건 범위2:** 두 번째 조건을 검사할 데이터의 범위입니다. (예: C2:C10)
- **조건2:** 두 번째 조건입니다. (예: "ABC")

SUMIFS 함수를 이용해 영업1팀이 담당한 제품 중 ABC 제품의 판매량 합계를 구해보겠습니다.

01 먼저, 값을 출력할 셀을 선택합니다. 책에서는 F2셀을 선택했습니다.

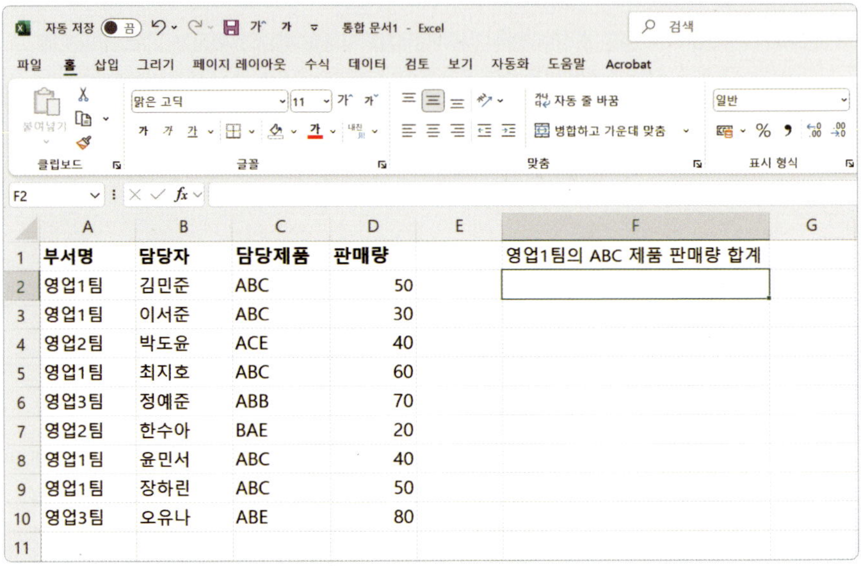

02 F2셀에 =SUMIFS(D2:D10, A2:A10, "영업1팀", C2:C10, "ABC")를 입력합니다. 함수를 해석하면, A2~A10셀에서 영업1팀을 찾고, 그중에서 C2~C10셀의 값이 ABC와 일치하는 항목을 골라, 그와 같은 위치(행)에 있는 D2~D10셀의 값들을 더하라는 의미입니다.

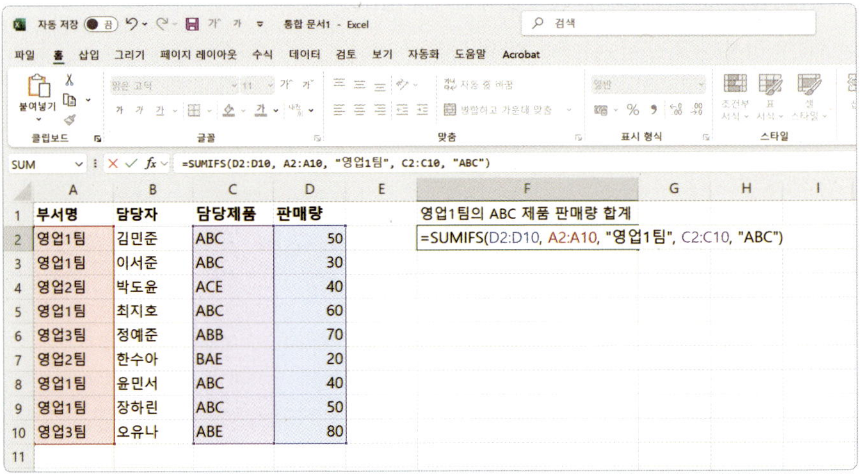

03 엔터를 누르면 영업1팀이 담당한 제품 중 ABC 제품의 판매량 합계가 출력됩니다.

	A	B	C	D	E	F	G
1	부서명	담당자	담당제품	판매량		영업1팀의 ABC 제품 판매량 합계	
2	영업1팀	김민준	ABC	50		230	
3	영업1팀	이서준	ABC	30			
4	영업2팀	박도윤	ACE	40			
5	영업1팀	최지호	ABC	60			
6	영업3팀	정예준	ABB	70			
7	영업2팀	한수아	BAE	20			
8	영업1팀	윤민서	ABC	40			
9	영업1팀	장하린	ABC	50			
10	영업3팀	오유나	ABE	80			
11							

COUNTIFS는 여러 조건을 모두 충족하는 셀의 개수를 세어주는 함수입니다. 예를 들어, 영업1팀에서 판매량 50개 이상을 달성한 직원 수를 구하거나 품목이 노트북이면서 재고가 10개 미만인 상품 수를 구할 때 유용하게 사용합니다. 입력 형식은 아래와 같습니다.

= COUNTIFS(조건 범위1, 조건1, 조건 범위2, 조건2, …)

- **조건 범위1:** 첫 번째 조건을 검사할 데이터의 범위입니다. (예: A2:A10)
- **조건1:** 첫 번째 조건입니다. (예: "영업1팀")
- **조건 범위2:** 두 번째 조건을 검사할 데이터의 범위입니다. (예: D2:D10)
- **조건2:** 두 번째 조건입니다. (예: ">=50")

COUNTIFS 함수를 이용해 영업1팀에서 판매량 50개 이상을 달성한 직원 수를 구해보겠습니다.

01 먼저, 값을 출력할 셀을 선택합니다. 책에서는 F2셀을 선택했습니다.

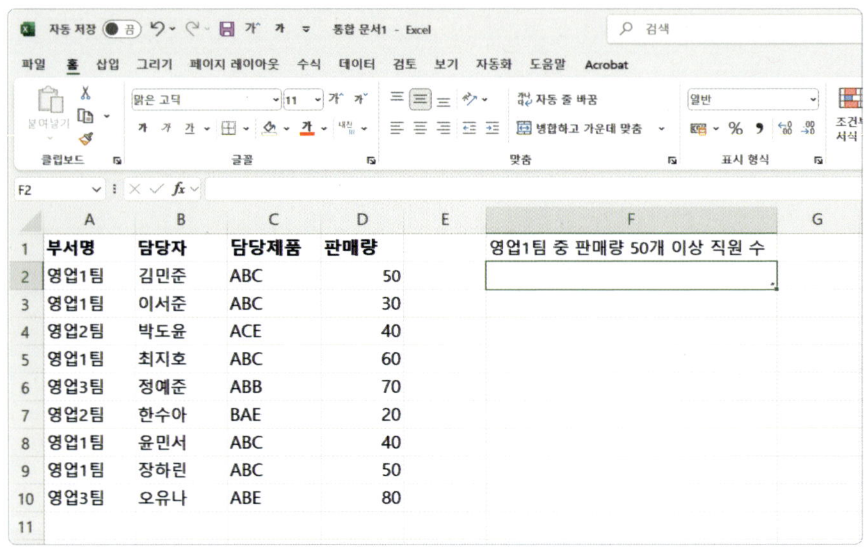

02 F2셀에 =COUNTIFS(A2:A10, "영업1팀", D2:D10, ">=50")을 입력합니다. 함수를 해석하면, A2~A10셀에서 영업1팀을 찾고 그중에서 D2~D10셀의 값이 50 이상인 셀의 개수를 세라는 의미입니다.

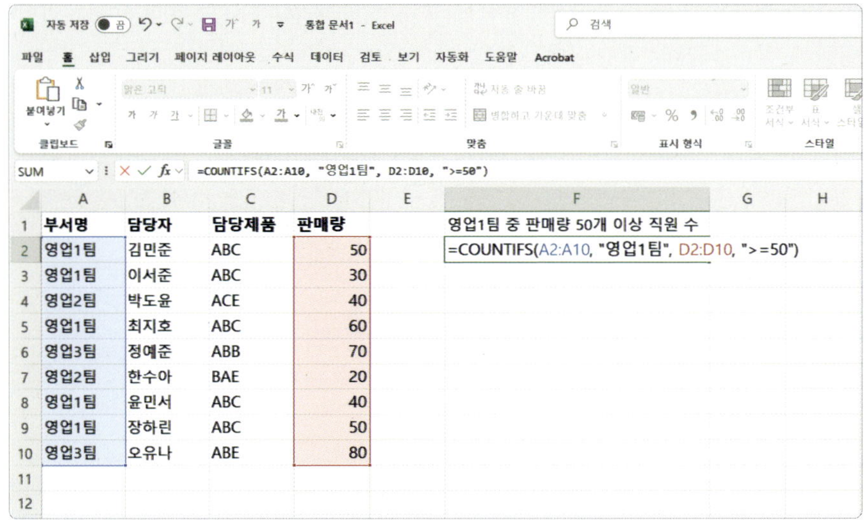

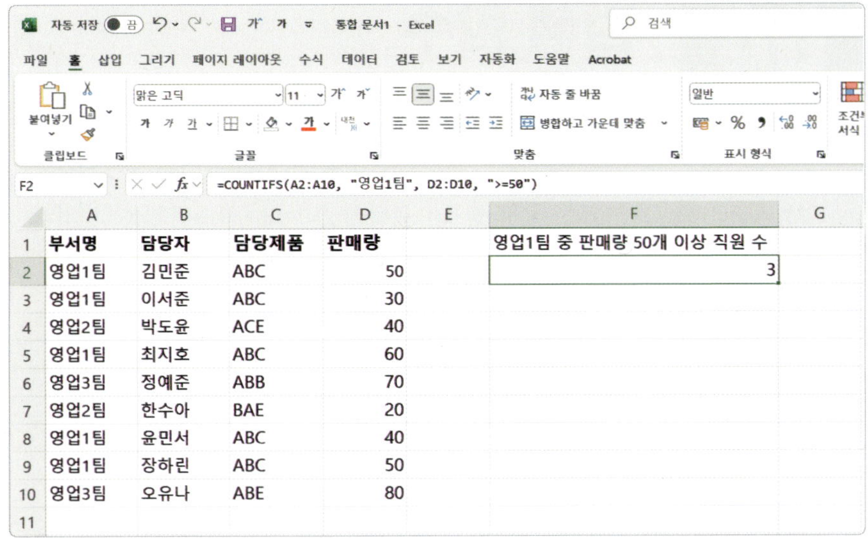

민 과장의 실무 꿀팁!   인수 입력 순서, 헷갈릴 때는?

SUMIF, COUNTIF, COUNTIFS는 모두 조건 범위를 가장 먼저 씁니다. 반면, SUMIFS는 합계 범위를 먼저 쓰고 그다음 조건 범위가 나오죠. 인수 순서가 헷갈린다면, SUMIFS를 제외한 나머지는 조건 범위가 먼저 나온다고 외우세요!

검색 함수

수만 개의 제품 목록, 고객 명단, 주문 내역 데이터가 있다고 상상해보세요. 이 거대한 정보의 바다에서 조건에 맞는 데이터를 찾기 위해 매번 Ctrl+F를 눌러 검색을 하거나 마우스 스크롤을 내려 확인할 수는 없습니다.

검색 함수(Lookup Function)는 특정 값을 기준으로 원하는 데이터를 찾는 함수입니다. '키워드'와 일치하는 값을 찾아, 그 옆에 있는 다른 정보(가격, 이름, 재고 등)를 핀셋처럼 쏙쏙 뽑아오죠.

이번 장에서는 실무에서 오랫동안 사용해온 VLOOKUP과 그 단점을 완벽하게 보완한 신흥 강자 XLOOKUP을 배웁니다.

이번 장에서 배울 내용!

✔ 세로 방향으로 값을 찾는 VLOOKUP

✔ 가로 방향으로 값을 찾는 HLOOKUP

✔ 모든 방향으로 값을 찾는 XLOOKUP

 **VLOOKUP**

VLOOKUP은 지정한 범위의 첫 번째 열에서 특정 값을 찾고, 그 값이 있는 행의 다른 열에서 데이터를 가져오는 함수입니다. 입력 형식은 아래와 같습니다.

=VLOOKUP(찾을 값, 검색할 범위, 가져올 열 번호, 일치 방식)

- **찾을 값**: 검색할 기준이 되는 값입니다.
- **검색할 범위**: 검색할 데이터가 포함된 전체 표입니다.
- **가져올 열 번호**: 가져올 값이 있는 열의 순번입니다. (첫 번째 열이 1)

- **일치 방식:** 정확히 일치하는 값을 찾을지(FALSE), 비슷하게 일치하는 값을 찾을지(TRUE)를 정합니다.

VLOOKUP 함수는 직접 사용해봐야 확실히 이해할 수 있습니다. 오른쪽 상품 목록 데이터에서 상품코드 P-007을 기준으로 해당 상품의 단가 정보를 불러오겠습니다.*

01 수식은 다음과 같습니다.

=VLOOKUP("P-007", A1:D11, 4, FALSE)
❶** ❷ ❸ ❹

---

* 지금은 찾아야 할 정보가 1개이므로 굳이 검색 함수를 쓰지 않아도 됩니다. 하지만 실무에서는 1,000개씩 찾는 일이 흔하고, 이 경우에는 반드시 검색 함수를 써야 합니다. 검색 함수로 1개의 정보를 찾고, 자동 채우기로 나머지 999개의 정보를 쉽게 입력할 수 있으니까요.

** "P-007"을 직접 타이핑해도 되고, "P-007"이 있는 A8셀을 클릭해도 됩니다. 참고로 문자를 직접 타이핑할 때는 큰따옴표를 넣어야 하지만, 셀을 클릭할 때는 큰따옴표를 붙이지 않습니다.

수식을 해석하면 이렇습니다.

❷ 검색할 데이터의 범위는 A1:D11이야.

❶ 첫 번째 열에서 "P-007"을 찾아줘.

❸ 찾았으면 그 행에서 네 번째 열에 있는 정보를 가져와.

❹ 정확히 일치(FALSE)하는 값이어야 해.

02 엔터를 누르면 아래와 같이 P-007의 상품 단가가 나옵니다.

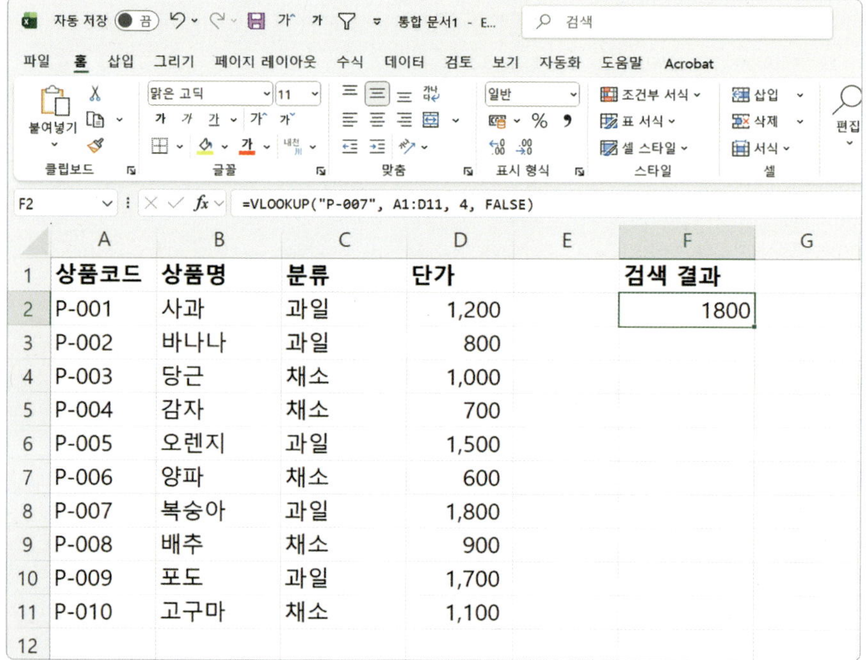

민 과장의 실무 꿀팁!   일치 방식, FALSE만 기억하세요!

비슷한 값을 허용하는 TRUE는 조건이 까다롭고 오류가 자주 발생합니다. 더욱이 실무에서는 정확한 값을 찾는 경우가 대부분이라 TRUE를 사용할 일이 거의 없습니다. 헷갈리면 무조건 FALSE를 쓰세요. 참고로 FALSE 대신 0을, TRUE 대신 1을 입력해도 됩니다.

이 주임은 상품명을 이용해 재고 수량을 찾기 위해 VLOOKUP 함수를 썼지만 계속 오류가 발생했습니다.

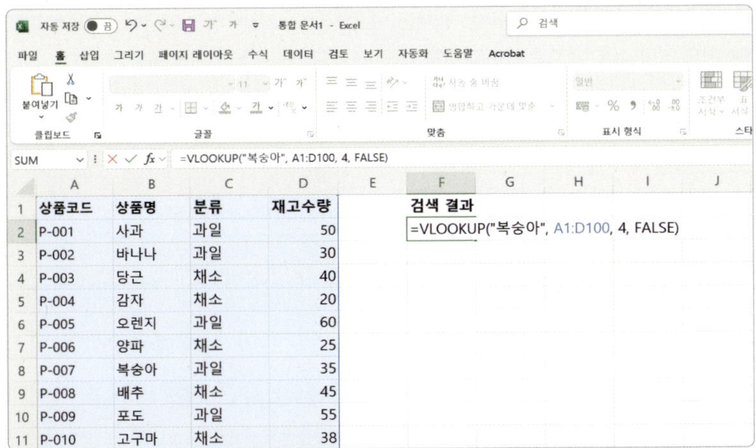

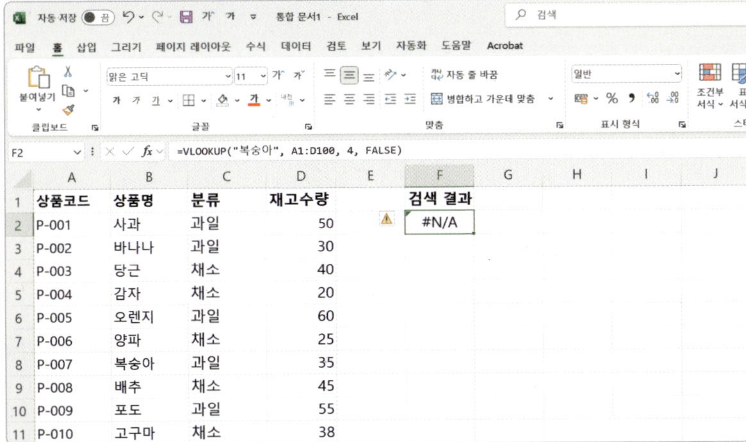

● VLOOKUP 함수를 사용했으나(위) 오류가 발생한 모습(아래)

그 모습을 본 민 과장이 말했습니다. "이 주임, 상품명(복숭아)을 기준으로 재고 수량 데이터를 가져오려고 했구나. 그런데 VLOOKUP은 지정한 범위의 첫 번째 열을 기준으로 값을 검색해. 그런데 지금 복숭아는 두 번째 열에 있잖아. 이럴 때는 상품명이 첫 번째 열이 되도록 범위를 다시 지정해야 돼. A1:D100을 B1:D100으로 바꿔봐. 그럼 잘 찾아줄 거야."

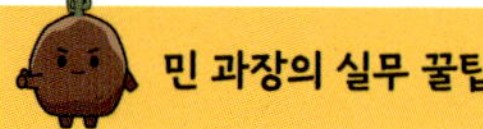

VLOOKUP의 짝꿍, HLOOKUP

HLOOKUP은 VLOOKUP과 짝꿍 같은 함수입니다. 이름에서 유추할 수 있듯이 V(Vertical)는 수직, H(Horizontal)는 수평을 의미합니다. VLOOKUP이 표의 첫 열을 아래(세로)로 훑는다면, HLOOKUP은 첫 행을 오른쪽(가로)으로 훑습니다. 그 후 찾은 열에서 지정된 행 번호의 값을 가져오는 방식입니다. 실무에서 데이터는 대부분 세로 방향으로 입력하기 때문에 HLOOKUP을 쓸 일은 거의 없습니다. '가로로 찾는 함수도 있구나' 정도만 알고 넘어가도 충분합니다.

 XLOOKUP

VLOOKUP은 지정한 범위의 첫 번째 열을 기준으로만 검색할 수 있고, 일치 여부 옵션을 반드시 입력해야 하며, 도중에 열이 추가 혹은 삭제되면 수식이 망가진다는 단점이 있습니다. 이 모든 문제를 한 방에 해결한 것이 바로 XLOOKUP입니다. XLOOKUP은 지정한 범위에서 조건과 일치하는 값을 찾아, 방향에 상관없이 다른 위치(행 또는 열)에 있는 데이터를 가져오는 함수입니다. (엑셀 2021 또는 Microsoft 365 버전부터 사용 가능) 입력 형식은 아래와 같습니다.

=XLOOKUP(찾을 값, 검색할 범위, 반환할 범위)

- **찾을 값**: 검색할 기준이 되는 값입니다.
- **검색할 범위**: VLOOKUP처럼 표 전체가 아니라, 찾을 값이 있는 열의 데이터 범위입니다.
- **반환할 범위**: 가져올 정보(결괏값)가 있는 열의 데이터 범위입니다.

XLOOKUP 함수도 직접 써봐야 이해가 잘 되겠죠? 오른쪽 상품 목록 데이터에서 상품코드 P-007을 기준으로 해당 상품의 단가 정보를 불러오겠습니다.

01 수식은 다음과 같습니다.

=XLOOKUP("P-007", A1:A11, D1:D11)
❶   ❷   ❸

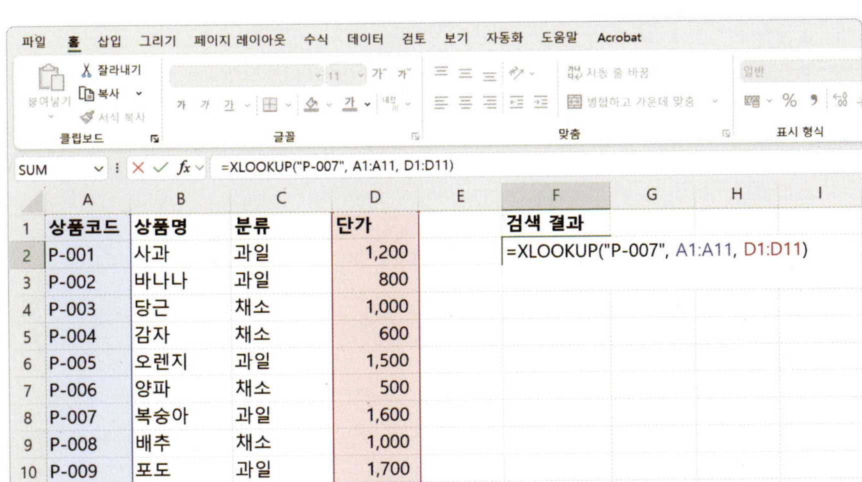

수식을 해석하면 이렇습니다.

❷ 검색할 데이터의 범위는 A1:A11야.

❶ 여기서 "P-007"을 찾아줘.

❸ 찾았으면 그 행의 D열 값을 가져와.

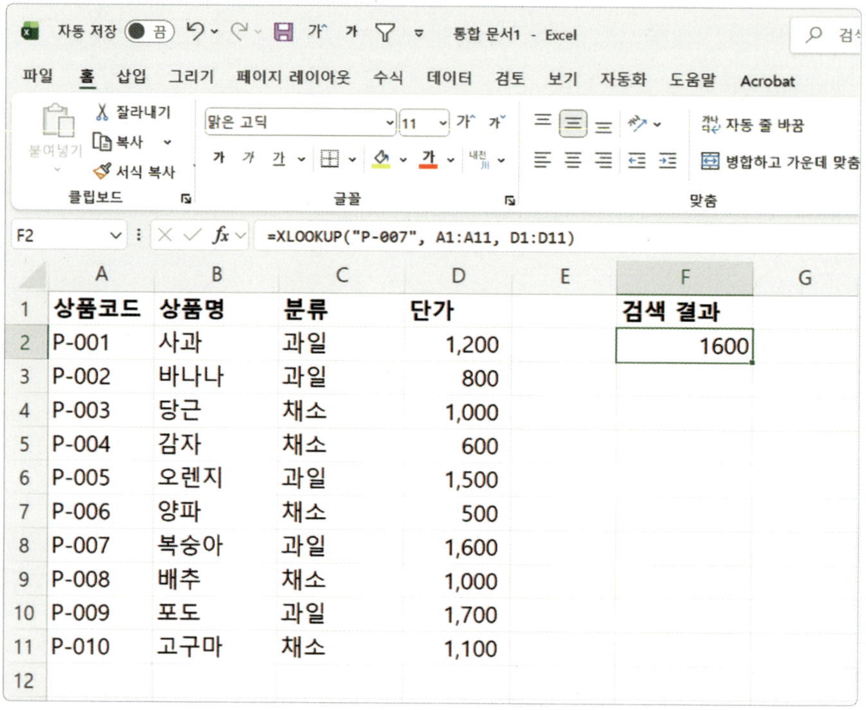

XLOOKUP이 오류를 일으켜요!

XLOOKUP은 정확하게 일치하는 값을 찾습니다. 겉보기엔 같아 보여도 띄어쓰기나 데이터 형식이 다르면 오류가 발생하죠. 만약 값이 있는데도 못 찾는다면, 숨은 공백이 있거나 표시 형식(ex. 숫자, 텍스트)이 다른 것은 아닌지 체크해보세요.

날짜 함수

마감 기한, 결제일, 근속 연수, 프로젝트 D-day 계산까지… 숫자가 들어가는 거의 모든 업무에 날짜가 엮여 있다고 해도 과언이 아닙니다. 이번 장에서는 날짜 데이터를 자유자재로 다루게 해줄 날짜 함수들을 배워보겠습니다.

이번 장에서 배울 내용!

✓ 오늘 날짜를 자동으로 입력하는 TODAY

✓ 두 날짜 사이의 기간을 계산하는 DATEDIF

✓ 시작일과 종료일 사이의 평일 수를 계산하는 NETWORKDAYS

TODAY

TODAY는 오늘 날짜(연, 월, 일)를 자동으로 표시해주는 함수입니다. 이 함수를 입력해두면 파일을 열 때마다 오늘 날짜로 자동 갱신됩니다. 입력 형식은 아래와 같으며, 괄호 안에 아무것도 넣지 않는 것이 특징입니다.

$$=TODAY(\ )$$

오늘 날짜를 기준으로 D-day를 계산하거나 기간을 확인할 때도 유용하게 사용할 수 있습니다.

- **=TODAY( ) + 7** → 오늘 날짜 기준 7일 후
- **=TODAY( ) - 30** → 오늘 날짜 기준 30일 전
- **=A1 - TODAY( )** → A1셀에 입력된 날짜에서 오늘 날짜를 뺀 일수(잔여 기간)

NOW 함수와 시간 고정 단축키

NOW 함수는 날짜와 시간을 함께 보여줍니다. (예: 2025-10-22 13:30) 입력 형식은 다음과 같습니다.

$$=NOW()$$

단, NOW 함수도 TODAY 함수와 마찬가지로 파일을 열 때마다 시간이 계속 새로고침됩니다. 날짜나 시간을 고정된 값으로 입력하고 싶다면 함수가 아니라 단축키를 쓰세요.

오늘 날짜 입력

빈 셀을 클릭한 후, Ctrl + ; (세미콜론)을 누르세요.

현재 시간 입력

빈 셀을 클릭한 후, Ctrl + Shift + ; (세미콜론)을 누르세요.

이렇게 생성된 데이터는 값이 갱신되지 않습니다. 기록이 필요한 순간에 사용해보세요!

 DATEDIF

DATEDIF는 두 날짜 사이의 차이를 연, 월, 일 단위로 계산해주는 함수입니다. 직원의 근속 연수, 계약만료일까지 남은 일자 등 기간과 관련된 모든 계산을 해결해주죠. 입력 형식은 아래와 같습니다.

$$=DATEDIF(시작일, 종료일, 단위)$$

- **시작일:** 기간 계산을 시작할 날짜입니다.
- **종료일:** 기간 계산이 끝나는 날짜입니다.
- **단위:** 계산 방식입니다. 항상 "큰따옴표" 안에 씁니다.

각각의 단위는 서로 다른 방식으로 날짜 차이를 계산합니다.

단위	설명
Y	전체 기간을 '연'으로 계산
M	전체 기간을 '월'로 계산
D	전체 기간을 '일'로 계산
YM	연도를 무시하고 '월'의 차이만 계산
YD	연도를 무시하고 '일'의 차이만 계산

● DATEIF 함수의 여러 단위

DATEDIF 함수는 앞서 배운 TODAY 함수와 함께 사용할 때 더 큰 위력을 발휘합니다. 예를 들면, 오늘을 기준으로 근속 연수나 D-day를 매일 자동으로 갱신할 수 있죠. 입력 형식은 아래와 같습니다.

=DATEDIF(TODAY( ), 종료일, 단위)

아래 표에서 계약만료일까지 남은 일수를 구해볼까요?

	A	B	C	D	E
1	고객명	계약시작일	계약만료일	남은일수	
2	홍길동	2025-11-15	2026-04-15		
3	김철수	2025-12-01	2026-06-01		
4	이영희	2025-11-20	2026-05-20		
5	유민정	2025-12-10	2026-07-10		
6	황기석	2025-11-30	2026-06-30		
7					

01 D2셀에 =DATEDIF(TODAY(), C2, "D")를 입력합니다. 함수를 해석하면, TODAY()로 구한 오늘 날짜와 C2셀에 있는 날짜가 며칠 차이 나는지를 계산해 달라는 의미입니다.

	A	B	C	D	E	F
1	고객명	계약시작일	계약만료일	남은일수		
2	홍길동	2025-11-15	2026-04-15	=DATEDIF(TODAY(), C2, "D")		
3	김철수	2025-12-01	2026-06-01			
4	이영희	2025-11-20	2026-05-20			
5	유민정	2025-12-10	2026-07-10			
6	황기석	2025-11-30	2026-06-30			
7						

02 엔터를 누르면 계약만료일까지 남은 일수가 출력됩니다.

	A	B	C	D	E
1	고객명	계약시작일	계약만료일	남은일수	
2	홍길동	2025-11-15	2026-04-15	174	
3	김철수	2025-12-01	2026-06-01		
4	이영희	2025-11-20	2026-05-20		
5	유민정	2025-12-10	2026-07-10		
6	황기석	2025-11-30	2026-06-30		
7					

	A	B	C	D	E
1	고객명	계약시작일	계약만료일	남은일수	
2	홍길동	2025-11-15	2026-04-15	174	
3	김철수	2025-12-01	2026-06-01	221	
4	이영희	2025-11-20	2026-05-20	209	
5	유민정	2025-12-10	2026-07-10	260	
6	황기석	2025-11-30	2026-06-30	250	
7					

민 과장의 실무 꿀팁!   **DATEIF 함수를 입력했는데 아무것도 안 뜬다면?**

DATEDIF 함수는 자동 완성 목록에 뜨지 않습니다. 엑셀에는 DATEDIF처럼 자동 완성 목록에 뜨지 않는 함수들이 있는데요, 함수 이름을 직접 입력하면 정상 작동하니, 걱정하지 마세요!

 NETWORKDAYS

NETWORKDAYS는 시작일과 종료일 사이의 평일만 계산해주는 함수입니다. 실무에서는 주말을 제외하고 업무일만 계산하는 경우가 많아 유용하게 쓰입니다. 입력 형식은 아래와 같습니다.

=NETWORKDAYS(시작일, 종료일)

아래 표에서 주말을 제외한 실제 근무일수를 구해보겠습니다.

01 D2셀에 =NETWORKDAYS(B2, C2)를 입력합니다.

	A	B	C	D	E	F
1	직원명	입사일	퇴사일	근무일수		
2	홍길동	2025-11-17	2025-12-31	=NETWORKDAYS(B2, C2)		
3	김철수	2025-12-01	2026-01-15			
4	이영희	2025-11-24	2025-12-20			
5						

02 엔터를 누르면 주말을 제외한 실제 근무일수가 나옵니다.

	A	B	C	D	E
1	직원명	입사일	퇴사일	근무일수	
2	홍길동	2025-11-17	2025-12-31	33	
3	김철수	2025-12-01	2026-01-15		
4	이영희	2025-11-24	2025-12-20		
5					

별도의 칸에 광복절, 추석 같은 공휴일 날짜를 쭉 적어놓고, 그 범위를 세 번째 인수로 넣어주면 공휴일까지 제외한 실제 근무일수를 계산할 수 있습니다. 입력 형식은 아래와 같습니다.

=NETWORKDAYS(시작일, 종료일, 공휴일 범위)

아래 표에서 주말과 공휴일을 제외한 실제 근무일수를 구해보겠습니다.

01 E2셀에 =NETWORKDAYS(B2, C2, $D$2:$D$3)를 입력합니다. 세 번째 인수에 있는 $는 D2~D3셀을 드래그한 뒤 F4 를 한 번 누르면 자동으로 추가됩니다. $는 절대 참조를 의미하며, 자세한 내용은 153쪽에서 다룹니다.

	직원명	입사일	퇴사일	공휴일	근무일수
1					
2	홍길동	2025-11-17	2025-12-31	2025-12-25	=NETWORKDAYS(B2, C2, $D$2:$D$3)
3	김철수	2025-12-01	2026-01-15	2026-01-01	
4	이영희	2025-11-24	2025-12-20		
5					

02 엔터를 누르면 주말과 공휴일을 제외한 실제 근무일수가 나옵니다.

	직원명	입사일	퇴사일	공휴일	근무일수
1					
2	홍길동	2025-11-17	2025-12-31	2025-12-25	32
3	김철수	2025-12-01	2026-01-15	2026-01-01	
4	이영희	2025-11-24	2025-12-20		
5					

03 자동 채우기 기능을 이용해 다른 직원들의 근무일수도 구합니다.

	직원명	입사일	퇴사일	공휴일	근무일수
1					
2	홍길동	2025-11-17	2025-12-31	2025-12-25	32
3	김철수	2025-12-01	2026-01-15	2026-01-01	32
4	이영희	2025-11-24	2025-12-20		20
5					

데이터 시각화

차트와 이중 축 차트

차트(Chart)는 데이터 시각화의 가장 대표적인 도구로, 데이터를 그래프 형태로 보여줍니다. 이번 장에서는 차트를 만들고, 보기 좋게 꾸미는 법을 배워보겠습니다.

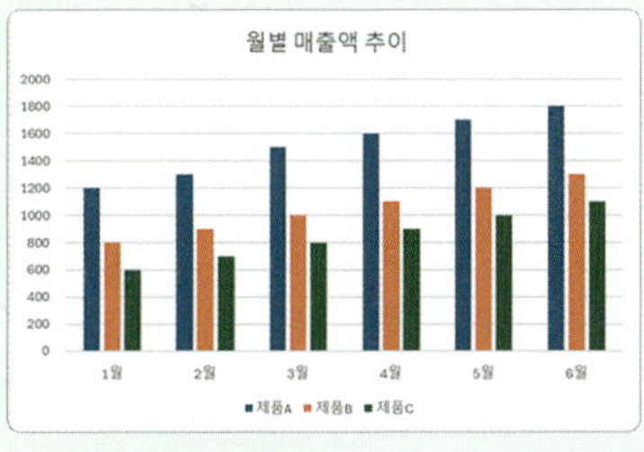

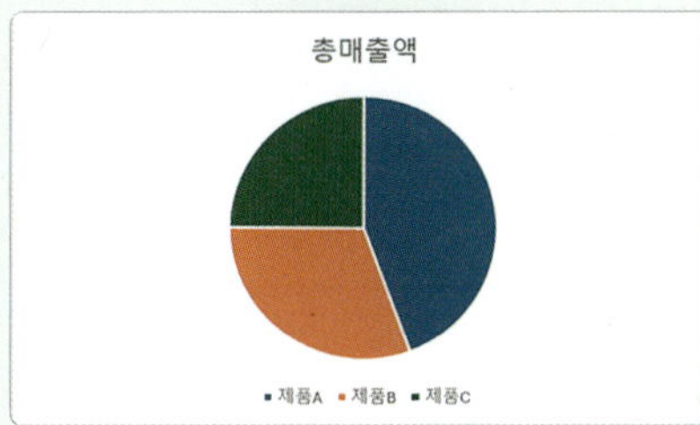

● 다양한 유형의 차트

이번 장에서 배울 내용!

✓ 차트 만들기
✓ 차트 스타일 및 색 변경하기
✓ 콤보 차트(혼합형 차트) 만들기
✓ 보조축 만들기

 차트 만들기

엑셀의 차트 기능을 사용해 복잡한 데이터를 멋진 시각 자료로 만들어보겠습니다. 방법은 다음과 같습니다.

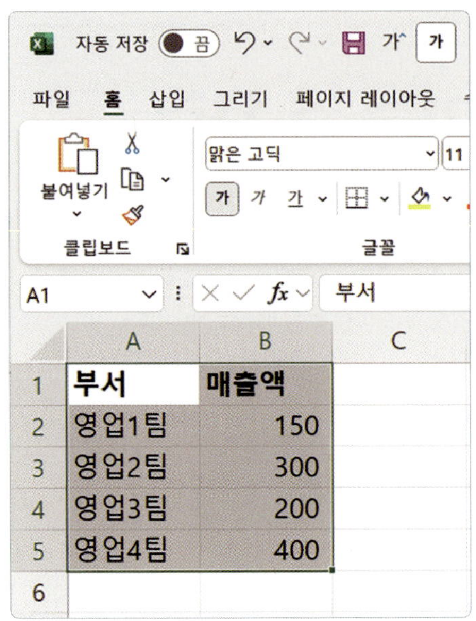

01 차트로 만들고 싶은 데이터를 드래그합니다. 책에서는 A1셀부터 B5셀까지 선택했습니다.

02 ❶**삽입** 탭의 **차트** 그룹에서 원하는 유형의 차트 아이콘을 선택합니다. ❷책에서는 막대형 차트를 선택했습니다. 참고로 차트 그룹의 맨 왼쪽에 있는 추천 차트는 엑셀이 데이터에 가장 적합한 차트를 추천해주는 기능입니다.

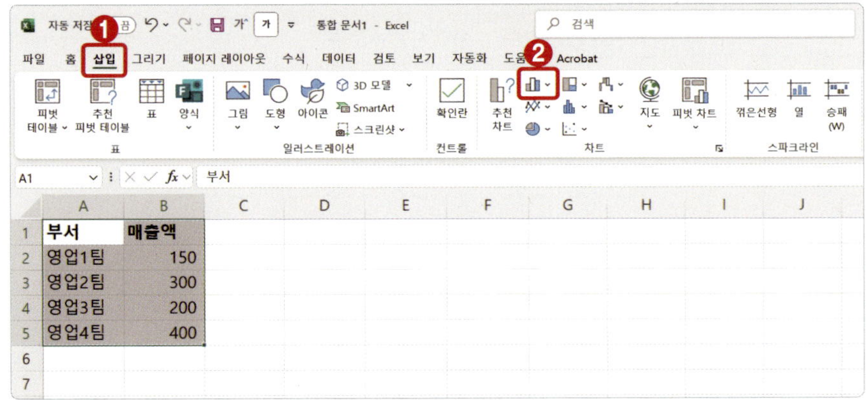

03 드롭다운 메뉴에서 세부 유형의 차트를 고릅니다. 책에서는 2차원 가로 막대형 차트 중 가장 왼쪽 차트를 선택했습니다.

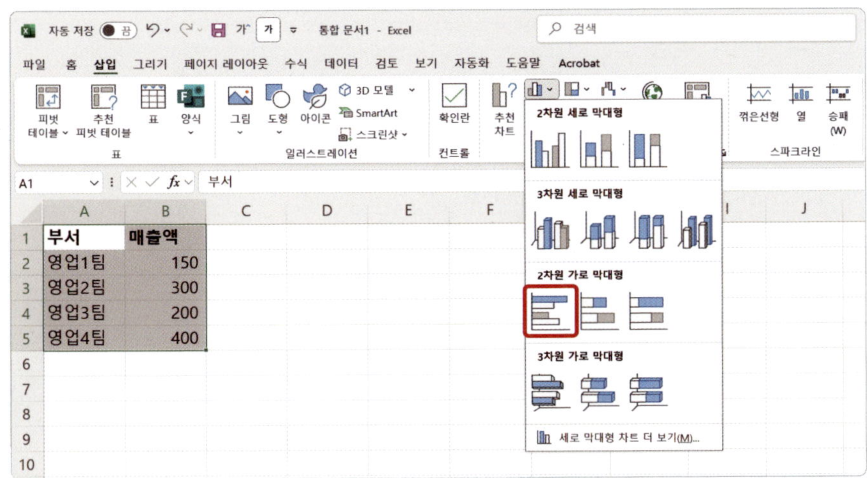

04 워크시트에 막대그래프가 생성되었습니다.

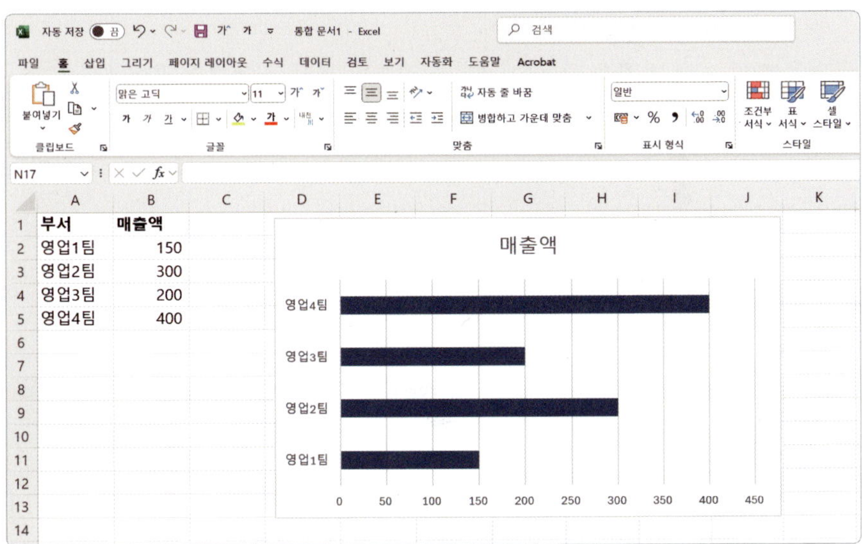

 # 차트 디자인 및 색 변경하기

1. 차트 디자인 변경

차트를 클릭하면 엑셀 상단에 ①**차트 디자인**이라는 새로운 탭이 나타납니다. 이 탭의 ②**차트 스타일** 그룹에서 마음에 드는 디자인을 선택하세요. 차트의 전체적인 디자인이 한 번에 변경됩니다.

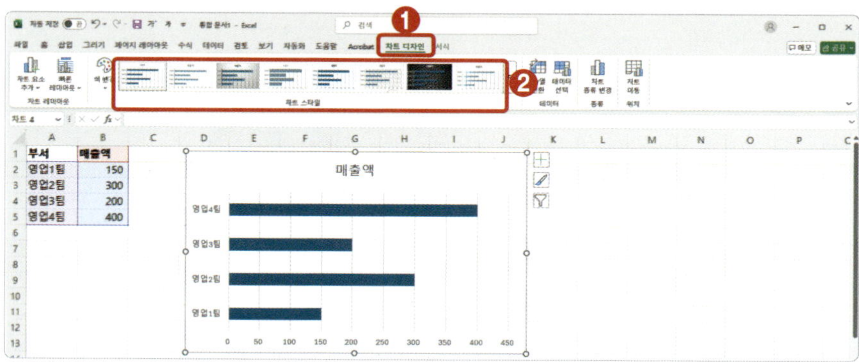

①좌측에 있는 **색 변경**을 활용해 차트에 적용할 색상 조합을 선택해보세요. ②**색상형**은 서로 다른 색상을 순서대로 적용하여 각 항목을 뚜렷하게 구분할 때 사용합니다. ③**단색형**은 한 가지 색상을 기준으로 명도나 채도를 다르게 표현하여 시각적인 통일감을 줄 때 사용합니다. 이때 색상은 데이터 값의 크기와는 무관하며, 팔레트에서 정해진 순서에 따라 차례대로 적용됩니다. 책에서는 막대 그래프의 색상을 주황색 계열로 변경했습니다.

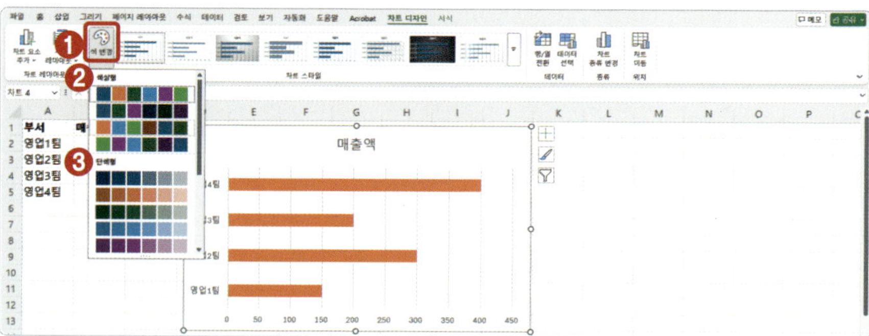

2. 제목 변경

차트 제목을 마우스로 더블클릭해 자유롭게 변경해보세요. 책에서는 '부서별 매출액'으로 변경했습니다.

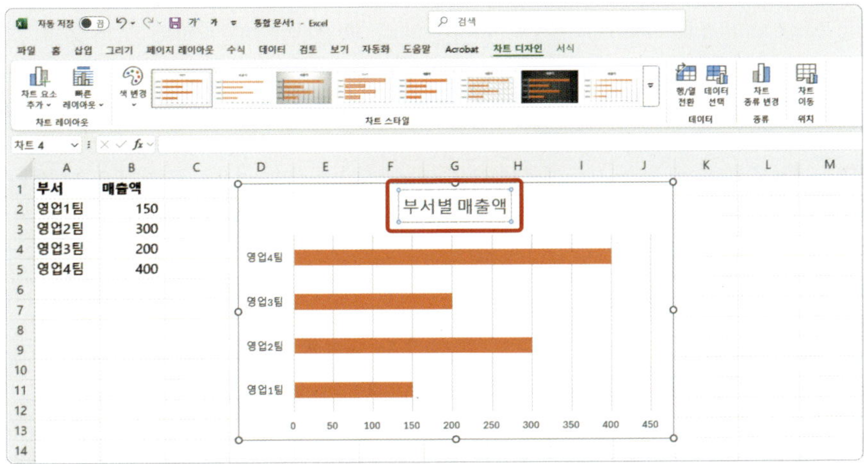

만약 제목이 보이지 않는다면 ❶차트를 클릭한 후, 오른쪽에 있는 ❷차트 요소(➕) 버튼을 누르세요. ❸**차트 제목**의 네모박스에 체크하면 제목이 생성됩니다.

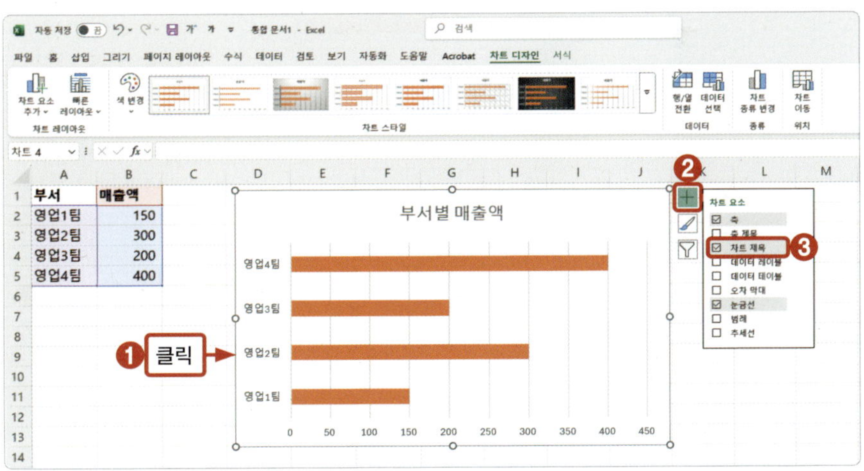

차트에는 가로축(범주축)과 세로축(값 축)이 있습니다. 축은 데이터를 읽는 기준선 역할을 하며, 숫자나 텍스트가 배치되어 차트를 해석하는 방향을 잡아줍니다. 축이 적절하게 설정되면 데이터의 흐름이나 차이를 보다 명확하게 전달할 수 있어 가독성과 전달력이 크게 향상됩니다. 축을 변경하는 방법은 다음과 같습니다.

01 ❶차트의 가로축 또는 세로축을 클릭합니다. 최솟값과 최댓값을 조정해 볼 것이므로, 책에서는 숫자가 있는 가로축을 선택했습니다. ❷마우스 오른쪽 버튼을 눌러 **축 서식**을 누릅니다.

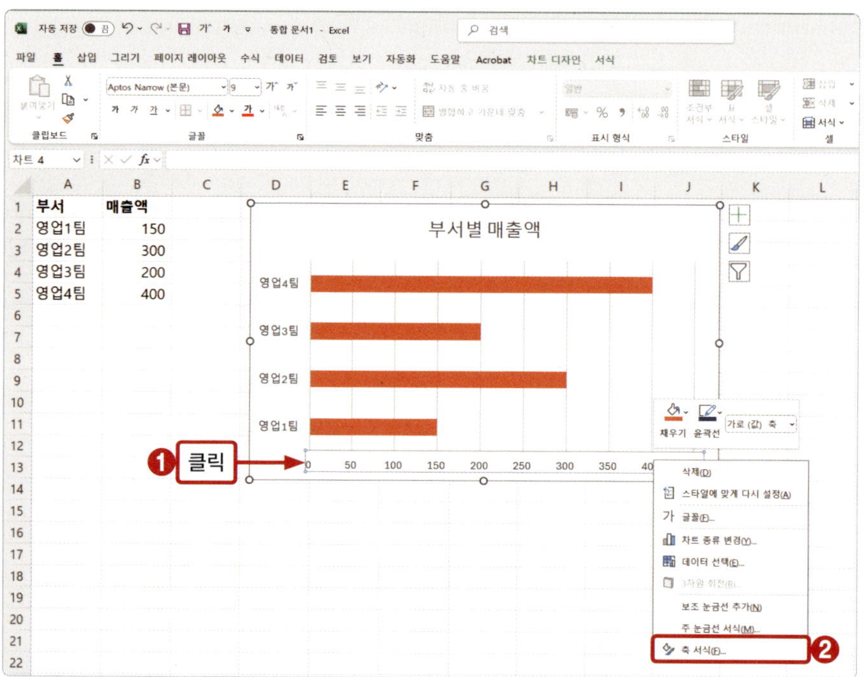

02 오른쪽 화면에 **축 서식** 창이 생성되었습니다. 최솟값과 최댓값이 자동으로 입력되어 있는데요, 보다 효과적인 비교를 위해 수동으로 조절해보겠습니다. 최댓값을 450에서 1,000으로 변경하고 엔터를 눌러주세요.

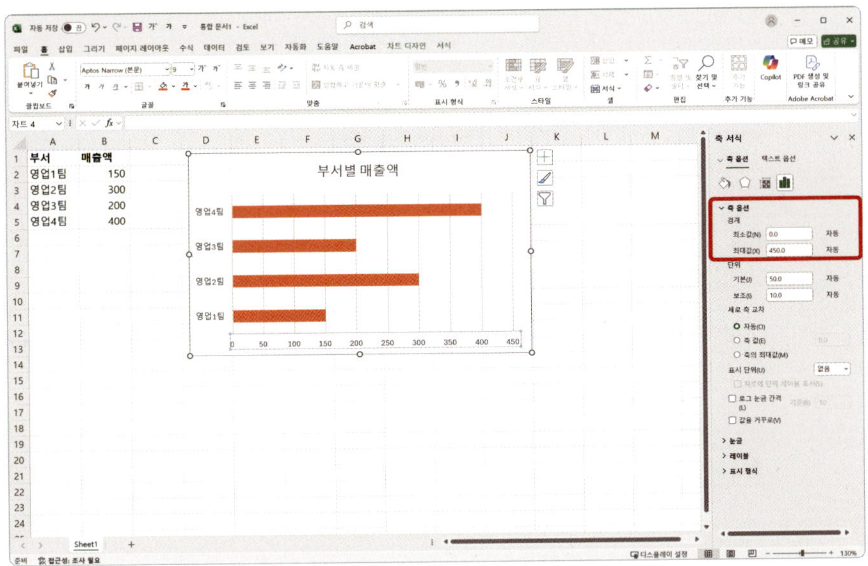

03 450일 때와 비교해 확연히 차이가 나는 것을 볼 수 있습니다.

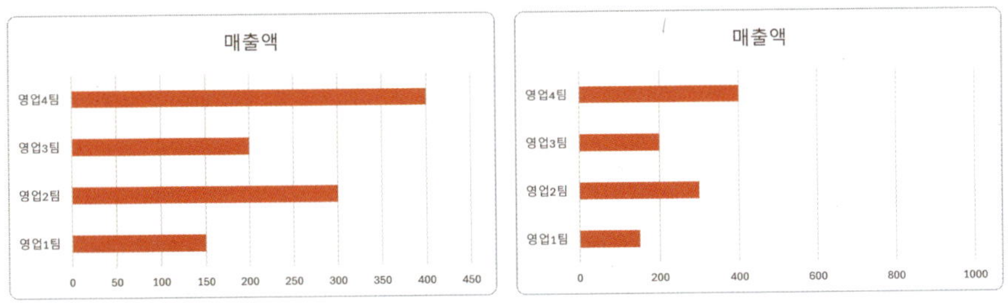

● **최댓값이 450일 때의 막대그래프(좌)와 1,000일 때의 막대그래프(우)**

4. 데이터 레이블 추가

01 데이터 레이블은 차트 위에 표시되는 각 항목의 값입니다. 데이터 레이블을 추가해보겠습니다. ❶차트를 클릭한 후, ❷차트 요소(＋) 버튼을 눌러주세요. ❸**데이터 레이블**의 네모박스에 체크를 합니다.

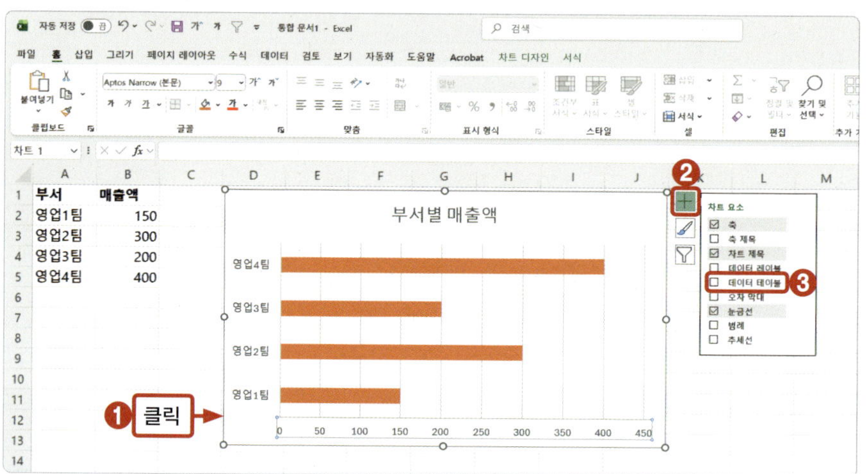

02 각 막대 위에 값이 표시되었습니다.

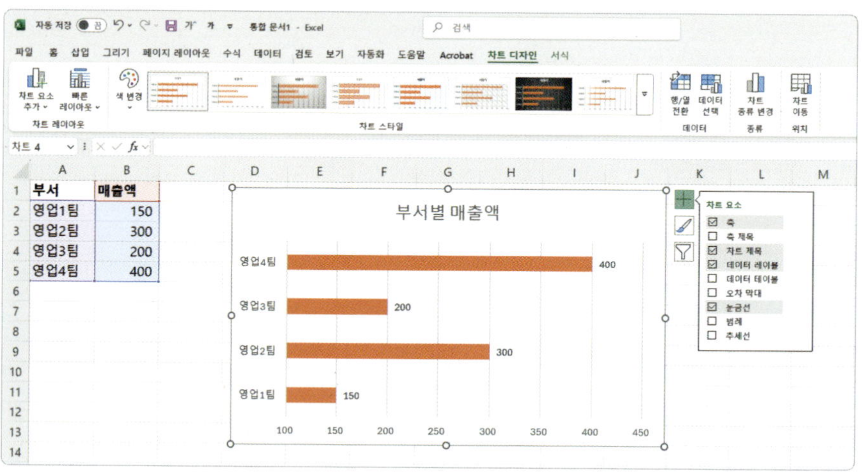

단축키를 활용하면 차트를 보다 쉽고 빠르게 만들 수 있습니다.

Alt + F1 : 현재 시트에 바로 만들기

차트로 만들고 싶은 데이터를 선택한 뒤, Alt + F1을 눌러보세요. 현재 작업 중인 시트에 차트가 바로 만들어집니다.

F11 : 차트 전용 시트에 큰 차트 만들기

데이터를 선택한 뒤, F11을 누르세요. 새로운 시트에 커다란 차트가 생성됩니다. 데이터와 차트를 따로 관리하고 싶을 때, 보고서에 넣을 큰 차트가 필요할 때 유용합니다.

 콤보 차트와 이중 축 차트 만들기

실무에서는 매출액(단위: 만 원)과 달성률(단위: %)처럼 단위가 다르고, 값의 차이가 매우 큰 두 데이터를 하나의 차트에서 함께 비교해야 할 때가 많습니다. 이때 기본 차트를 그대로 사용하면 값의 차이 때문에 작은 값이 묻히는 문제가 발생합니다. 예를 들어 1,200만 원과 80%가 있을 때, 80%는 매우 높은 비중임에도 불구하고, 숫자 1,200에 가려져 차트에서는 제대로 표시가 되지 않습니다.

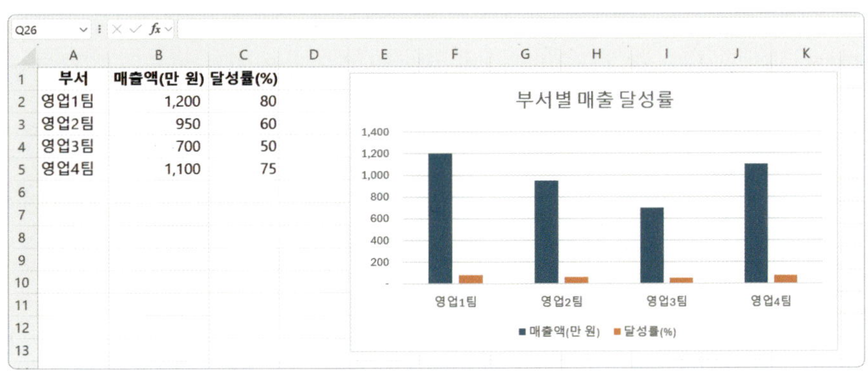

● 두 데이터의 값 차이가 커, 작은 값의 데이터가 차트에 제대로 표시되지 않는 모습

이러한 문제는 콤보 차트와 보조축으로 해결할 수 있습니다.

콤보 차트(Combo Chart)는 하나의 차트에 두 가지 이상의 차트 종류를 혼합하는 방식입니다. 예를 들어, 매출액은 묶은 세로 막대형 차트로, 달성률은 꺾은선형 차트로 그리는 것이죠. 보조축(Secondary Axis)은 값의 단위가 다른 항목(예: 달성률)을 위해, 차트 오른쪽에 별도의 축(Y축)을 하나 더 만들어주는 기능입니다. 이를 통해 매출액은 왼쪽 축을, 달성률은 오른쪽 축을 기준으로 하는 이중 축 차트를 만들 수 있습니다.

콤보 차트와 이중 축 차트를 활용해 월별 매출액과 판매수량을 하나의 차트에 나타내보겠습니다.

01 ❶데이터를 드래그한 후, ❷**삽입** 탭의 **차트** 그룹에서 ❸**콤보 차트 삽입** (▥)을 클릭합니다.

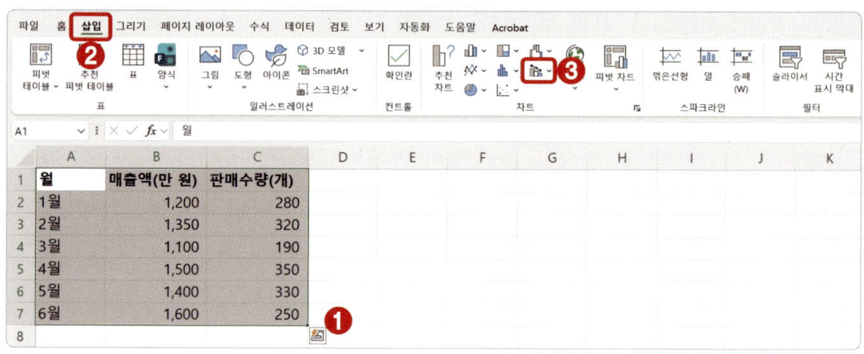

02 드롭다운 메뉴가 나오면 하단의 **사용자 지정 콤보 차트 만들기**를 선택합니다.

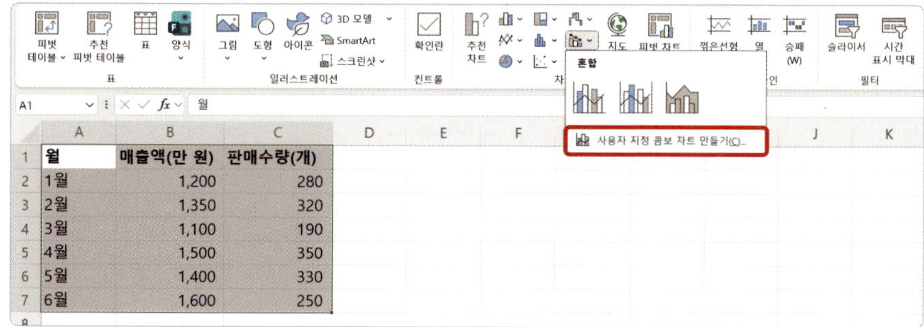

03 **차트 삽입** 창이 나타납니다. ❶데이터 항목별로 차트 유형을 설정합니다. 책에서는 매출액은 묶은 세로 막대형을, 판매수량은 꺾은선형을 선택했습니다. ❷판매수량 차트에 보조축을 체크한 후 ❸**확인**을 누릅니다.

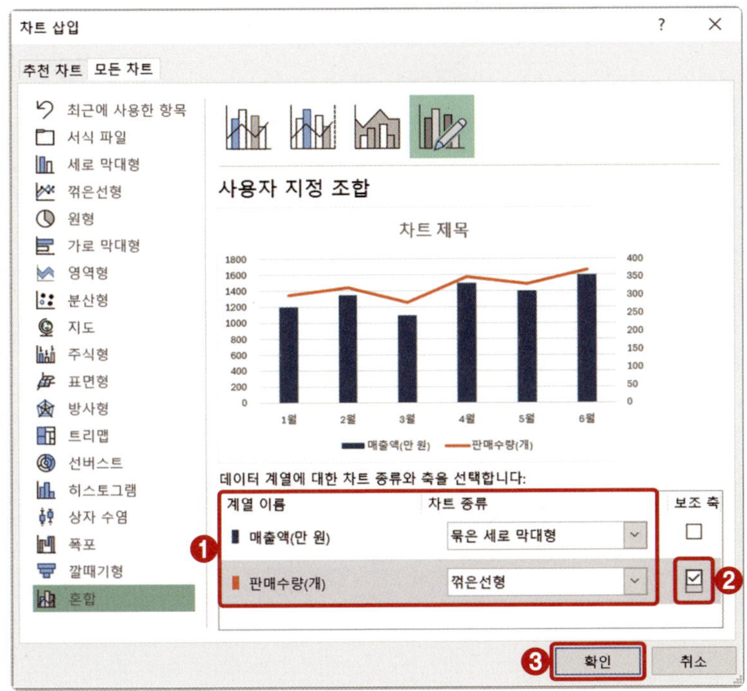

04 매출액과 판매수량을 함께 보여주는 이중 축 차트가 생성되었습니다.

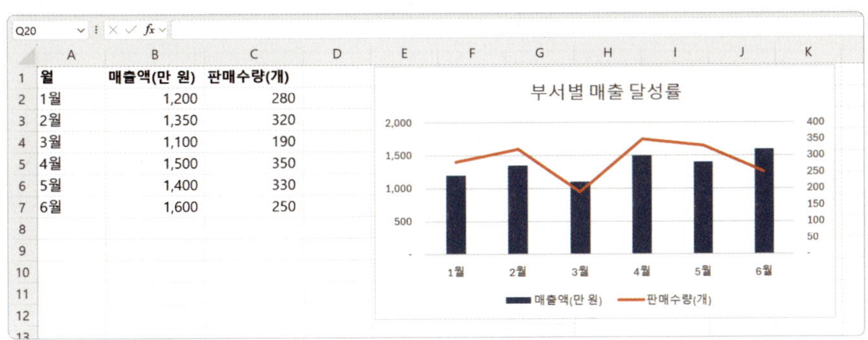

스파크라인

스파크라인(Sparkline)은 셀 하나에 쏙 들어가는 미니 차트입니다. 큰 공간을 차지하지 않으면서도 데이터의 추세를 한눈에 파악할 수 있어 매우 유용합니다. 이번 장에서는 스파크라인을 공부해보겠습니다.

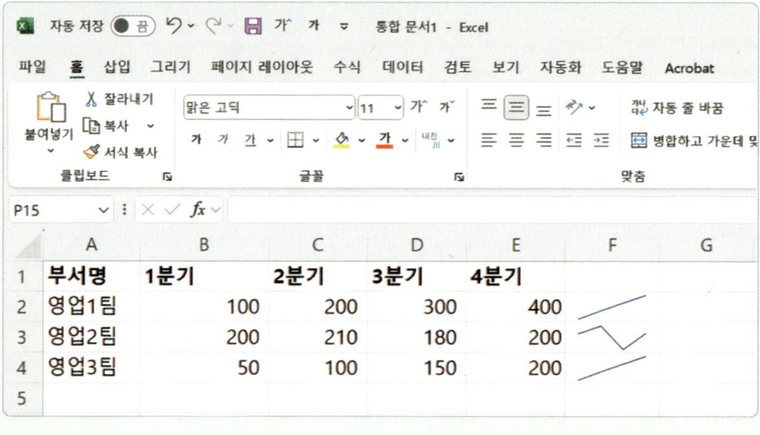

이번 장에서 배울 내용!

✔ 꺾은선형 스파크라인 만들기

 ## 스파크라인 만들기

스파크라인을 만드는 방법은 다음과 같습니다.

01 먼저, 스파크라인으로 만들고 싶은 데이터를 선택합니다. 책에서는 각 팀의 1월부터 6월까지의 매출 데이터(B2:G5)를 선택했습니다. 참고로 스파크라인은 숫자만 그래프로 변환하므로, 제목행은 제외했습니다.

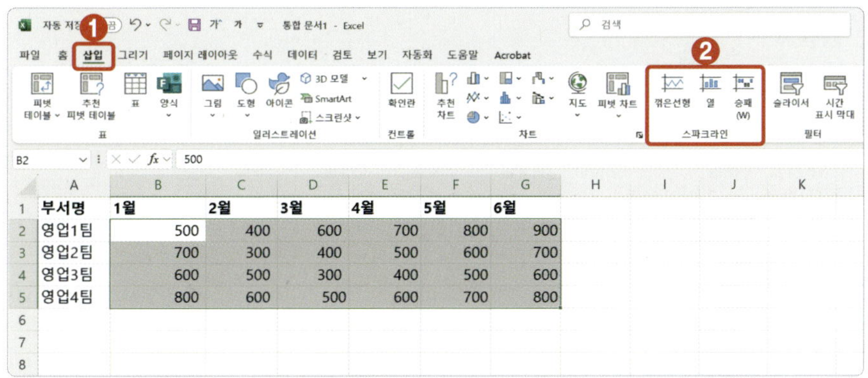

02 ❶삽입 탭의 ❷스파크라인 그룹에서 유형을 고릅니다. 데이터의 추세를 보여주는 꺾은선형, 크기를 비교하는 열, 흑자/적자 등을 표현하는 승/패 중 책에서는 꺾은선형 스파크라인을 선택했습니다.

03 **스파크라인 만들기** 창이 나타납니다. **데이터 범위** 항목은 자동으로 입력되어 있으므로, ❶스파크라인을 표시할 **위치 범위**만 지정하면 됩니다. 마우스를 이용해 스파크라인을 표시할 셀을 드래그합니다. 책에서는 H2:H5를 선택했습니다. ❷**확인**을 눌러주세요.

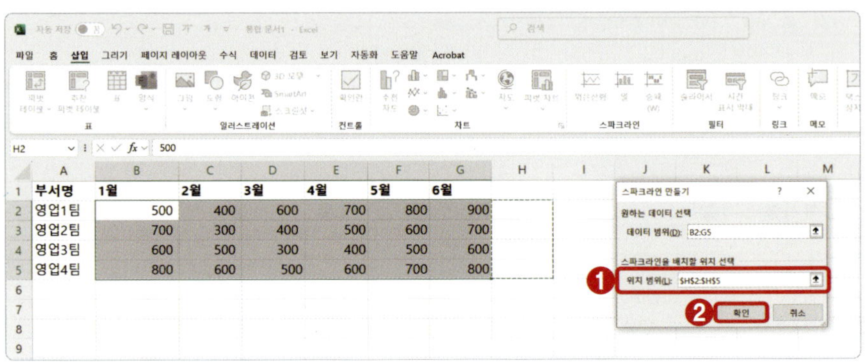

04 스파크라인이 생성되었습니다. 이제 각 팀별 매출 추이를 한눈에 비교할 수 있습니다.

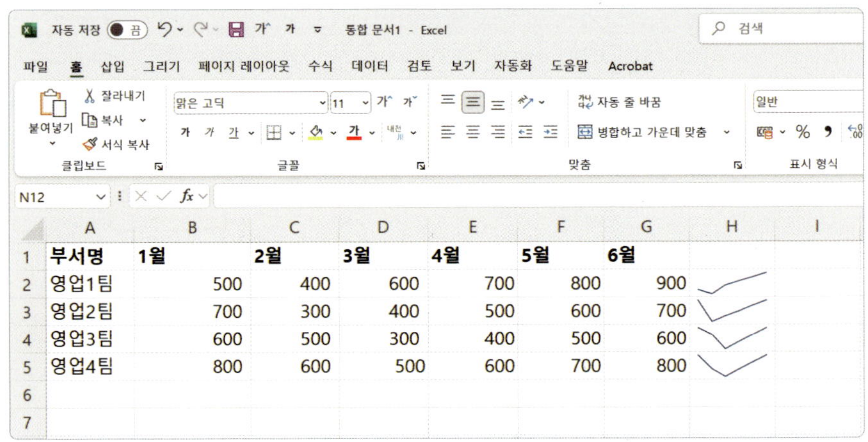

스파크라인을 만들고 나면 ❶ 상단에 **스파크라인** 탭이 나타납니다. ❷ **표시** 그룹의 **높은 점**과 **낮은 점** 네모박스에 체크해보세요.

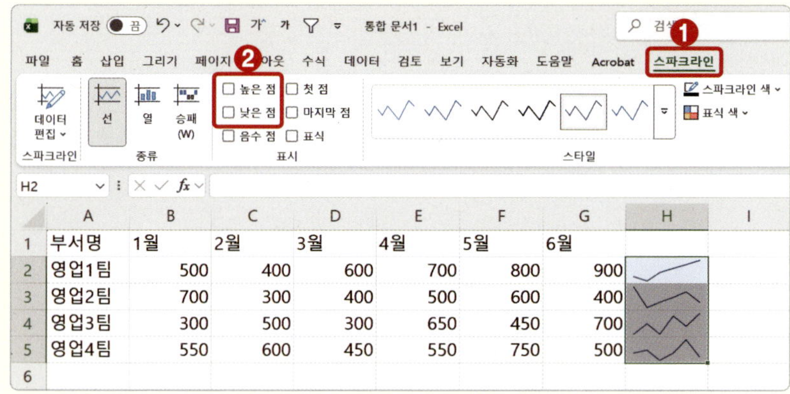

최고점과 최저점이 빨간점으로 표시되어 데이터를 더 직관적으로 분석할 수 있습니다.

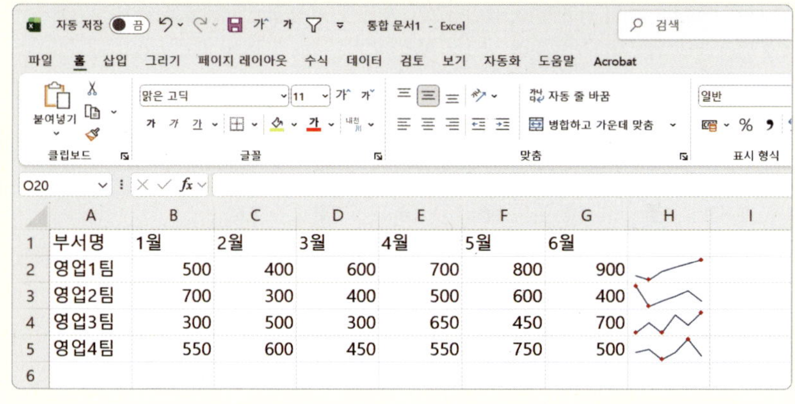

스파크라인을 열심히 만들고 있는 이 주임! 데이터 범위와 위치 범위를 지정하고 확인을 눌렀지만, 계속 "위치 또는 참조가 유효하지 않습니다."라는 오류 메시지가 뜹니다.

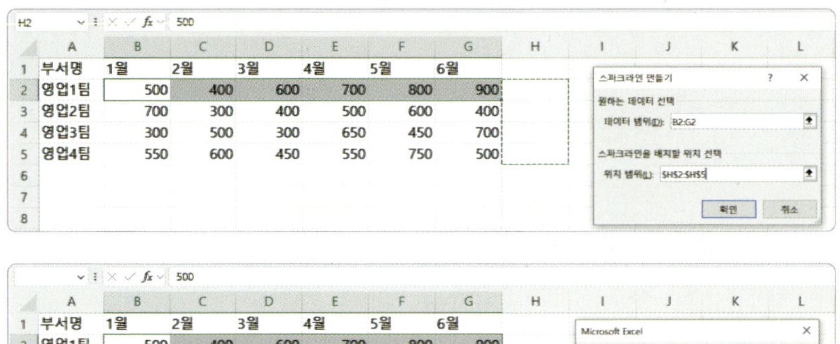

그 모습을 본 민 과장이 한 마디합니다. "이 주임, 스파크라인은 데이터 범위와 위치 범위의 행 개수가 짝꿍처럼 딱 맞아야 해. 데이터 범위에서는 1개 행을 선택해놓고, 위치 범위에서는 4개 행을 선택하면 지금처럼 오류가 나지. 헷갈린다면, 그냥 첫 번째 행에만 스파크라인을 만들고 나머지 행은 자동 채우기를 해. 그건 절대 실수할 일이 없거든!"

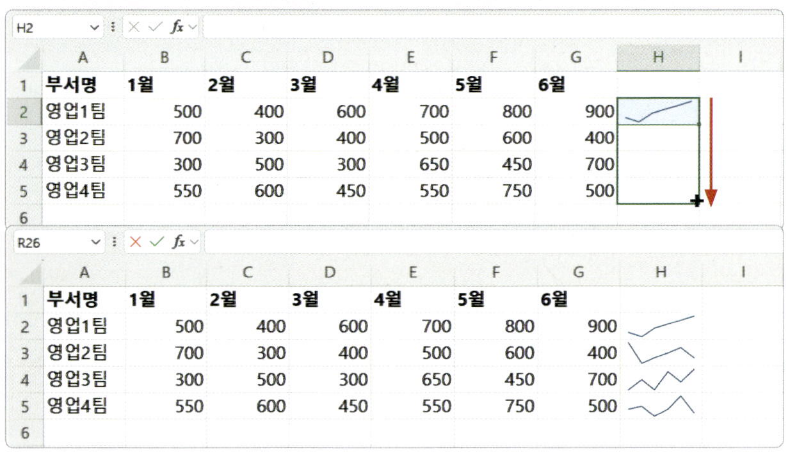

● 첫 번째 행에 스파크라인을 만든 후(위) 나머지 행은 자동 채우기를 한 모습(아래)

조건부 서식

조건부 서식은 특정 조건을 만족하는 셀에만 원하는 서식(색상, 아이콘 등)을 적용하는 기능입니다. 이번 장에서는 여러 가지 유형의 조건부 서식을 배웁니다.

이번 장에서 배울 내용!

✔ 셀 강조 규칙
✔ 상위/하위 규칙
✔ 수식을 사용한 조건부 서식
✔ 절대참조, 상대참조, 혼합참조

셀 강조 규칙

셀 강조 규칙이란 특정 숫자보다 크거나 작을 때, 혹은 특정 텍스트를 포함할 때 셀에 서식을 적용하는 기능입니다. 아래 데이터에서 매출액이 100,000원 이상인 셀의 배경색을 바꿔보겠습니다.

01 ❶ 서식을 적용할 범위(B2:B6)를 마우스로 드래그한 후, ❷ **홈** 탭의 **스타일** 그룹에서 ❸ **조건부 서식**을 클릭합니다.

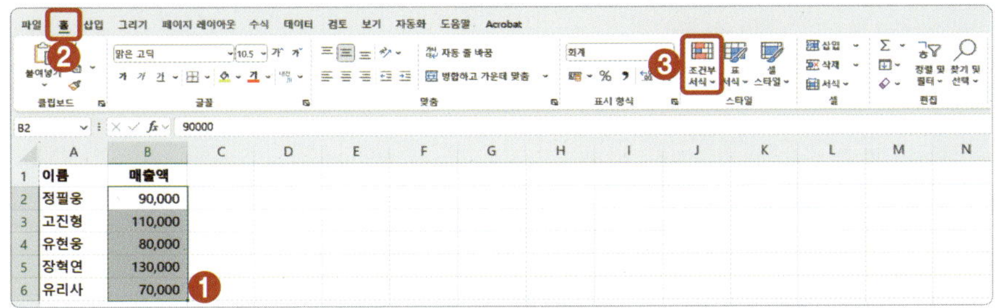

02 드롭다운 메뉴가 뜨면 ❶**셀 강조 규칙**을 선택하고, ❷**보다 큼**을 누릅니다.

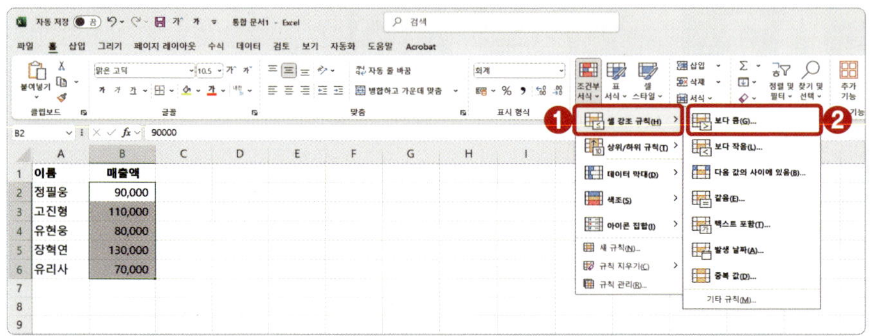

03 보다 큼 창이 나타납니다. ❶왼쪽 **기준값**에 100,000을 입력하고, ❷**적용할 서식**을 선택합니다. 책에서는 진한 빨강 텍스트가 있는 연한 빨강 채우기를 선택했습니다. ❸완료되었다면 **확인**을 누릅니다.

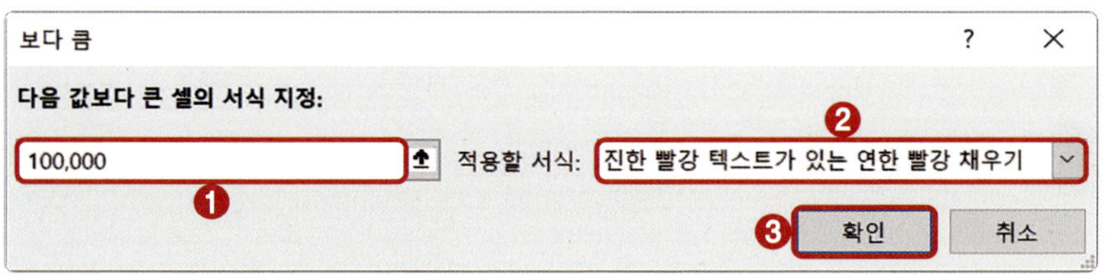

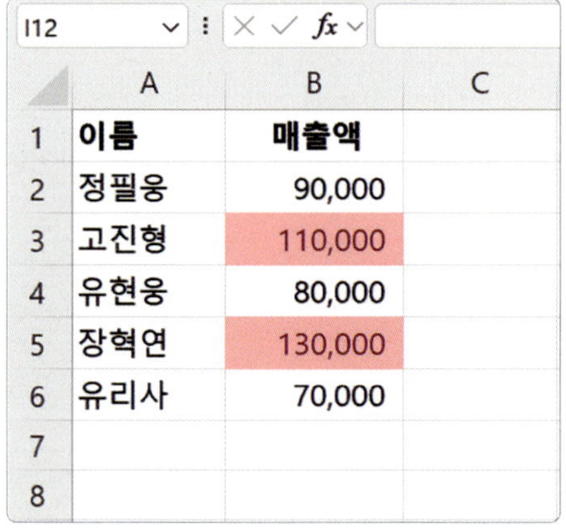

04 매출액이 100,000원 이상인 셀에 서식이 적용되었습니다.

상위/하위 규칙

상위/하위 규칙은 전체 데이터 중 상위 또는 하위에 해당하는 셀에 서식을 적용하는 기능입니다. 예를 들어, 상위 2개나 하위 10%처럼 데이터 범위 내의 상대적인 순위를 기준으로 서식을 지정할 수 있습니다. 아래 매출액 데이터에서 평균을 초과하는 셀에만 빨간색으로 표시해보겠습니다.

01 ❶서식을 적용할 범위(B2:B6)를 마우스로 드래그합니다. ❷**홈** 탭의 **스타일** 그룹에서 ❸**조건부 서식**을 클릭합니다.

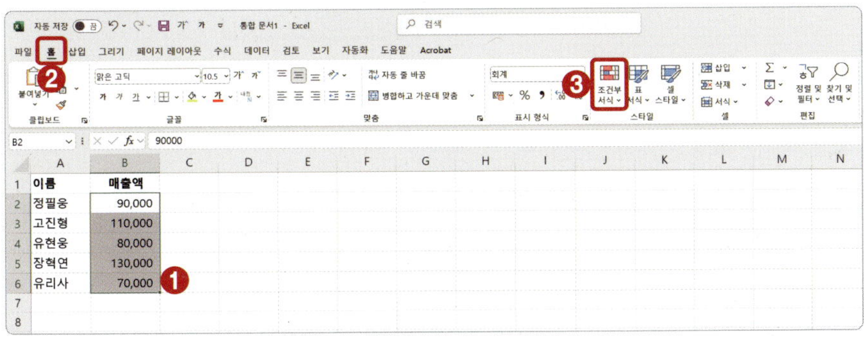

02 드롭다운 메뉴가 뜨면 ❶**상위/하위 규칙**에서 ❷**평균 초과**를 선택합니다.

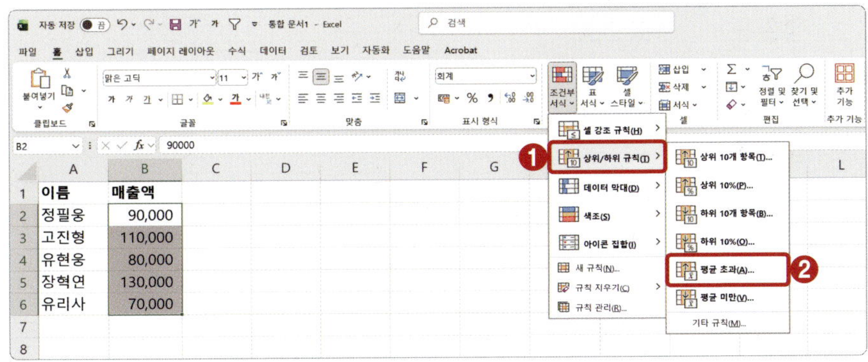

03 **평균 초과** 창이 나타납니다. ❶**적용할** 서식을 선택합니다. 책에서는 진한 빨강 텍스트가 있는 연한 빨강 채우기를 선택했습니다. ❷완료되었다면 **확인** 을 누릅니다.

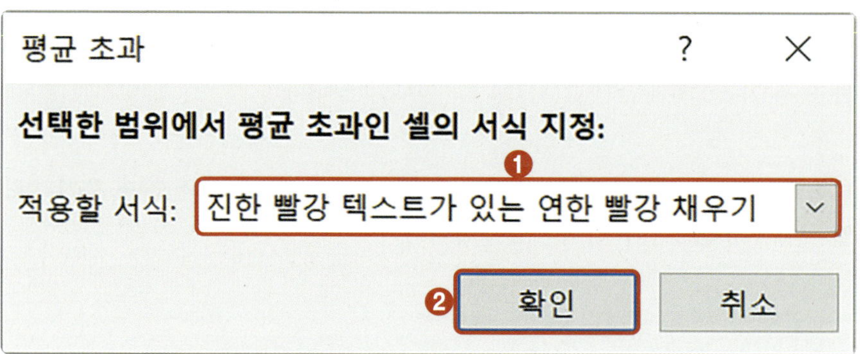

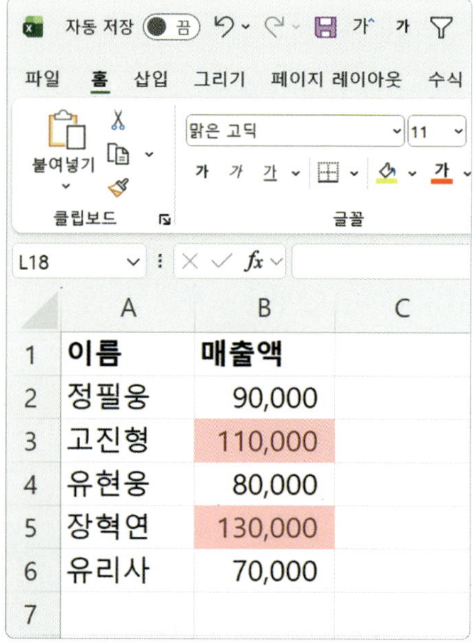

04 매출액이 평균을 초과하는 셀 에 서식이 적용되었습니다.

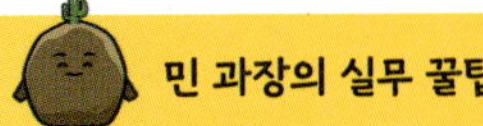

셀 강조 규칙이나 상위/하위 규칙 외에도 데이터 막대, 색조, 아이콘 집합 등 다양한 서식 스타일이 있습니다. 상황에 맞게 적용해 데이터를 보다 직관적으로 꾸며보세요.

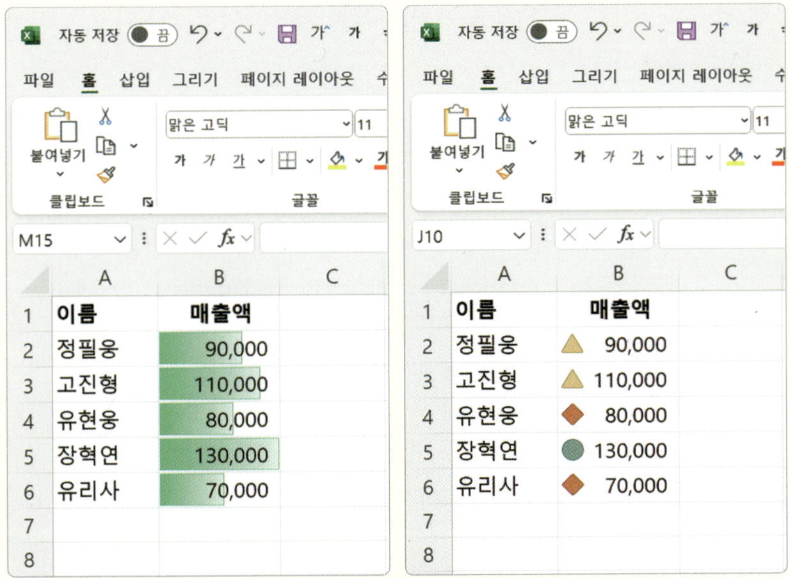

● 데이터 막대(좌)와 아이콘 집합(우)을 사용하여 데이터를 시각적으로 강조한 모습

 ## 수식을 사용한 조건부 서식

지금까지 배운 규칙들은 선택한 셀의 값을 기준으로 서식을 적용했습니다. 하지만 실무에서는 특정 열의 값이 조건을 만족하면, 그 열만이 아니라 관련된 행 전체에 서식을 적용해야 하는 등 더 복잡한 경우가 많습니다. 이때 사용하는 기능이 바로 수식을 사용한 조건부 서식입니다. 이 기능을 잘 사용하려면 상대 참조(Relative Reference), 절대 참조(Absolute Reference), 혼합 참조(Mixed Reference)를 이해해야 합니다.

엑셀의 수식은 기본적으로 상대 참조 방식을 따릅니다. 예를 들어 ❶D2셀에 =B2+C2라는 수식을 입력한 뒤, ❷자동 채우기로 D3셀까지 드래그하면 ❸D3셀의 수식이 =B3+C3로 변경됩니다. 엑셀이 '수식의 위치가 한 칸 아래로 이동했으니, 참조하는 셀들도 한 칸씩 아래로 이동해야겠구나'라고 '상대적'으로 판단하기 때문이죠.

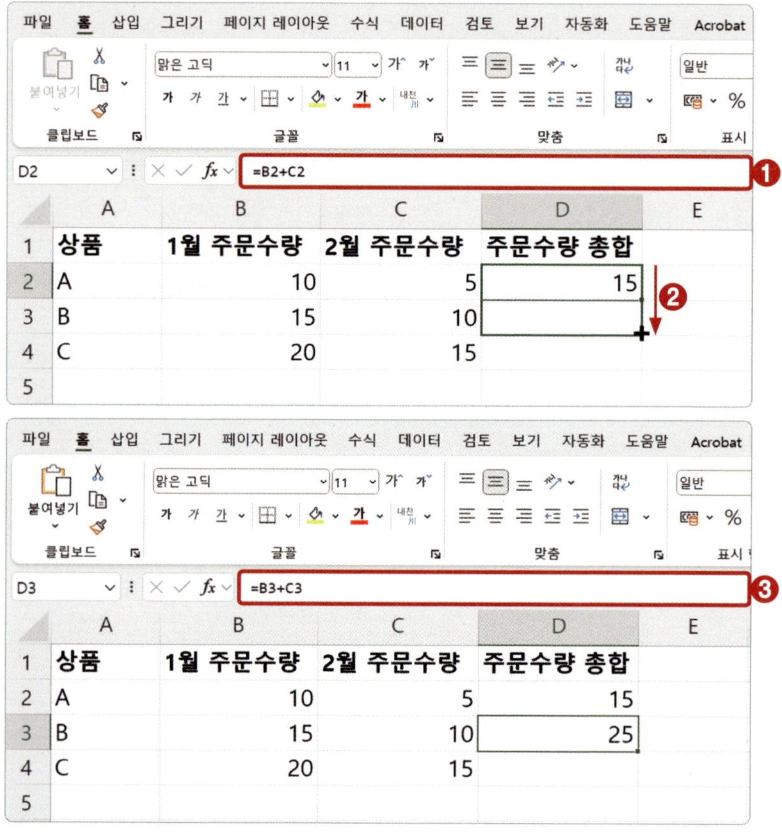

• 상대 참조에 의해 셀의 수식이 자동으로 변경된 모습

하지만 때로는 참조하는 셀이 바뀌지 않도록 '고정'해야 할 필요가 있습니다. 이때 자물쇠 역할을 하는 $ 기호를 셀 주소 앞에 붙여 값을 고정하며, 고정하는 위치에 따라 절대 참조 또는 혼합 참조라고 부릅니다. 하나씩 알아보겠습니다.

2. 절대 참조 (예: $A$1)

행과 열에 모두 $를 붙입니다. 예를 들어, A1셀을 $A$1처럼 $로 고정하면, A열을 기준으로 자동 채우기를 하든, 1행을 기준으로 자동 채우기를 하든 A1셀의 값은 항상 고정됩니다. 절대 참조를 활용해 아래 데이터에서 10% 할인된 금액을 구해보겠습니다.

01 소비자가격에 할인율을 곱하면 할인받는 금액을 계산할 수 있습니다. 자동 채우기를 하려면 할인율을 고정해야겠죠? C2셀에 =B2*E2라고 입력합니다. 그다음 F4 를 한 번 누르면 E2셀이 $E$2로 바뀝니다. 즉, 수식이 =B2*$E$2가 됩니다. 엔터를 누르면 값이 나옵니다.

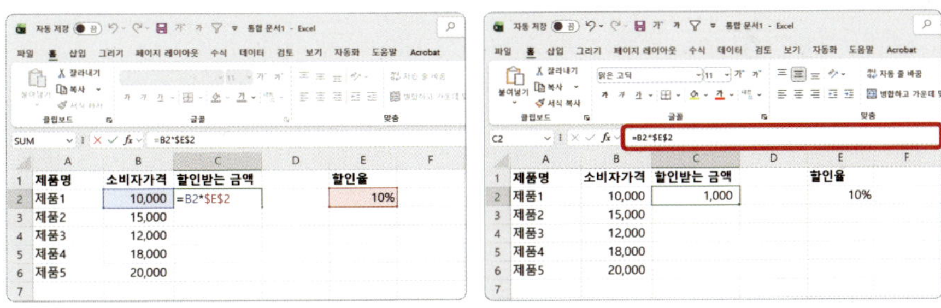

02 자동 채우기 기능을 이용해 나머지 셀을 채웁니다. 나머지 셀의 수식 입력줄을 보면 할인율 셀(E2)에 대한 참조가 고정되어 있는 것을 확인할 수 있습니다.

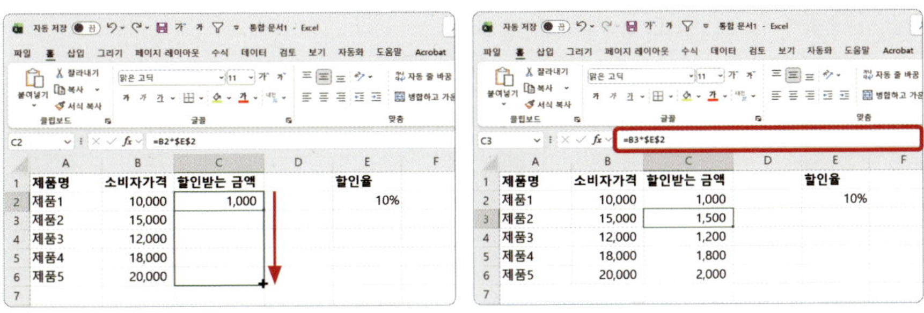

행이나 열 중 하나에만 $를 붙입니다. 예를 들어, $A1은 A열만 고정되고 행은 자동으로 바뀌며, A$1은 1행만 고정되고 열은 자동으로 바뀝니다. 정가에 할인율을 곱해 할인 금액을 구하는 실습을 통해 혼합 참조가 어떻게 쓰이는지 구체적으로 알아보겠습니다.

01 C2셀에 수식을 입력한 후, 아래와 오른쪽으로 자동 채우기를 하면 모든 계산이 한 번에 끝납니다. 이때 참조를 어떻게 걸어야 할까요? 정답은 =$B2*C$1입니다. 수식을 해석하면, "B2셀과 C1셀을 곱하되, B2셀은 참조를 할 때 B열은 고정한 채, B2, B3, B4 이렇게 변하도록 하고, C1셀은 참조를 할 때, 1행은 고정한 채, C1, D1, E1 이렇게 변하도록 해줘."가 됩니다.
C2셀의 채우기 핸들을 드래그해 C3~C4셀 데이터를 채웁니다.

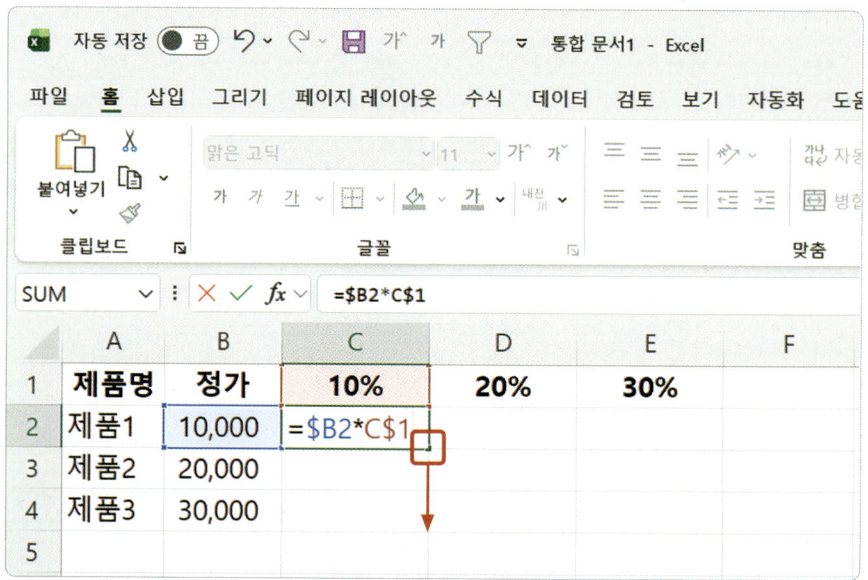

02 C3셀의 수식 입력줄을 보면, 정가를 참조하는 $B2가 $B3로 변경되었습니다. 즉, 행 번호만 바뀌고 열은 고정되어 있는 것을 확인할 수 있습니다.

C3		fx	=$B3*C$1			
	A	B	C	D	E	F
1	제품명	정가	10%	20%	30%	
2	제품1	10,000	1,000			
3	제품2	20,000	2,000			
4	제품3	30,000	3,000			
5						

03 ❶이번에는 C2~C4셀을 드래그한 후, ❷자동 채우기로 나머지 데이터를 채웁니다. ❸D2셀의 수식 입력줄을 보면, 할인율을 참조하는 C$1이 D$1로 변경되었습니다. 즉, 열만 바뀌고 행 번호는 고정되어 있는 것을 확인할 수 있습니다.

D2		fx ❸	=$B2*D$1			
	A	B	C	D	E	F
1	제품명	정가	10%	20%	30%	
2	제품1	10,000	1,000	2,000	3,000	
3	제품2	20,000	2,000	4,000	6,000	
4	제품3	30,000	3,000	6,000	9,000	
5			❶	❷		

4. 수식을 사용한 조건부 서식

이제 수식을 사용한 조건부 서식을 살펴보겠습니다. 이 기능은 조건에 따라 행이나 열 전체에 서식을 적용하며, 참조 방식에 따라 결과가 달라집니다. 아래 데이터에서 배송 상태가 배송완료인 경우 해당 행 전체에 서식을 적용해보겠습니다.

01 ❶ 제목 행을 제외한 전체 데이터(A2:F18)를 마우스로 드래그합니다. ❷ 홈 탭의 **스타일** 그룹에서 ❸ **조건부 서식**을 클릭합니다.

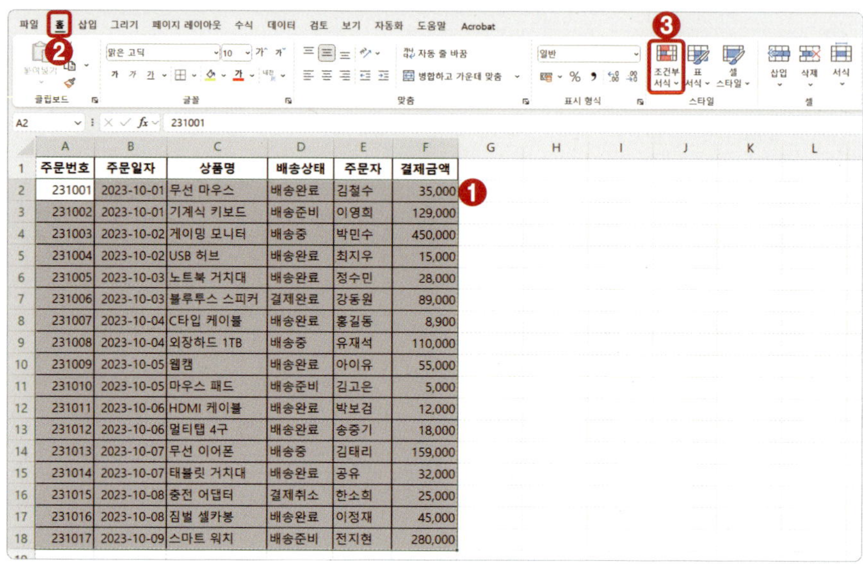

02 아래와 같은 드롭다운 메뉴가 뜨면 **새 규칙**을 선택합니다.

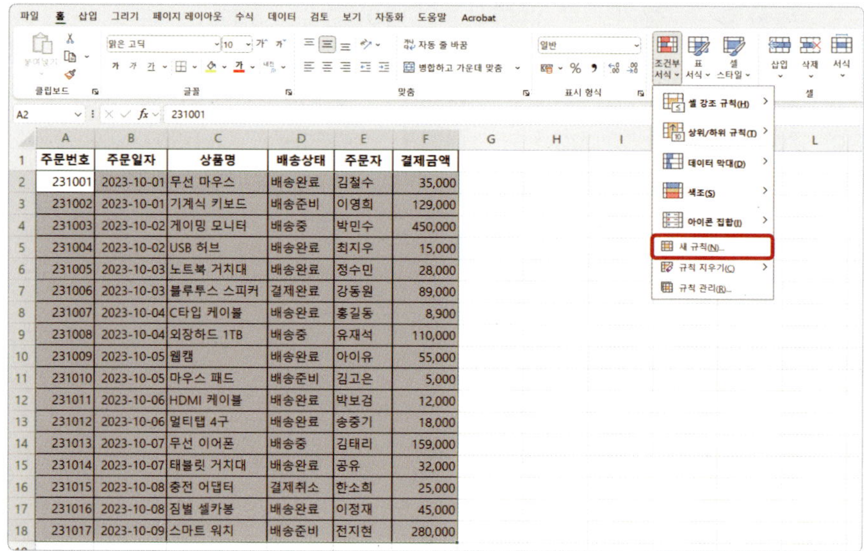

03 **새 서식 규칙** 창이 나타납니다. 규칙 유형 중 ❶**수식을 사용하여 서식을 지정할 셀 결정**을 선택하고, ❷**다음 수식이 참인 값의 서식 지정** 입력란에 =$D2="배송완료"를 입력합니다. 수식을 해석하면, "D2셀의 값이 배송완료인지 확인해. 자동 채우기를 할 때 D열은 고정한 채 D2, D3, D4 이렇게 행만 바꿔줘."입니다. ❸**서식** 버튼을 눌러 원하는 채우기 색을 선택합니다. 책에서는 초록색을 선택했습니다. ❹완료되었다면 **확인**을 누릅니다.

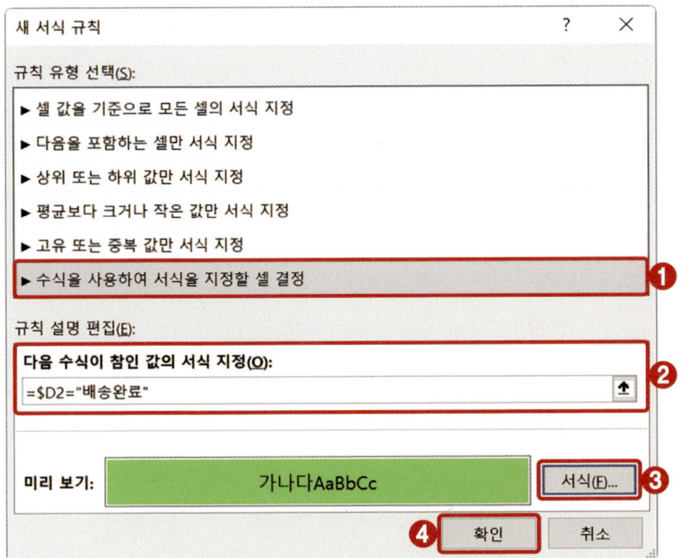

04 배송 상태가 배송 완료인 행 전체에 초록색 배경색이 적용되었습니다.

01 오류 값 숨기기

엑셀 작업을 하다 보면 종종 #DIV/0!, #N/A 같은 오류를 마주하게 됩니다. 오류가 많으면 보기에도 지저분하고, 미완성인 느낌을 주기 때문에 없애는 것이 좋습니다. 이럴 때는 IFERROR 함수를 사용해보세요. 오류가 발생하면 사전에 지정한 값을 보여줍니다. 입력 형식은 아래와 같습니다.

=IFERROR(계산식, 오류일 때 보여줄 값)

아래 데이터를 볼까요? A셀을 B셀로 나눈 계산식에서 B5셀의 값이 0이어서 C5셀에 오류가 발생했습니다.

	A	B	C	D
1	10	2	5	
2	15	3	5	
3	20	4	5	
4	25	5	5	
5	30	⚠0	#DIV/0!	
6				

❶ C1셀에 =IFERROR(A1/B1, "")라고 입력해보세요. 여기서 ""는 길이가 0인 텍스트, 즉 화면에는 빈 칸으로 보이지만 문자로 인식되는 투명한 텍스트를 넣으라는 요청입니다. 빈 칸 대신 0, 오류 등을 넣을 수도 있습니다. ❷ C1셀을 자동 채우기하자 ❸ 오류가 발생한 C5셀이 오류 메시지 대신 공백으로 바뀌었습니다.

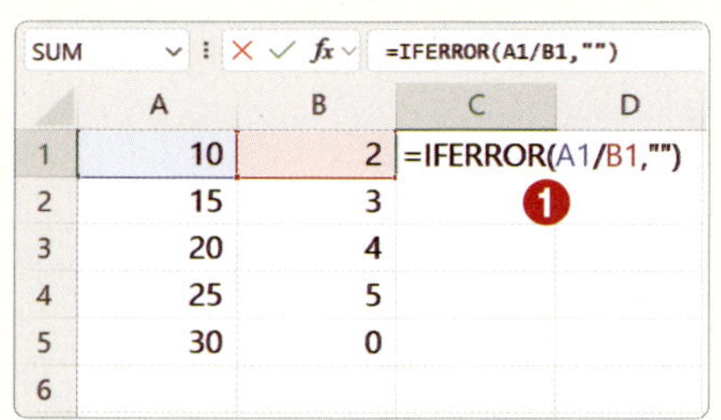

ⓞ2 IF 함수로 여러 개의 조건 설정하기

IF 함수는 조건이 하나일 때 참/거짓 두 가지 결과만 보여줄 수 있습니다. 하지만 실무에서는 5점이면 '상', 3점 이상이면 '중', 나머지는 '하'처럼 조건이 여러 개일 때 각각 다른 결과를 표시해야 하는 경우가 많습니다. 이럴 때는 IF 함수를 중첩으로 사용해보세요. 말 그대로 IF 함수 안에 또 다른 IF 함수를 넣어서 조건을 차례대로 검사하고, 해당하는 결과를 보여주는 방식입니다. 입력 형식은 아래와 같습니다.

=IF(첫 번째 조건, 참일 때 값, IF(두 번째 조건, 참일 때 값, 거짓일 때 값))

아래 데이터에서 만족도가 5이면 상, 3 이상이면 중, 그 미만이면 하 등급을 매겨보겠습니다.

01 C2셀에 다음 수식을 입력합니다.

$$=IF(B2=5, \text{"상"}, IF(B2>=3, \text{"중"}, \text{"하"}))$$

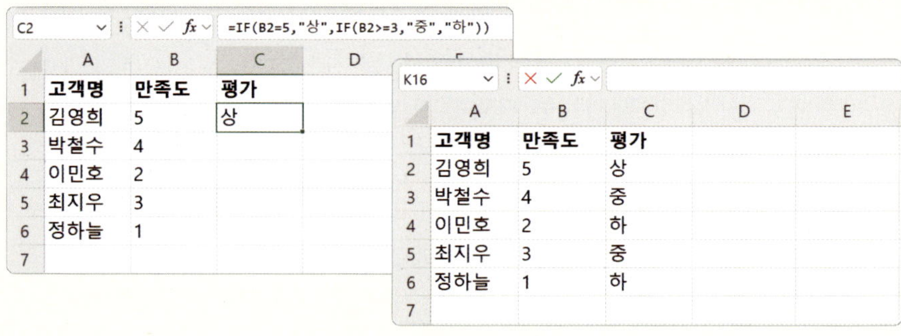

수식을 해석하면 이렇습니다.

① B2셀이 5점인가? → 맞으면 "상"을 표시하고 완료.

② 아니라면 두 번째 IF 함수를 실행. B2셀이 3점 이상인가? → 맞으면 "중"을 표시하고 완료.

③ 아니라면 "하"를 표시하고 완료.

02 엔터를 누르면 기준에 알맞은 등급이 나옵니다. 자동 채우기로 나머지 셀도 채워주세요.

03

어디에서 오류가 발생한 건지 모르겠다면?

여러 함수가 복잡하게 얽힌 수식에서 오류가 발생하면 어느 부분이 잘못된 것인지 찾기가 힘듭니다. 이럴 때는 수식 계산 기능을 사용해보세요. 엑셀이 복잡한 수식을 풀어서 하나씩 천천히 보여줍니다. 덕분에 사용자는 계산의 흐름을 눈으로 따라가며, 정확히 어느 부분에서 문제가 생겼는지 쉽게 파악할 수 있습니다. 사용 방법은 간단합니다.

01 아래는 C셀을 B셀로 나눠, 달성률을 구하는 계산식입니다. D6셀에서 오류가 발생했네요. ❶D6셀을 클릭한 뒤, ❷**수식** 탭의 **수식 분석** 그룹에서 ❸**수식 계산**을 클릭합니다.

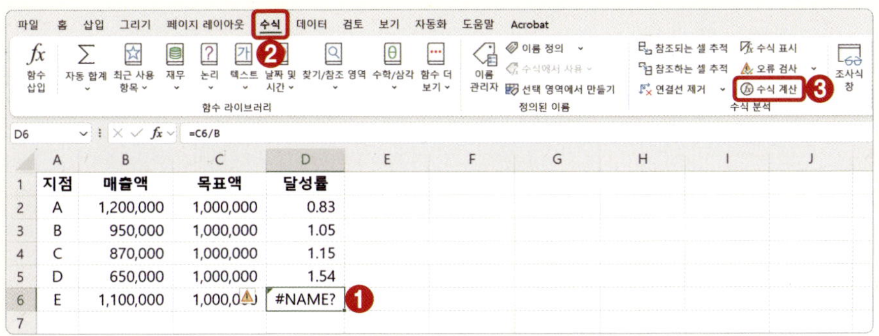

02 수식 계산 창이 나타납니다. ❶D6셀의 수식인 C6/B가 기재되어 있습니다. 하단의 계산 버튼을 누르면 다음 단계로 넘어갑니다.

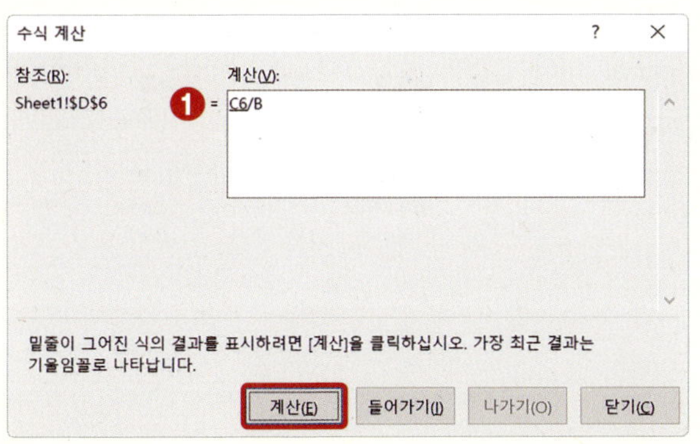

❷수식이 1000000/B로 변환되었습니다. 아직은 어디가 문제인지 확실치 않습니다. 계산 버튼을 한 번 더 눌러봅니다. ❸그러자 수식이 오류로 바뀝니다. 이를 통해 바로 직전 단계인 1000000/B에서 문제가 발생했음을 알 수 있습니다. 원래는 1,000,000을 1,100,000으로 나눠야 하는데 1,100,000 자리에 B가 적혀 있네요. 즉, 첫 번째 항(C6)은 정상적으로 변환되었지만, 두 번째 항(B)은 올바른 셀 주소가 아니기 때문에 엑셀이 참조하려는 대상을 찾을 수 없어, 오류가 발생한 것입니다. 따라서 두 번째 항을 B가 아닌 B6으로 고쳐야 합니다.

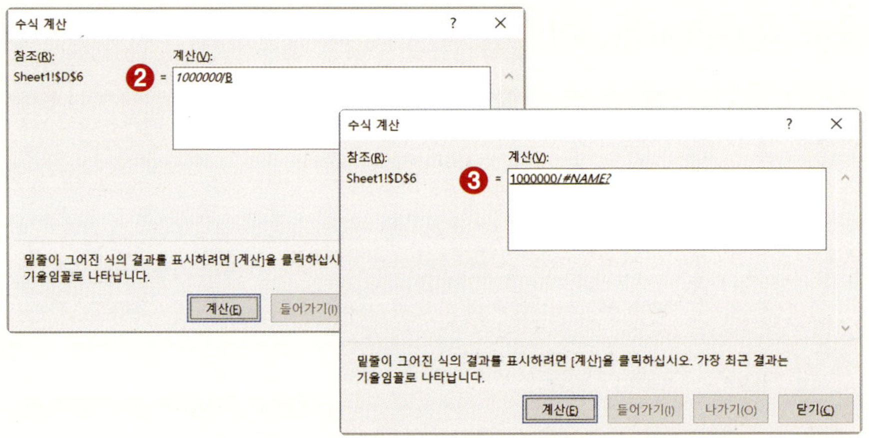

03 수식을 =C6/B6으로 수정하고 엔터를 누르자 올바른 결과가 출력되었습니다.

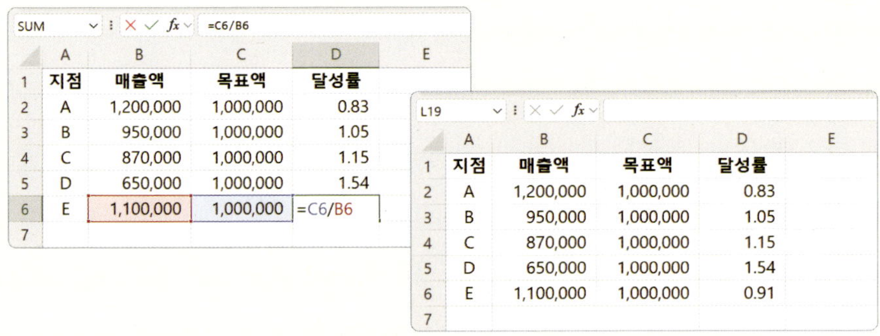

04

수식 말고 결괏값만 붙여넣고 싶을 때

수식이 적용된 셀을 복사해서 붙여넣기(Ctrl+C, Ctrl+V) 하면 수식까지 함께 복사되면서 참조하는 셀의 위치가 달라져 오류가 발생할 수 있습니다. 이럴 땐 수식이 아닌, 값만 복사해서 붙여넣으세요.

01 값을 복사할 셀을 선택하고 단축키 Ctrl+C 를 누릅니다.

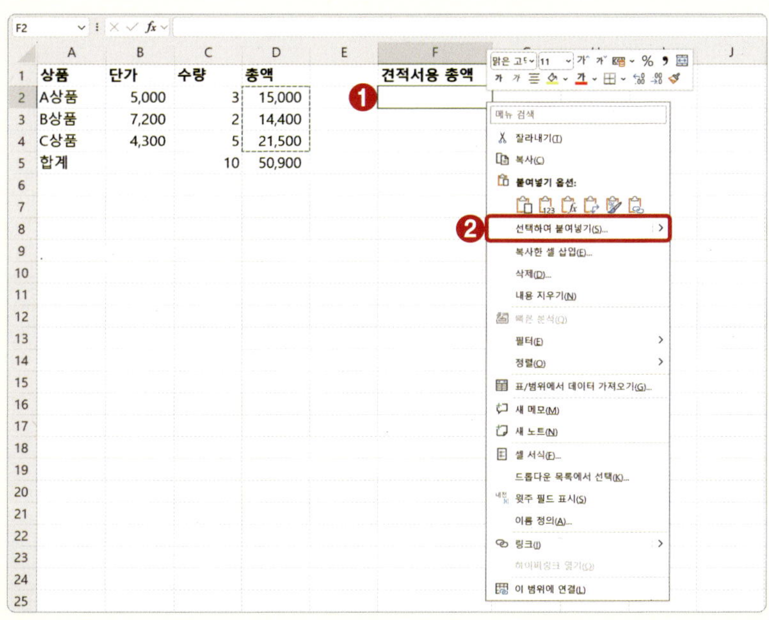

02 ❶값을 붙여넣을 셀에서 마우스 오른쪽 버튼을 클릭한 후, ❷**선택하여 붙여넣기**를 누릅니다.

03 선택하여 붙여넣기 창이 나타나면 ❶붙여넣기 항목에서 값을 선택하고
❷확인을 눌러주세요.

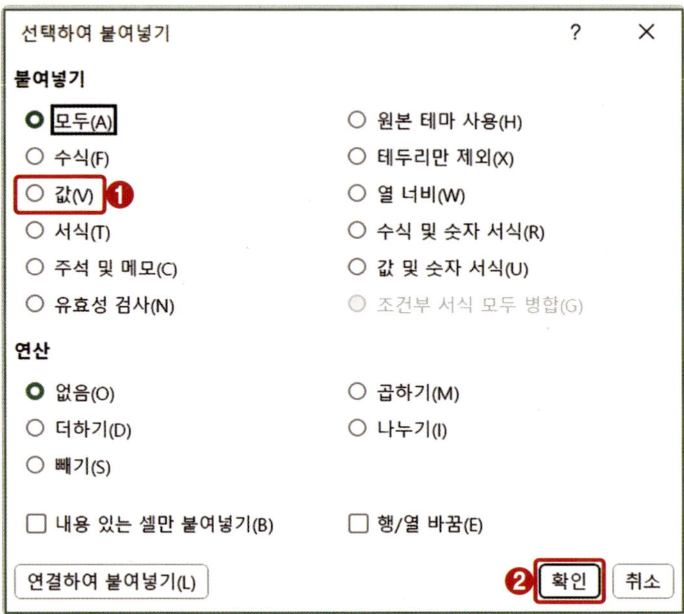

04 수식을 제외한 결괏값만 복사되었습니다.

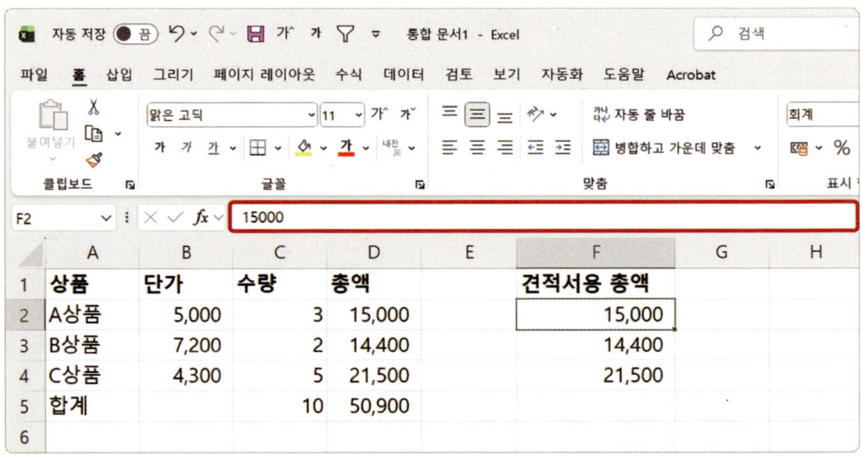

참고로 선택하여 붙여넣기를 활용하면 수식이나 서식만 붙여넣는 것도 가능합니다. 상황에 알맞게 사용하세요.

05 시트에 숨겨진 수식, 한 번에 확인하기

파일의 수식들을 전부 다 확인해야 할 땐 어떻게 해야 할까요? 셀들을 하나하나 클릭해서 수식 여부를 확인하는 건 너무 번거롭습니다. 이럴 때는 수식 보기 모드를 사용하세요. 시트 전체에 적용된 수식을 한눈에 확인할 수 있습니다.

사용 방법은 간단합니다. 수식을 확인할 셀을 선택하고, 단축키 Ctrl +`를 누르세요.* 시트의 모든 셀이 결괏값 대신 수식을 그대로 보여줍니다. 다시 한번 단축키 Ctrl +`을 누르면 원래대로 돌아옵니다.

	A	B	C	D
1	이름	국어	영어	평균
2	김철수	85	90	87.5
3	이영희	88	92	90
4	박민수	80	85	87.5
5	최지은	95	100	97.5
6				

	A	B	C	D
1	이름	국어	영어	평균
2	김철수	85	90	=AVERAGE(B2:C2)
3	이영희	88	92	=AVERAGE(B3:C3)
4	박민수	80	85	87.5
5	최지은	95	100	=AVERAGE(B5:C5)
6				

• 숨겨진 수식이 드러나기 전(위)과 후(아래)

---

* `키는 키보드 상단 숫자 1 왼쪽에 있는 물결(~) 키입니다.

이 단축키는 수식이 잘못된 셀을 빠르게 검토하거나 보고서나 견적서에 수식이 남아 있는지 확인할 때 특히 유용합니다.

06 조건부 서식이 겹칠 때, 어떤 서식이 적용될까?

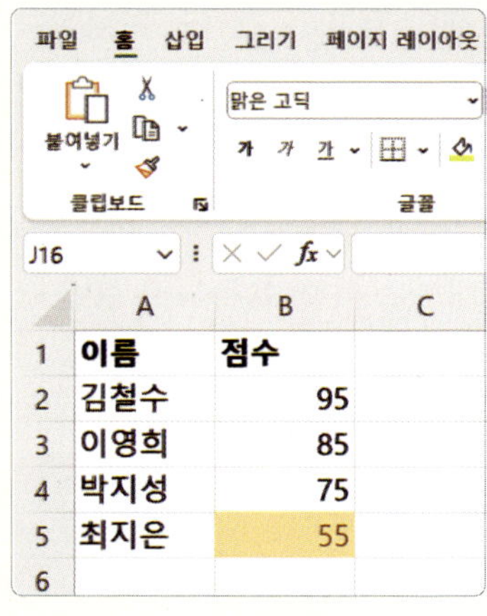

조건별로 각각 다른 서식을 적용했는데, 두 조건을 모두 만족하는 셀이 있다면 어떤 서식이 적용될까요? 정답은 바로 우선순위가 더 높은 규칙의 서식입니다. 그렇다면 규칙의 순서는 어떻게 확인하고 조정할까요?

왼쪽 데이터에는 점수가 70점 이하일 때는 노란색 배경색, 60점 이하일 때는 빨간색 배경색이라는 두 개의 조건부 서식이 적용되어 있습니다. B5셀은 55점이라서 두 조건에 모두 해당하는데, 노란색 배경색이 적용되었네요. 이를 통해 노란색 배경색의 우선순위가 더 높은 것을 알 수 있습니다. 우선순위를 조정해 빨간색 배경색을 적용해보겠습니다.

01 ❶조건부 서식이 적용된 셀을 선택한 후, ❷**홈** 탭의 **스타일** 그룹에서 ❸ **조건부 서식**을 클릭합니다.

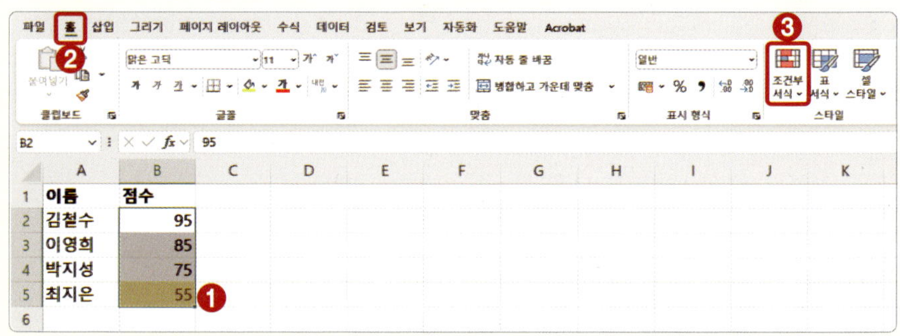

02 드롭다운 메뉴가 뜨면 **규칙 관리**를 선택합니다.

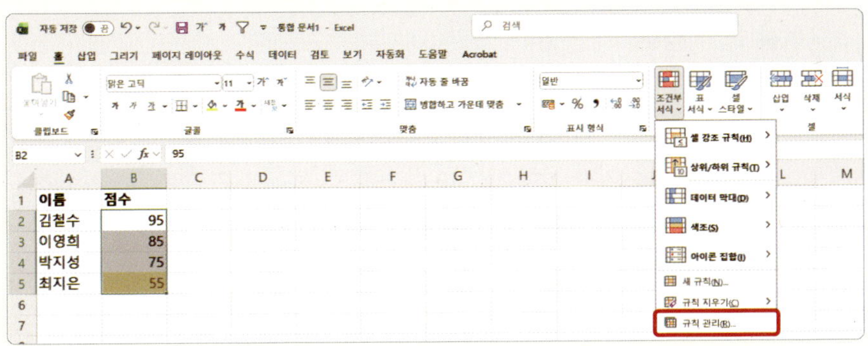

03 **조건부 서식 규칙 관리자** 창이 나타납니다. 여기에는 현재 워크시트 또는 현재 선택한 셀에 적용된 모든 규칙 목록이 뜹니다. 목록의 맨 위에 있는 규칙이 1순위이며, 규칙을 클릭하고 ❶상단의 화살표 버튼을 눌러 순서를 조정할 수 있습니다. ❷점수가 60점 이하일 때의 조건부 서식을 선택한 후, ❸위쪽 방향 화살표를 클릭합니다. ❹완료되었다면 **확인**을 눌러주세요.

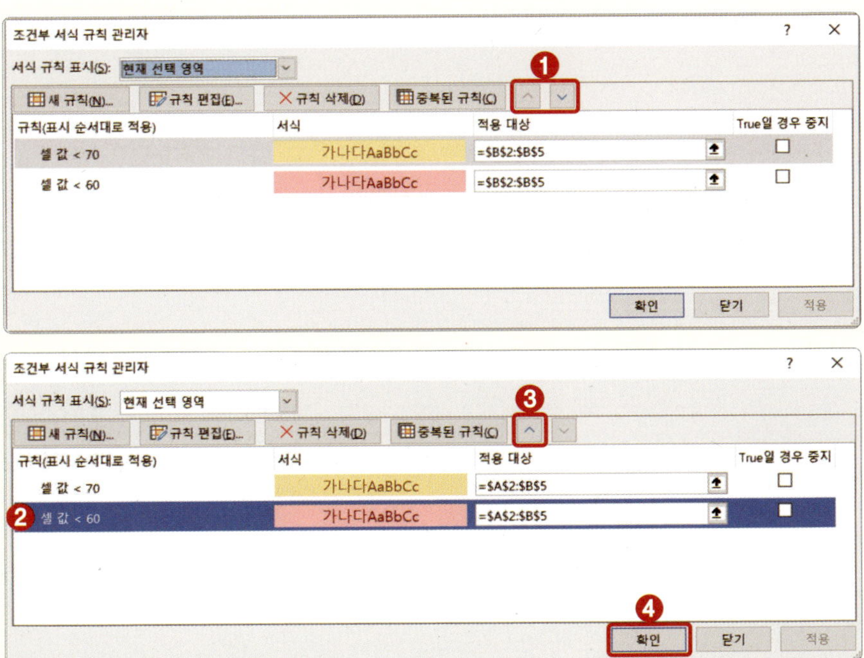

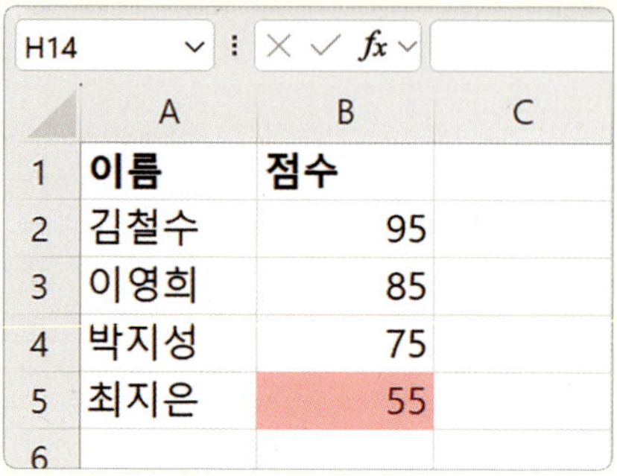

04 B5셀의 배경색이 노란색에서 빨간색으로 변경되었습니다.

PART 03

데이터 관리와 분석

데이터 필터링

자동 필터와 고급 필터

필터(Filter)는 방대한 데이터에서 조건에 맞는 데이터만 추출하여 보여주는 기능입니다. 조건에 맞지 않는 데이터는 잠시 숨겨지므로, 핵심 데이터에만 집중할 수 있습니다. 이번 장에서는 자동 필터와 고급 필터의 사용법을 배워보겠습니다.

이번 장에서 배울 내용!

✔ 자동 필터 사용법

✔ 와일드카드 사용법

✔ 고급 필터 사용법

 자동 필터의 기본 기능

자동 필터는 각 열에 생성된 필터 버튼을 클릭하여 원하는 데이터를 쉽고 빠르게 추출하는 기능입니다. 필요한 데이터만 즉시 선별할 수 있어 실무에서 활용도가 매우 높습니다.

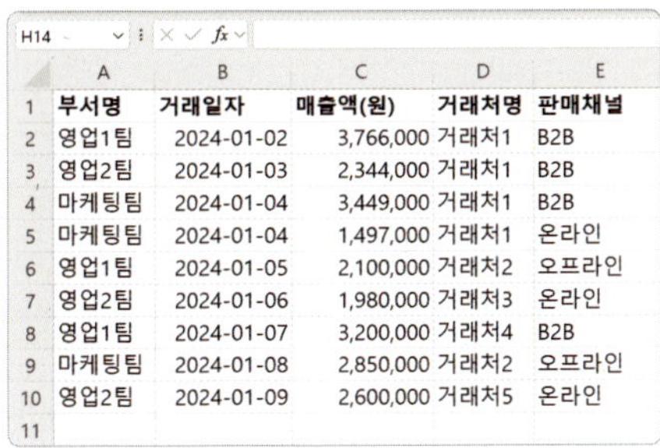

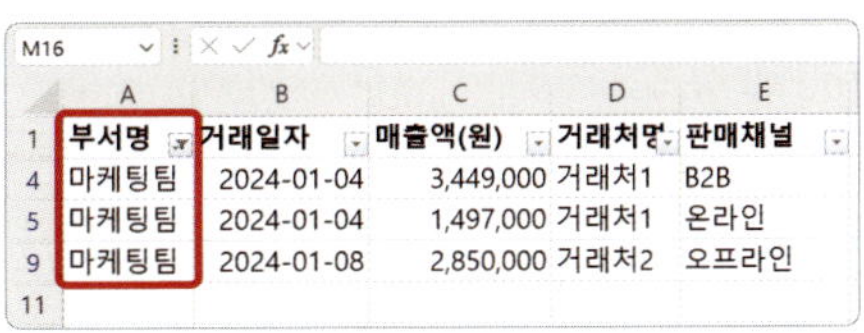

● 원본 데이터(좌)와 자동 필터로 마케팅팀 데이터만 추출한 모습(우)

직접 자동 필터를 만들어볼까요?

01 ❶ 필터를 적용할 데이터 안의 아무 셀이나 하나 클릭합니다. 그다음, ❷ **데이터** 탭의 **정렬 및 필터** 그룹에서 ❸ **필터**를 클릭합니다. 혹은 단축키 Ctrl + Shift + L 을 눌러주세요.

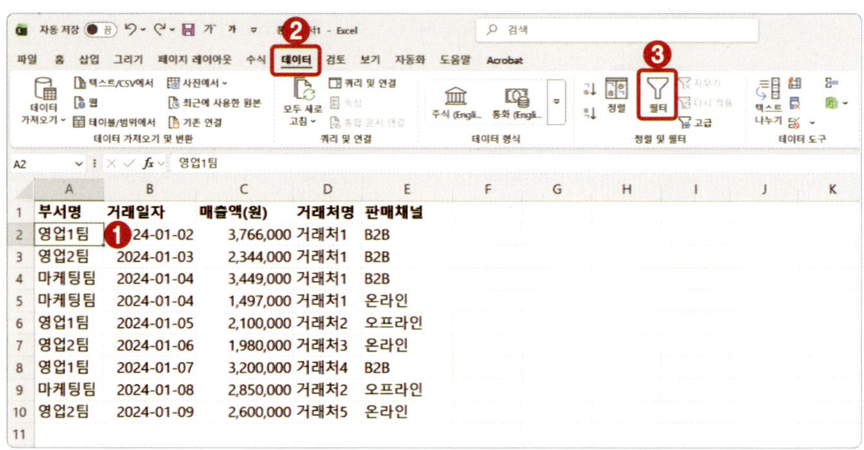

02 데이터의 제목 행에 필터 버튼이 생겼습니다.

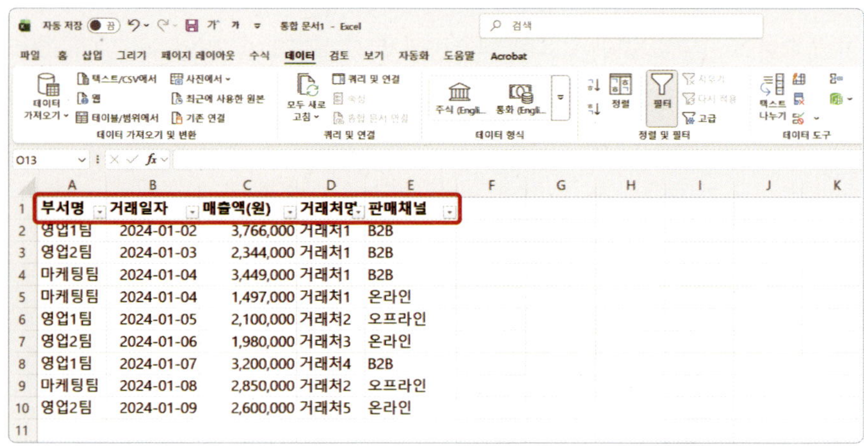

필터 버튼을 눌러 원하는 항목의 데이터만 선별해서 볼 수 있습니다. 마케팅팀의 데이터만 따로 봐볼까요?

01 ❶부서명 옆의 필터 버튼을 클릭합니다. 필터 목록이 나타나면 ❷**모두 선택**을 클릭해 체크를 해제하세요.

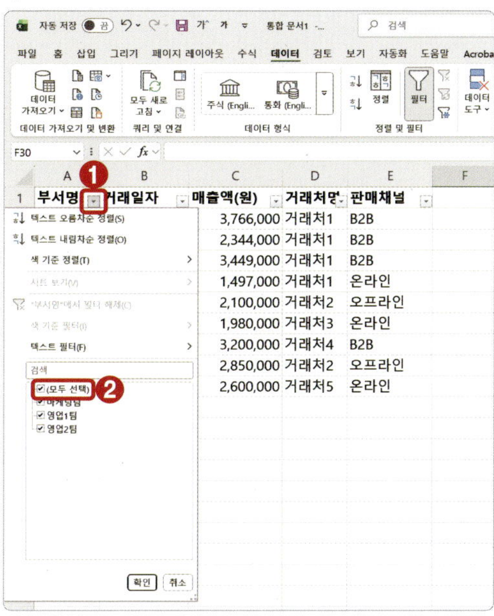

02 ❶마케팅팀에 체크하고, ❷**확인**을 누릅니다.

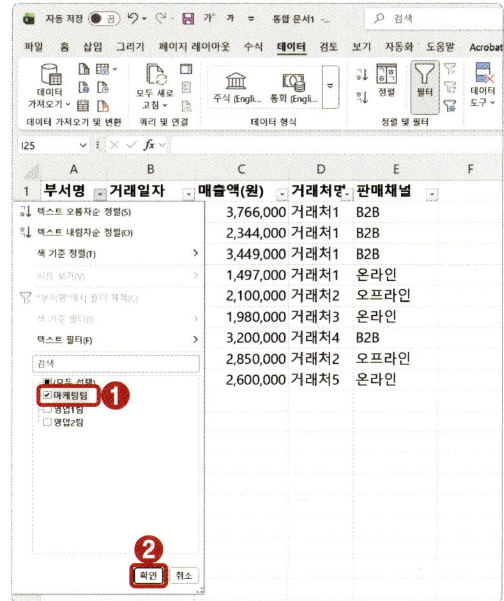

03 그럼 마케팅팀의 데이터만 화면에 나타나고, 나머지 부서의 데이터는 일시적으로 숨겨집니다. ❶ 필터가 적용된 열(부서명)의 필터 버튼 모양이 드롭다운(▼)에서 깔때기(⫣)로 바뀌었으며, ❷ 행 번호도 파란색으로 표시되어 현재 데이터가 필터링된 상태임을 알려줍니다.

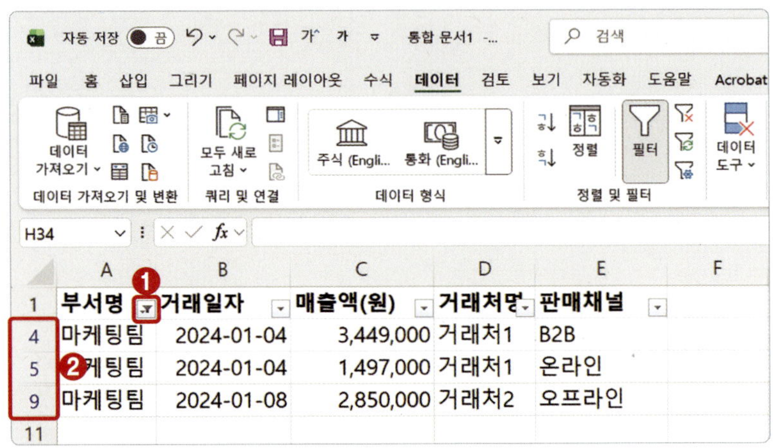

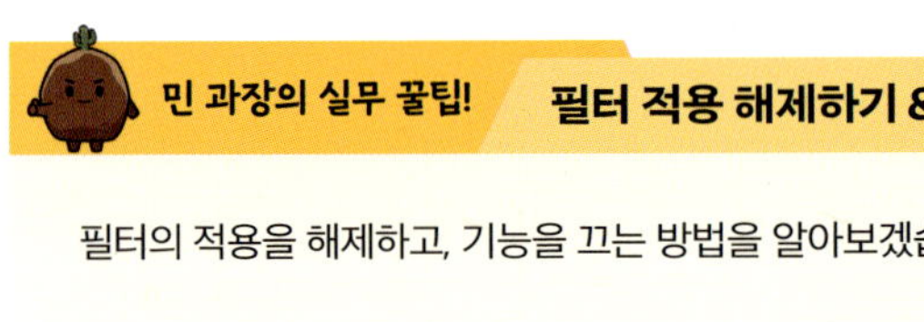

필터의 적용을 해제하고, 기능을 끄는 방법을 알아보겠습니다.

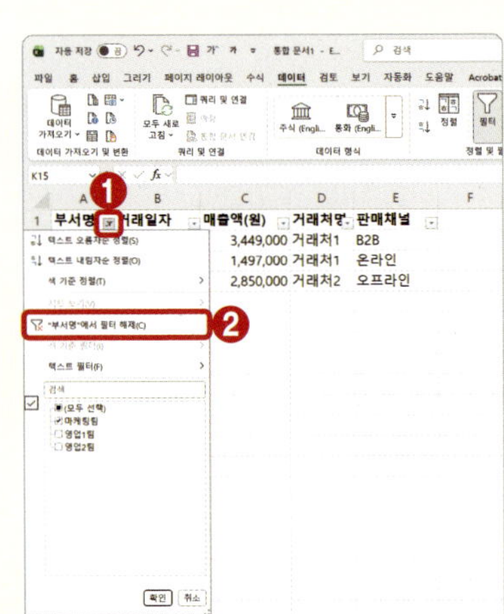

특정 열의 필터 적용을 해제할 때

필터가 적용된 열의 필터 버튼은 깔때기(⫣) 모양입니다. ❶ 이 버튼을 클릭하고, ❷ **해당 열의 필터 해제**를 누르면 데이터가 원래대로 돌아갑니다.

여러 열의 필터 적용을 해제할 때

필터가 적용된 열이 여러 개라면 하나씩 해제하지 말고, 지우기 기능을 사용하세요. ❶ 데이터 탭의 **정렬 및 필터** 그룹에서 ❷ **지우기**를 클릭하면 필터에 걸려 있는 조건들이 일괄 해제됩니다.

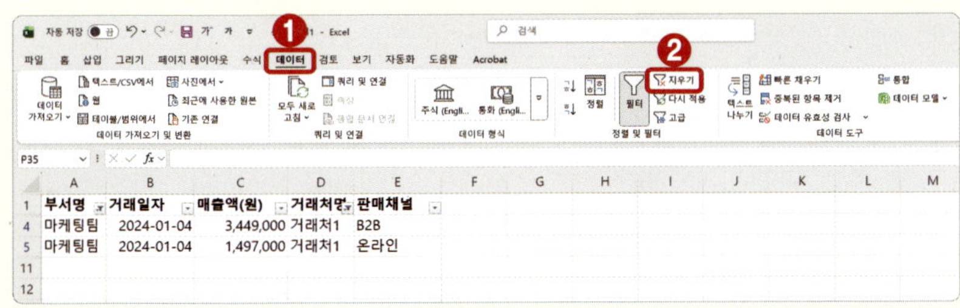

필터 기능 끄기

필터의 적용을 해제하는 것이 아니라, 아예 필터 기능 자체를 끄고 싶다면 필터 버튼을 다시 한번 클릭하세요. 필터 기능이 꺼지고, 원본 데이터로 되돌아옵니다.

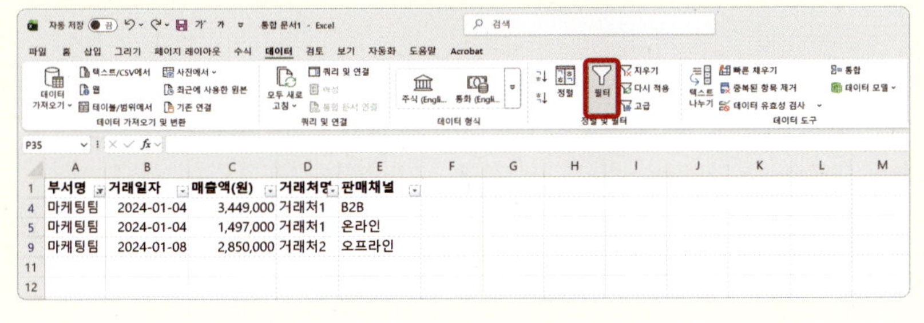

VIP 고객 명단을 정리하는 이 주임. 자동 필터로 VIP 등급만 쏙 걸러낸 뒤, 구매금액 기준으로 내림차순 정렬까지 마무리했죠. 보고서 제출까지는 완벽했습니다. 그런데…

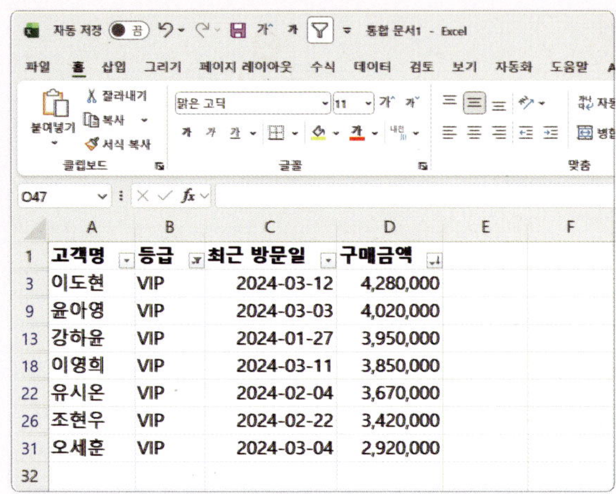

"이 주임, 수고했어. 아까 그 원본 파일도 같이 줘봐. 순서 좀 비교하게."

그 순간, 이 주임의 눈동자가 흔들렸습니다. 이미 필터링과 정렬을 반복하면서 원본 순서는 흔적도 없이 사라진 상태였거든요.

당황한 이 주임에게 민 과장이 말했습니다. "이 주임, 데이터를 필터링하고 정렬하기 전에 맨 왼쪽에 '순번' 열을 하나 만든 다음, 1, 2, 3, 4… 이렇게 숫자를 쭉 채워넣어. 이 순번 열만 있으면 언제든 오름차순 정렬을 통해 원본 순서로 되돌릴 수 있거든. 꼭 기억해!"

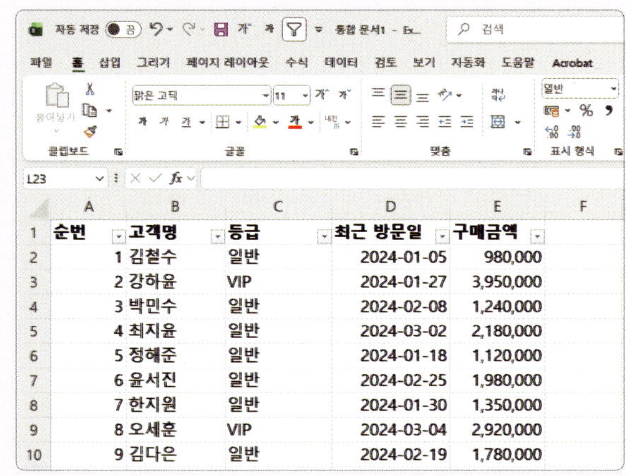

영업팀의 실적만 필터링하라는 지시를 받은 이 주임. 자신 있게 부서명 열에 필터를 걸고 팀장님께 보고했습니다. 그런데 보고서를 확인하던 팀장님이 뭔가 이상하다는 듯 고개를 갸웃하더니, 스크롤을 아래로 내려보는 게 아니겠어요? 역시나, 데이터 중간에 빈 행이 하나 끼어 있어 그 아래 구간에는 필터가 제대로 적용되지 않았습니다. 결국 이 주임은 한 소리를 듣고 말았죠. 풀죽은 이 주임에게 민 과장이 말했습니다. "엑셀은 필터를 적용할 때 데이터를 연속된 범위로 인식해. 중간에 빈 행이나 열이 있으면 그 지점에서 데이터가 끝났다고 착각하지. 앞으로는 필터를 걸기 전에 빈 셀이 없는지 확인하는 습관을 들이도록 해!"

	담당자명	부서	거래일자	매출액(원)
1	담당자명	부서	거래일자	매출액(원)
2	이도현	영업팀	2024-01-02	1,800,000
6	정하늘	영업팀	2024-01-07	1,500,000
9	배도윤	영업팀	2024-01-10	2,400,000
13	문지후	영업팀	2024-01-14	2,200,000
17	정민혁	영업팀	2024-01-18	1,800,000
21	문하람	영업팀	2024-01-22	2,100,000
25	정다혜	영업팀	2024-01-27	1,950,000
29	강하윤	영업팀	2024-02-01	3,050,000
33	김세훈	영업팀	2024-02-05	2,200,000
37	오윤재	영업팀	2024-02-09	1,980,000
41	박아린	영업팀	2024-02-13	2,150,000
45	김지오	영업팀	2024-02-18	2,250,000
49	오시윤	영업팀	2024-02-22	2,150,000

	A	B	C	D
29	강하윤	영업팀	2024-02-01	3,050,000
33	김세훈	영업팀	2024-02-05	2,200,000
37	오윤재	영업팀	2024-02-09	1,980,000
41	박아린	영업팀	2024-02-13	2,150,000
45	김지오	영업팀	2024-02-18	2,250,000
49	오시윤	영업팀	2024-02-22	2,150,000
53				
54				
55	황도윤	영업팀	2024-02-26	2,600,000
56	오혜성	마케팅팀	2024-02-27	1,950,000
57	김채린	기획팀	2024-02-28	2,450,000
58	박태준	고객지원팀	2024-02-29	2,050,000
59	이효정	영업팀	2024-03-01	2,900,000
60	문성훈	마케팅팀	2024-03-02	2,300,000
61	조하린	기획팀	2024-03-03	1,800,000
62	서주원	고객지원팀	2024-03-04	2,700,000

● 필터링이 잘 된 줄 알았으나(위) 중간에 빈 행이 있어서 그 아래부터는 필터가 적용되지 않은 모습(아래)

자동 필터에는 데이터를 더 스마트하게 걸러내는 유용한 기능들이 있습니다.
함께 알아볼까요?

1. 색상 필터

색상 필터는 셀에 적용된 배경색이나 글자색을 기준으로 데이터를 추출하는 기능입니다. 실무에서는 중요한 정보에 색상을 적용해 강조 표시하는 경우가 많은데, 이 기능을 사용하면 색상이 적용된 데이터를 한 번에 모아볼 수 있습니다. 아래 매출액 데이터에서 배경색이 노란색인 셀만 필터링해보겠습니다.

	A	B	C	D
1	거래일자	거래처명	매출액(원)	
2	2024-01-02	거래처A	1,200,000	
3	2024-01-03	거래처B	2,500,000	
4	2024-01-04	거래처C	3,300,000	
5	2024-01-05	거래처D	1,800,000	
6	2024-01-06	거래처E	2,200,000	
7	2024-01-07	거래처F	3,100,000	
8	2024-01-08	거래처G	2,400,000	
9	2024-01-09	거래처H	1,750,000	
10	2024-01-10	거래처I	3,500,000	
11	2024-01-11	거래처J	2,900,000	
12	2024-01-12	거래처K	1,600,000	
13	2024-01-13	거래처L	2,300,000	
14	2024-01-14	거래처M	3,200,000	
15	2024-01-15	거래처N	1,950,000	
16	2024-01-16	거래처O	2,800,000	
17				

01 ❶표 안의 아무 셀을 클릭한 후, 단축키 [Ctrl] + [Shift] + [L]을 눌러 필터 버튼을 생성합니다. ❷매출액 열의 필터 버튼을 클릭합니다. 필터 목록에서 ❸ **색 기준 필터**를 선택하고, ❹우측에 **셀 색 기준 필터** 창이 나타나면 노란색 배경색을 클릭합니다.

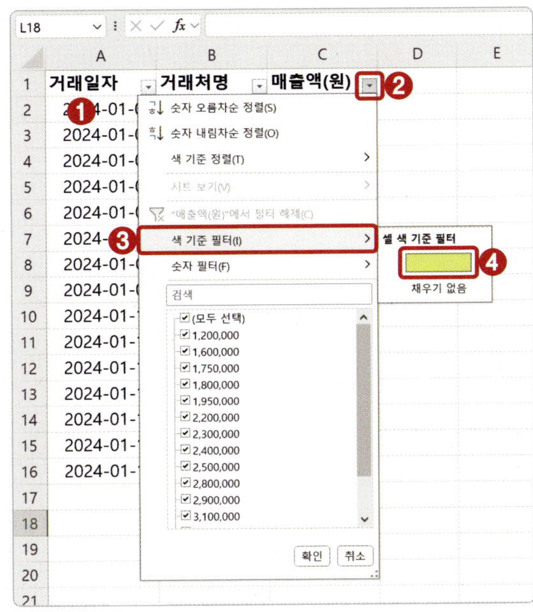

02 배경색이 노란색인 셀만 필터링되었습니다.

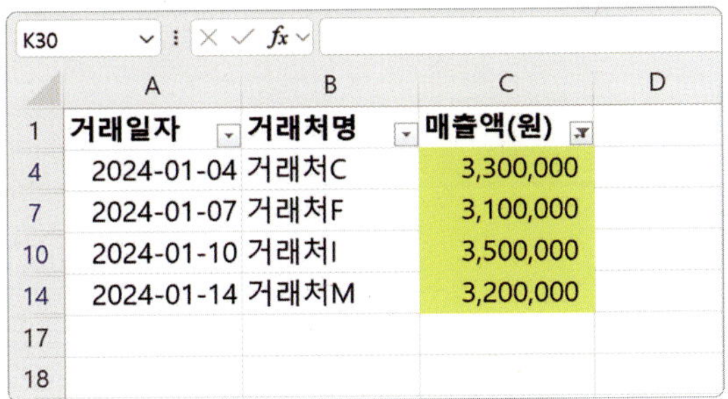

2. 조건 필터

조건 필터는 특정 조건을 설정해 해당하는 데이터만 추출하는 기능입니다. 유형에 따라 텍스트 필터, 숫자 필터, 날짜 필터 등이 있습니다. 텍스트 필터를 활용해 이름에 '전자'가 들어간 기업만 추출해보겠습니다.

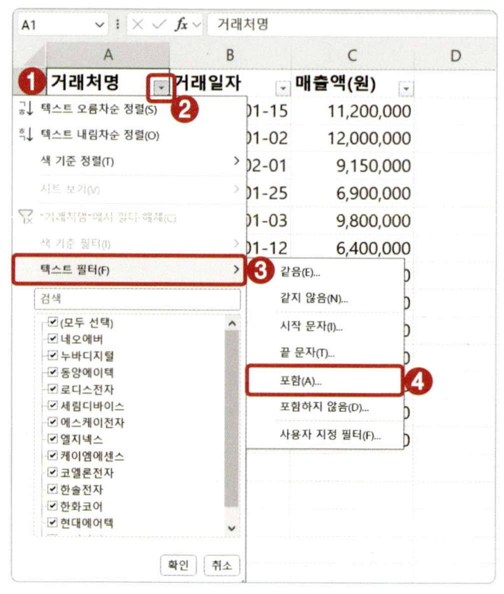

01 ❶표 안의 아무 셀을 클릭한 후, 단축키 Ctrl + Shift + L 을 눌러 필터 버튼을 생성합니다. ❷거래처명의 필터 버튼을 누른 후, 필터 목록에서 ❸**텍스트 필터**를 선택합니다. 우측에 창이 나타나면 ❹**포함**을 클릭합니다.

02 **사용자 지정 자동 필터** 창이 열립니다. ❶**찾을 조건** 입력란에 전자를 적고, ❷**확인**을 눌러주세요.

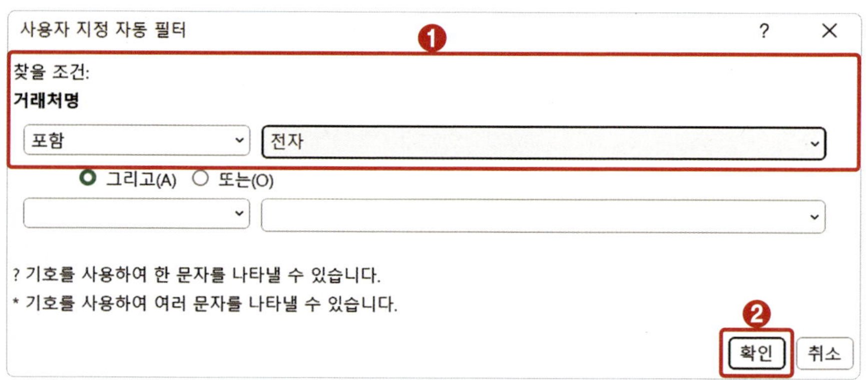

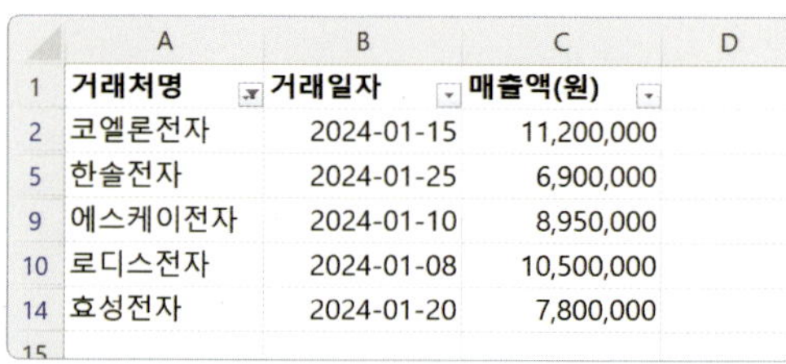

03 '전자'가 포함된 거래처명만 필터링되었습니다.

"이 주임, 영업1팀의 실적만 추려서 평균 좀 구해줘요."

능숙하게 필터를 걸고 데이터를 추출한 뒤, AVERAGE 함수로 평균을 산출한 이 주임. 자신 있게 결과를 보고했지만, 팀장님의 표정이 어둡습니다. 분명 함수로 정확하게 계산했는데, 뭐가 문제였던 걸까요?

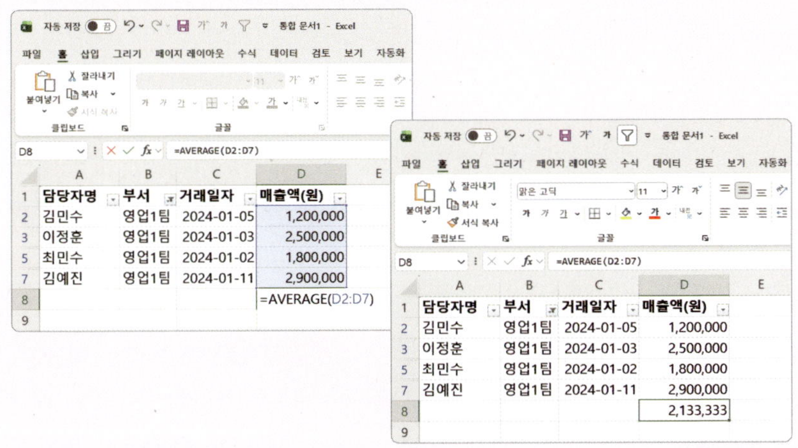

SUM, AVERAGE와 같은 기본 함수는 숨겨진 셀까지 계산에 포함합니다. 만약, 화면에 보이는 데이터로만 합계·평균·개수 등을 계산해야 한다면, 범위를 드래그한 후 하단의 상태 표시줄을 보세요. 화면에 보이는 데이터만으로 계산된 평균, 개수, 합계 값이 나타납니다.

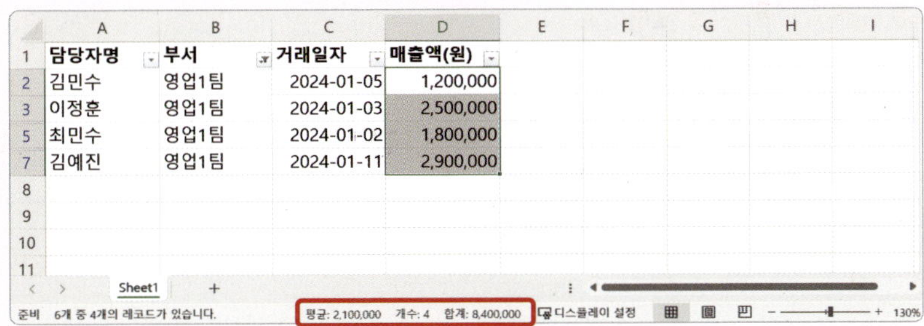

와일드카드

엑셀 필터의 숨은 조커, 와일드카드(Wildcard)를 소개합니다. 와일드카드는 어떤 글자든 대체할 수 있는 특수 문자로, 찾고 싶은 데이터가 정확하게 기억나지 않거나 특정 패턴을 가진 데이터를 찾을 때 사용합니다. 책에서는 *(별표)와 ?(물음표) 두 가지를 실습해보겠습니다.

1. *

*는 글자 수에 상관없이 모든 문자를 대체합니다. 예를 들어, 김*이라고 입력하면 김민수, 김훈, 김빛나리처럼 '김'으로 시작되는 데이터를 전부 찾을 수 있습니다. 또, *김*이라고 입력하면 가운데에 '김'이 들어가는 데이터를 모두 찾을 수 있죠. 함께 해볼까요?

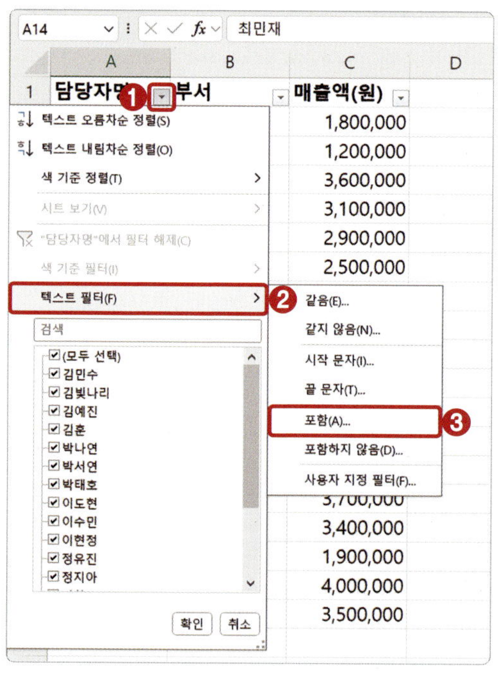

01 ❶담당자명 열의 필터 버튼을 클릭한 후, 필터 목록이 나타나면 ❷텍스트 필터를 선택합니다. 우측에 창이 열리면 ❸포함을 클릭합니다.

02 **사용자 지정 자동 필터** 창이 나타납니다. ❶**찾을 조건** 입력란에 김*을 입력한 후, ❷**확인**을 눌러주세요.

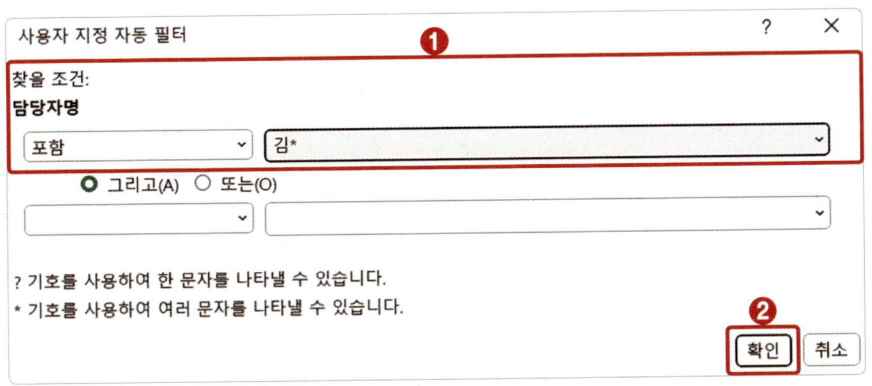

03 '김'으로 시작되는 모든 데이터가 필터링되었습니다.

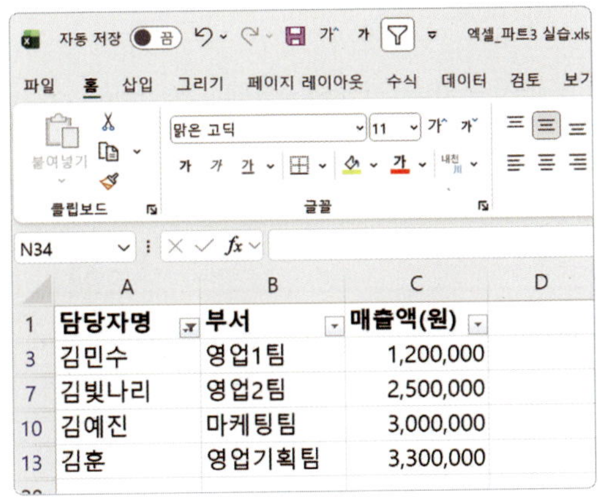

2. ?

?는 글자 수에 맞춰 문자를 대체합니다. 예를 들어, 박?수라고 입력하면 박진수, 박철수처럼 '박'으로 시작하고 '수'로 끝나면서 그 사이에 글자가 하나만 들어간 데이터가 검색되고, A-??-C라고 입력하면 A-01-C, A-15-C처럼 중간에 두 글자가 들어간 데이터만 필터링됩니다. 함께 해보겠습니다.

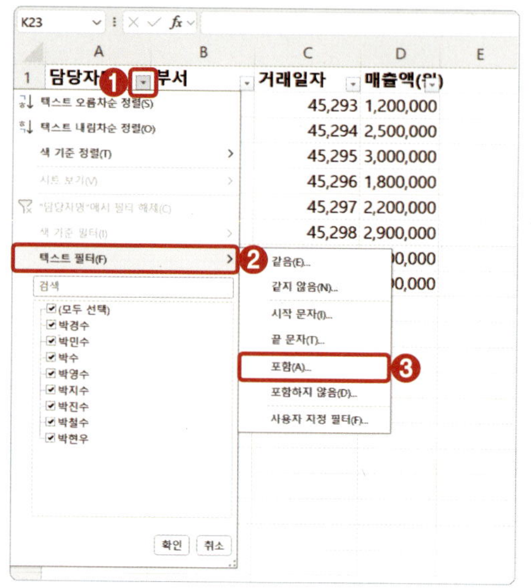

01 ❶담당자명 열의 필터 버튼을 클릭한 후, 필터 목록에서 ❷**텍스트 필터**를 선택합니다. 우측에 창이 나타나면 ❸ **포함**을 클릭합니다.

02 **사용자 지정 자동 필터** 창이 나타납니다. ❶**찾을 조건** 입력란에 박?수를 입력한 후, ❷**확인**을 눌러주세요.

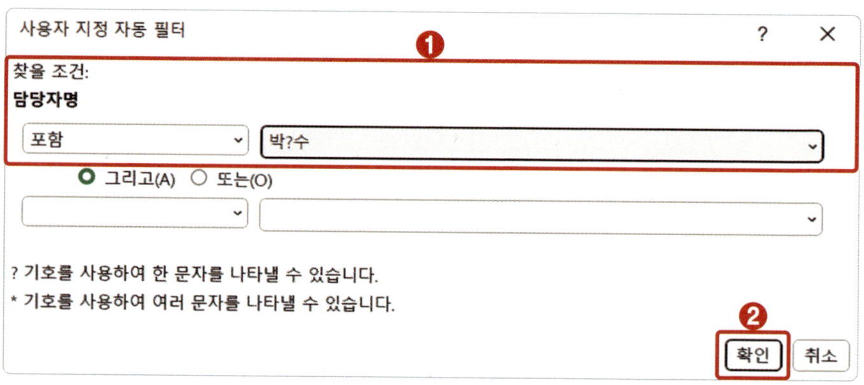

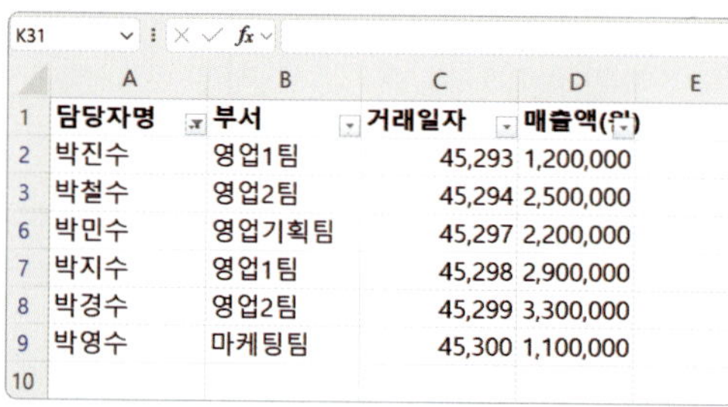

03 '박'으로 시작하고 '수'로 끝나면서 가운데가 한 글자인 이름만 필터링되었습니다.

고급 필터의 기본 기능

고급 필터는 더욱 정교한 조건을 설정할 수 있는 필터 기능입니다. 예를 들어, 부서가 영업팀이면서 동시에 성과 지표가 A 이상처럼 두 가지 조건으로 데이터를 필터링할 때, 필터링된 결과를 원본과 다른 위치에 놓거나 아예 다른 시트에 새롭게 추출(복사)할 때 유용하게 쓸 수 있습니다.

고급 필터를 쓸 때는 OR 조건인지, AND 조건인지를 먼저 파악해야 합니다. 조건에 따라 입력 방법이 달라지기 때문이죠. 아래 데이터에서 영업팀 또는(OR) 마케팅팀의 데이터만 따로 추출해보겠습니다.

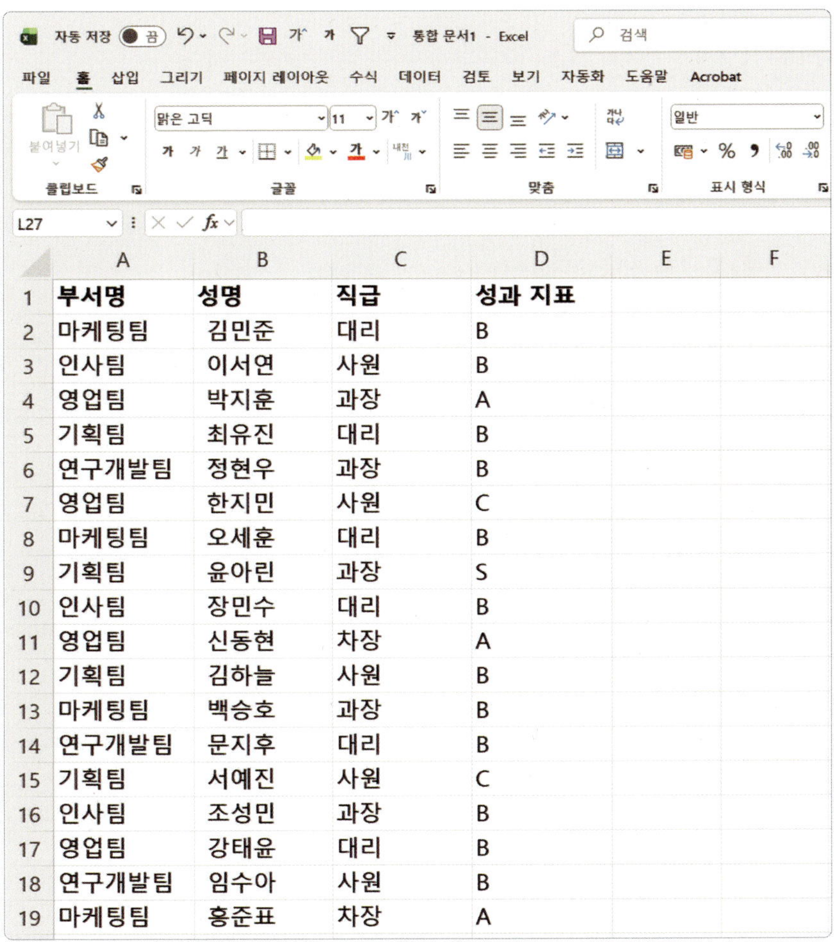

01 원본 데이터와 떨어진 빈 셀에 조건을 입력합니다. OR 조건은 여러 조건을 각각 다른 행에 입력하는 것이 핵심입니다. 책에서는 H1 셀에 부서명을 적고 H2, H3 셀에 각각 영업팀과 마케팅팀을 적었습니다.

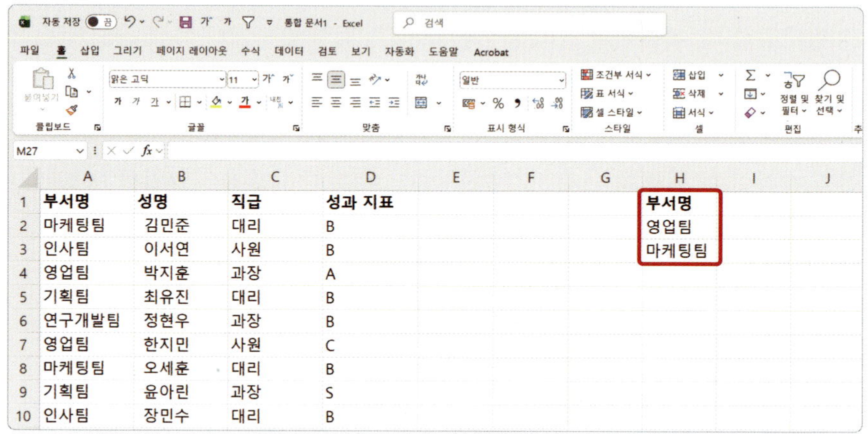

02 ❶원본 데이터 안의 아무 셀이나 클릭한 후, ❷**데이터** 탭의 **정렬 및 필터** 그룹에서 ❸**고급**을 누릅니다.

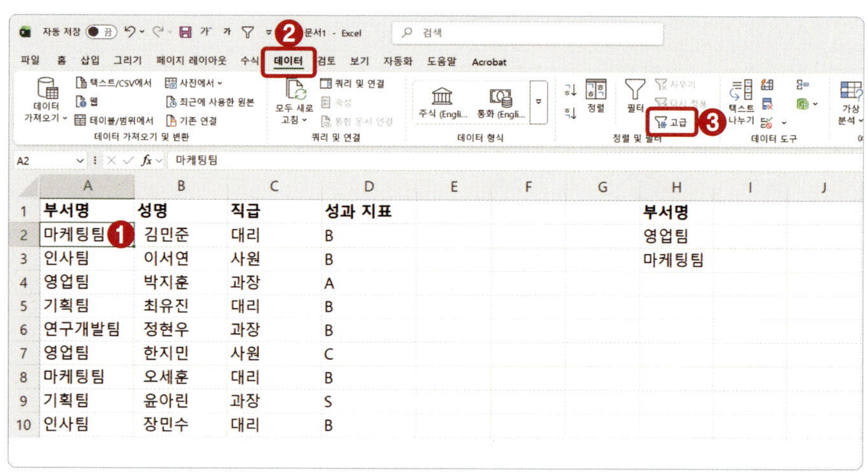

03 **고급 필터** 창이 나타납니다.
❶**결과** 항목에서는 **현재 위치에 필터**를 선택합니다. ❷**목록 범위**에서는 엑셀이 자동으로 인식한 원본 데이터의 범위가 맞는지 확인합니다.
❸**조건 범위**에서는 미리 만들어둔 조건 범위(H1:H3)를 마우스로 드래그하여 지정하고, ❹**확인**을 클릭하세요.

04 영업팀과 마케팅팀의 데이터만 필터링되었습니다.

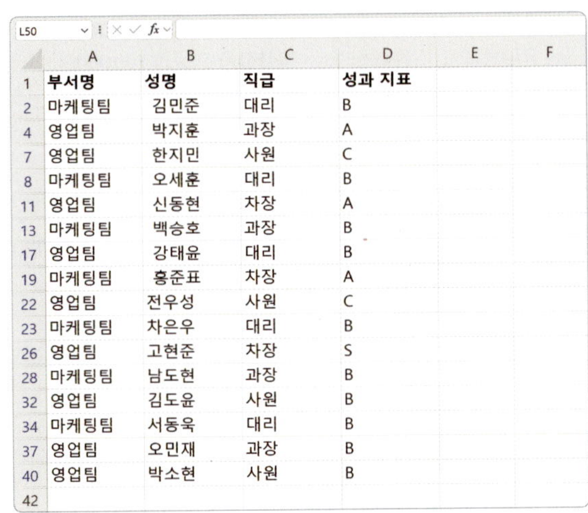

	A	B	C	D	E	F
1	부서명	성명	직급	성과 지표		
2	마케팅팀	김민준	대리	B		
4	영업팀	박지훈	과장	A		
7	영업팀	한지민	사원	C		
8	마케팅팀	오세훈	대리	B		
11	영업팀	신동현	차장	A		
13	마케팅팀	백승호	과장	B		
17	영업팀	강태윤	대리	B		
19	마케팅팀	홍준표	차장	A		
22	영업팀	전우성	사원	C		
23	마케팅팀	차은우	대리	B		
26	영업팀	고현준	차장	S		
28	마케팅팀	남도현	과장	B		
32	영업팀	김도윤	사원	B		
34	마케팅팀	서동욱	대리	B		
37	영업팀	오민재	과장	B		
40	영업팀	박소현	사원	B		
42						

민 과장의 실무 꿀팁! **고급 필터, 왜 써야 할까요?**

자동 필터도 편한데 왜 굳이 고급 필터를 써야 할까요? 자동 필터는 필터링된 결과만 따로 복사하기가 번거롭습니다. 반면, 고급 필터는 결과를 새로운 시트에 손쉽게 복사할 수 있죠. 원본 데이터를 안전하게 보존하면서도 데이터를 가공해야 하는 실무에 더 적합합니다.

이번에는 고급 필터를 활용해 매출액이 100만 원 이상이면서 동시에(AND) 등급이 VIP인 거래처 명단만 따로 추출해보겠습니다.

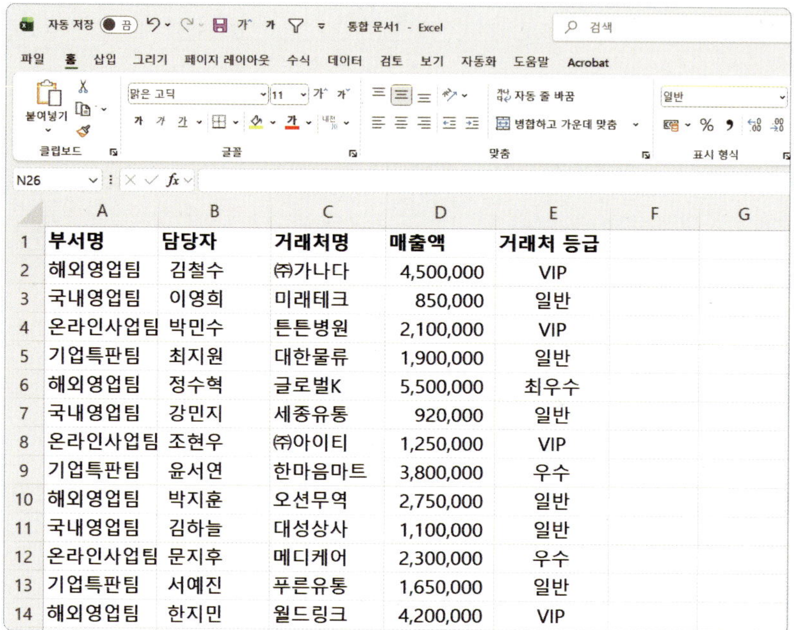

01 원본 데이터와 떨어진 빈 셀에 조건을 입력합니다. AND 조건은 여러 조건을 같은 행에 나란히 입력하는 것이 핵심입니다. 책에서는 H1, I1 셀에 각각 매출액과 거래처 등급을 적고 H2, I2셀에 >1000000과 VIP를 적었습니다.

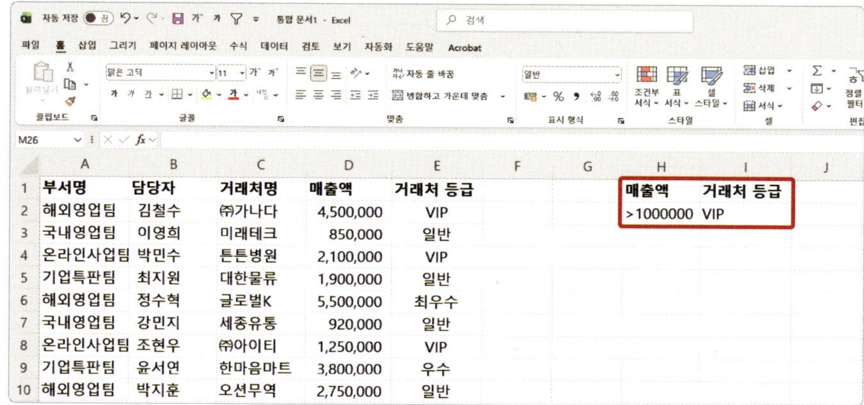

02 ❶원본 데이터 안의 아무 셀이나 클릭한 후, ❷**데이터** 탭의 **정렬 및 필터** 그룹에서 ❸**고급**을 누릅니다.

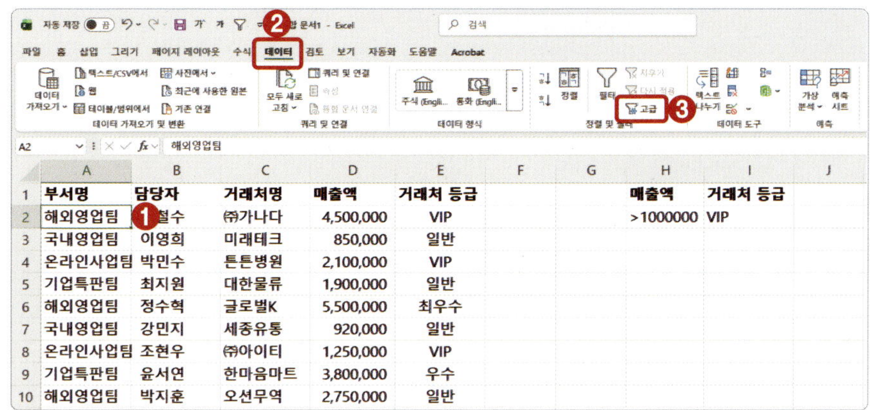

03 **고급 필터** 창이 나타납니다. ❶**결과** 항목에서는 **현재 위치에 필터**를 선택합니다. ❷**목록 범위**에서는 엑셀이 자동으로 인식한 원본 데이터의 범위가 맞는지 확인합니다. ❸**조건 범위**에서는 미리 만들어둔 조건 범위(H1:H12)를 마우스로 드래그하여 지정하고, ❹**확인**을 클릭하세요.

04 매출액이 100만 원 이상이면서 등급이 VIP인 거래처 명단이 추출되었습니다.

	A	B	C	D	E	F
1	부서명	담당자	거래처명	매출액	거래처 등급	
2	해외영업팀	김철수	㈜가나다	4,500,000	VIP	
4	온라인사업팀	박민수	튼튼병원	2,100,000	VIP	
8	온라인사업팀	조현우	㈜아이티	1,250,000	VIP	
14	해외영업팀	한지민	월드링크	4,200,000	VIP	
18	해외영업팀	신동현	인터코리아	4,900,000	VIP	
24	온라인사업팀	황서준	메디라인	2,480,000	VIP	
26	해외영업팀	고현준	유니버설K	4,100,000	VIP	
30	해외영업팀	이준혁	월드커머스	4,300,000	VIP	
32	온라인사업팀	윤지후	케어플러스	2,050,000	VIP	
38	해외영업팀	류하진	오버시즈코리	4,600,000	VIP	
42						
43						

부분합

데이터 중간에 요약 정보를 넣어야 할 때가 있습니다. 예를 들어, 팀별 매출액 데이터에서 각 팀 구간마다 평균 매출액을 삽입하는 것처럼 말이죠. 그런데 팀이 한두 개라면 괜찮지만, 여러 개라면 일일이 계산해서 결과를 입력하는 게 번거롭습니다. 이럴 때는 부분합 기능을 사용하세요. 클릭 몇 번만으로 특정 기준에 따라 데이터를 그룹화하고 원하는 값을 순식간에 계산할 수 있습니다. 이번 장에서는 부분합 사용법을 배워보겠습니다.

이번 장에서 배울 내용!

✓ 부분합 사용법

 부분합 실행하기

부분합을 이용해 오른쪽 데이터에서 부서별 매출액 합계를 구해보겠습니다.

	A	B	C	D	E
1	부서명	매출월	매출액		
2	영업1팀	2025년 1월	710,000		
3	영업2팀	2025년 1월	3,253,000		
4	해외영업팀	2025년 1월	2,862,000		
5	법인영업팀	2025년 1월	560,000		
6	영업1팀	2025년 2월	4,370,000		
7	영업2팀	2025년 2월	3,562,000		
8	해외영업팀	2025년 2월	2,528,000		
9	법인영업팀	2025년 2월	2,222,000		
10	영업1팀	2025년 3월	2,235,000		
11					

01 부서명을 기준으로 부분합 기능을 써야 하므로 데이터가 부서명으로 정렬되어 있어야 합니다. 부분합은 데이터의 위에서부터 아래로 값을 읽어 내려가다가 기준 값이 바뀔 때마다 그 사이에 요약 행을 삽입하는 방식으로 작동하기 때문입니다. ❶부서명 열의 아무 셀이나 클릭한 뒤 ❷**데이터** 탭의 **정렬 및 필터** 그룹에서 ❸**오름차순**(↓) 또는 **내림차순**(↓)을 눌러주세요. 책에서는 오름차순으로 정렬했습니다.

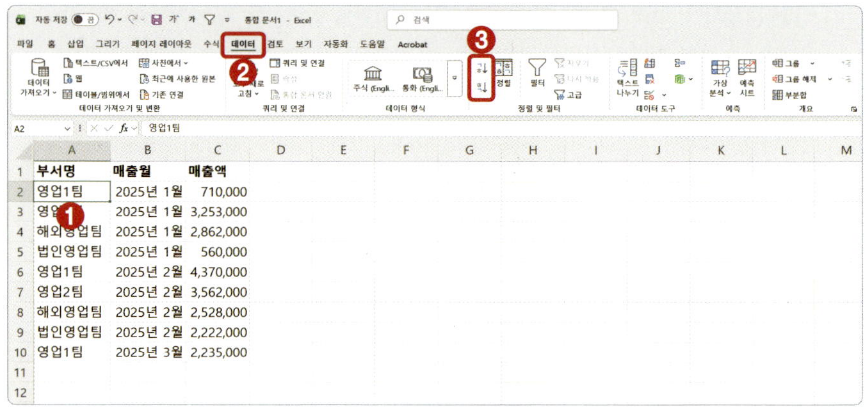

02 데이터가 부서명으로 잘 정렬되었다면, ❶표 안의 아무 셀이나 클릭한 후, ❷**데이터** 탭의 **개요** 그룹으로 이동해 ❸**부분합**을 누릅니다.

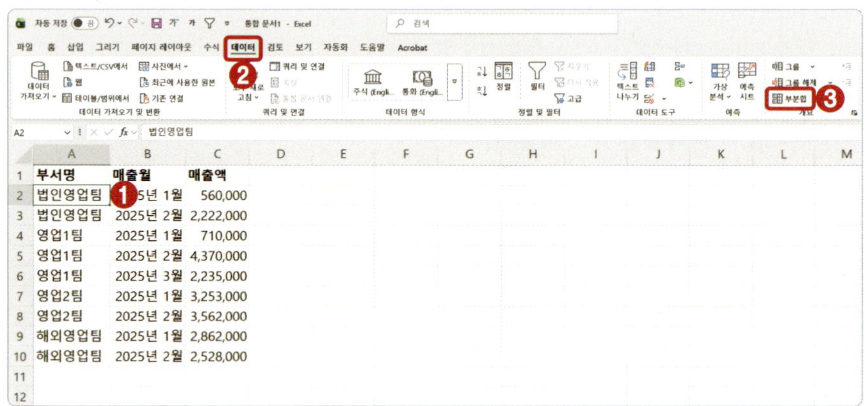

03 **부분합** 창이 나타납니다. ❶**그룹화
할 항목**은 무엇을 기준으로 계산할지 정
하는 옵션입니다. 부서별로 나눠서 볼 것
이므로, 책에서는 '부서명'을 선택했습니
다. ❷**사용할 함수**에서는 합계, 개수, 평
균, 최댓값 등 다양한 함수를 고를 수 있
습니다. 각 팀의 매출액 합계를 구할 것
이므로 '합계'를 선택했습니다. ❸**부분합
계산 항목**은 어떤 값의 합계를 낼 것인지
선택하는 옵션입니다. '매출액'에 체크해
주세요. ❹**새로운 값으로 대치**는 기존에
적용된 부분합이 있을 경우 모두 지우고
새로운 부분합을 만드는 옵션입니다. 처

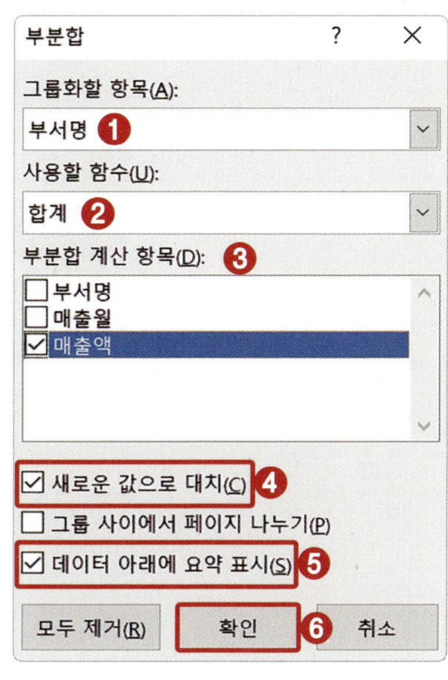

음 실행하는 것이라면 기본값(체크)으로 두세요. ❺**데이터 아래에 요약 표시**에
체크하면 각 그룹(부서)의 데이터 아래쪽에 요약 행이 생기고, 체크를 해제하면
위쪽에 생깁니다. 보통은 아래에 요약을 표시하므로 체크된 상태를 유지합니
다. 설정이 끝났으면 ❻**확인**을 클릭합니다.

04 부서명이 바뀔 때마다
합계 행이 자동으로 삽입되
고, 마지막에는 전체 총합
이 계산됩니다.

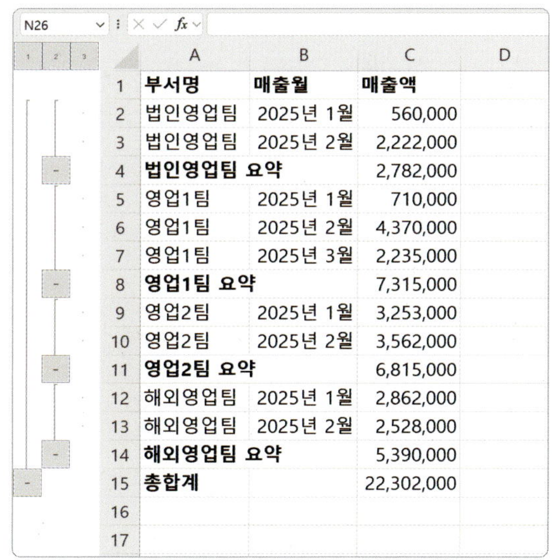

그리고 데이터 왼쪽(또는 위쪽)에 [1], [2], [3]과 같은 숫자 버튼이 생성되었습니다. 이 버튼은 데이터를 요약해서 보거나 펼쳐서 볼 수 있게 도와줍니다. 하나씩 살펴보겠습니다.

[1] 클릭: 총합계만 표시됩니다. 가장 큰 수준의 요약입니다.

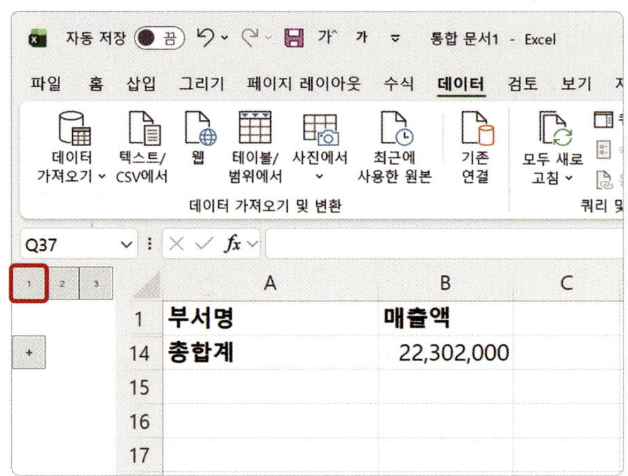

[2] 클릭: 각 그룹의 부분합 요약 내용과 총합계가 표시됩니다. 부서별 실적을 보고할 때 유용합니다.

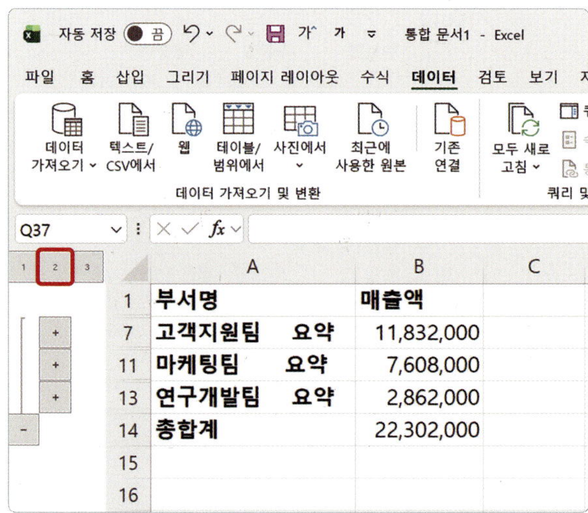

③ 클릭: 원본 데이터를 포함한 모든 내용이 표시됩니다.

❶각 그룹 옆에 있는 빼기(─) 버튼을 눌러 해당 그룹만 개별적으로 접을 수 있고, 다시 더하기(＋) 버튼을 눌러 펼칠 수도 있습니다.

─ 클릭: ❷현재 그룹에 포함된 상세 데이터를 숨기고, 부분합 결과만 보여줍니다. 다시 더하기(＋) 버튼을 눌러 숨겨져 있던 상세 데이터를 펼칠 수 있습니다.

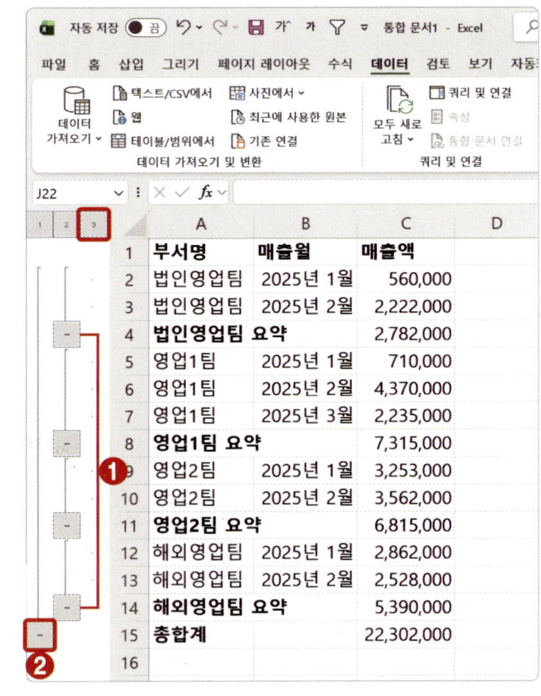

원래의 데이터로 돌아가고 싶다면, **부분합** 창을 연 후, 좌측 하단의 **모두 제거**를 누르세요. 모든 요약 행이 사라지고 처음의 데이터로 돌아갑니다.

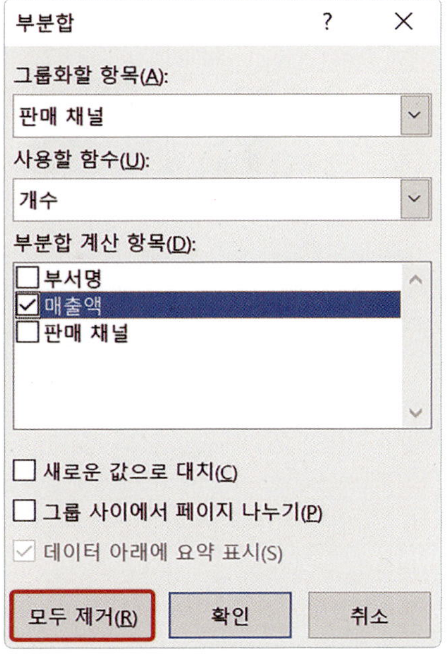

요약된 내용만 복사하기

을 누르면 아래 왼쪽 이미지처럼 요약된 결과가 나타납니다. 그런데 이 내용을 복사해서 다른 워크시트에 붙여넣으면 아래 오른쪽 이미지처럼 숨겨진 데이터까지 모두 표시가 됩니다. 요약된 내용만 복사하려면 어떻게 해야 할까요?

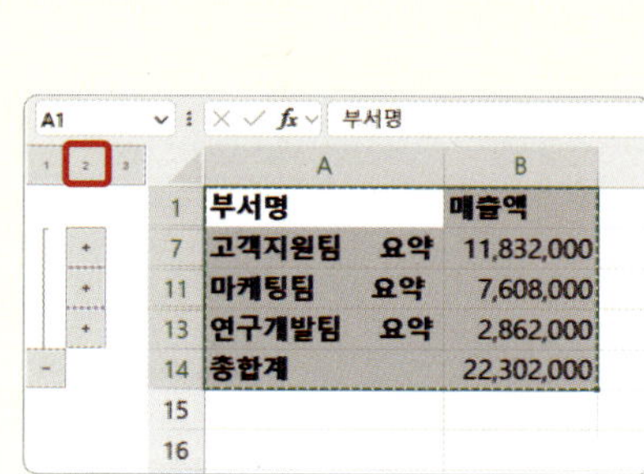

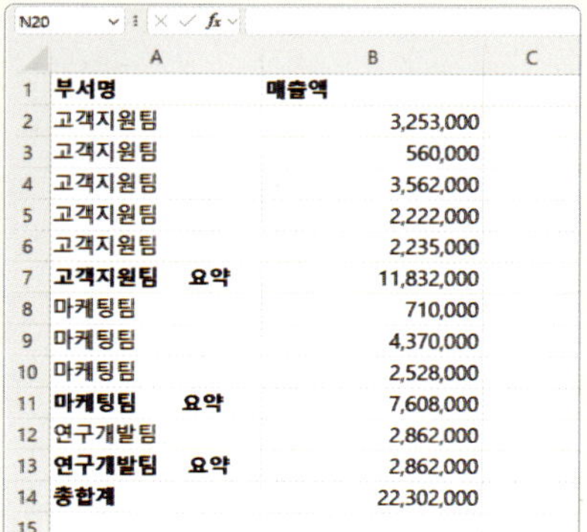

요약된 데이터를 드래그한 뒤, 단축키 Alt + ; (세미콜론)을 누르세요. Alt + ; 은 화면에 보이는 셀만 선택하는 명령어입니다. 그다음, 단축키 Ctrl + C 로 원하는 곳에 붙여넣습니다. 그럼, 요약된 데이터만 깔끔하게 복사할 수 있습니다.

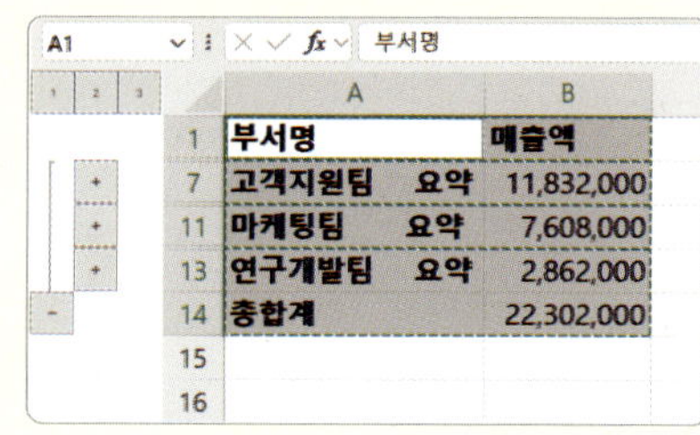

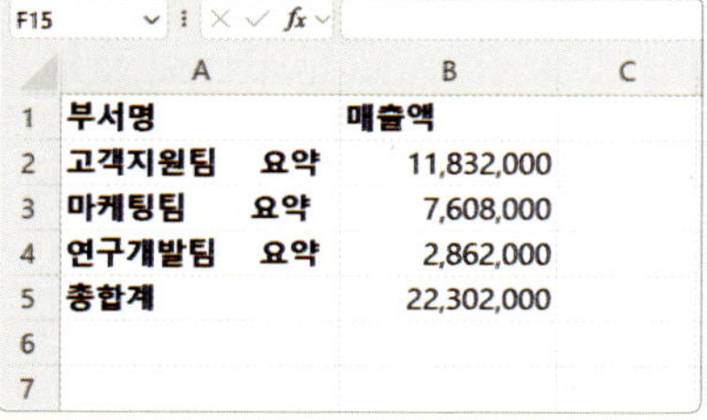

- Alt + ; 키와 Ctrl + C 를 사용해 화면에 보이는 셀만 복사한 후(좌), Ctrl + V 로 붙여넣은 모습(우)

피벗 테이블

피벗 테이블(Pivot Table)은 데이터를 원하는 기준에 맞춰 요약하고, 분석하는 도구입니다. 복잡한 함수 수식을 쓰지 않고도 부서별 매출 합계, 판매 채널별 실적 등을 단 몇 번의 클릭만으로 확인할 수 있죠. 이번 장에서는 데이터 분석의 끝판왕, 피벗 테이블을 배워보겠습니다.

이번 장에서 배울 내용!

✓ 피벗 테이블 만들기
✓ 피벗 테이블 4대 영역(행, 열, 값, 필터) 이해하기
✓ 값 계산 방식 변경하기 (합계, 평균, 개수)
✓ 슬라이서로 동적 보고서 만들기
✓ 원본 데이터 변경 시 새로고침하기

피벗 테이블 생성하기

피벗 테이블을 만들려면, 먼저 데이터가 올바르게 정리되어 있어야 합니다. 아래 세 가지 항목을 체크해보세요.

1. 제목 행의 셀 병합

제목 행의 셀이 병합되어 있으면, 해당 열의 필드명을 인식하지 못해 피벗 테이블 생성 시 오류가 발생합니다.

2. 비어 있는 행이나 열

데이터 중간에 빈 행이나 열이 있으면, 엑셀이 데이터가 끝난 것으로 판단해 나머지 데이터를 범위에서 제외할 수 있습니다.

하나의 열에는 반드시 한 가지 형식(문자면 문자, 숫자면 숫자)의 데이터만 있어야 합니다. 서로 다른 데이터가 섞여 있으면, 합계가 계산되지 않거나 엉뚱한 결과가 나올 수 있습니다.

데이터를 잘 정리하는 것이 피벗 테이블의 첫걸음이라는 사실, 잊지 마세요! 이제 피벗 테이블을 만들어볼까요?

01 ❶원본 데이터 안의 아무 셀이나 하나를 클릭합니다. ❷**삽입** 탭의 **표** 그룹에서 ❸**피벗 테이블**을 선택합니다.

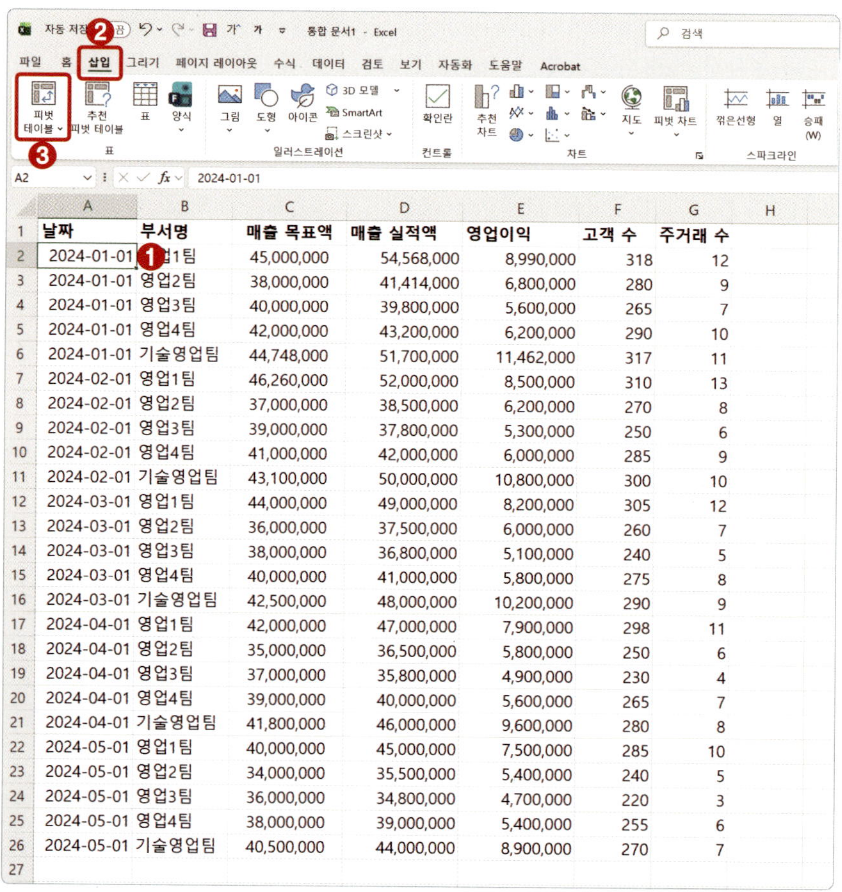

02 표 또는 범위의 피벗 테이블 창이 나타납니다. ❶**테이블 또는 범위 선택**에서는 엑셀이 자동으로 인식한 데이터의 범위가 맞는지 확인합니다. ❷**피벗 테이블을 배치할 위치**에서는 '새 워크시트'를 선택합니다. 피벗 테이블을 새 워크시트에 만들면 원본 데이터와 분석

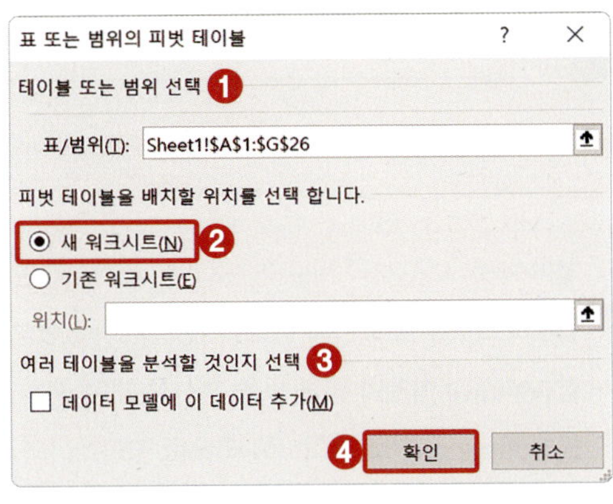

결과물(피벗 테이블)이 분리되어 실수로 원본 데이터를 덮어쓰거나 훼손하는 일을 방지할 수 있습니다. ❸**여러 테이블을 분석할 것인지 선택**은 하나의 워크시트 안에 있는 데이터를 분석할 때는 체크하지 않습니다. 완료되었다면 ❹**확인**을 눌러주세요.

03 새로운 워크시트가 열렸습니다. 왼쪽에는 ❶**보고서를 작성하려면… 필드를 선택하세요**라는 안내 문구가, 오른쪽에는 ❷**피벗 테이블 필드**라는 작업창이 나타납니다. ❸원본 데이터의 각 제목(필드)을 ❹하단 4개 영역(필터, 열, 행, 값)으로 드래그해 옮기면 보고서가 뚝딱 만들어집니다.

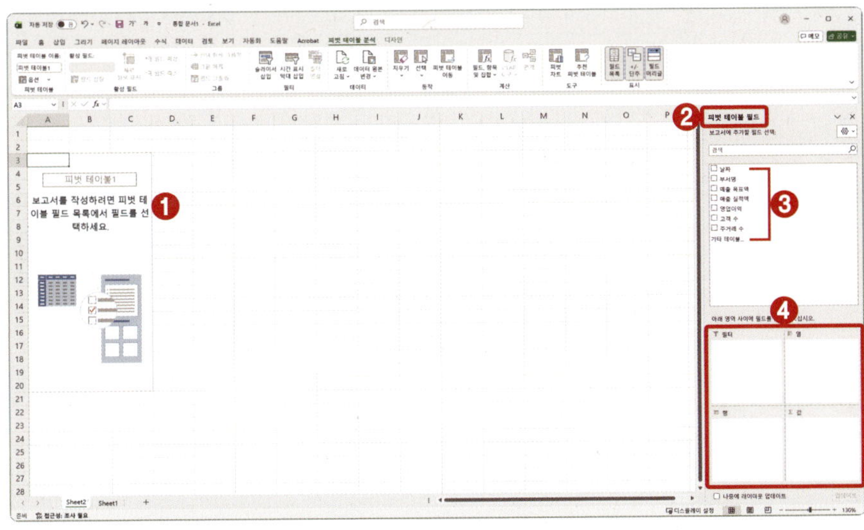

피벗 테이블로 보고서 만들기

피벗 테이블 필드 하단에 있는 4개 영역의 역할은 다음과 같습니다.

- **행(Rows):** 보고서의 세로축(왼쪽)에 나열할 기준입니다.
- **열(Columns):** 보고서의 가로축(위쪽)에 나열할 기준입니다.
- **값(Values):** 합계나 평균 등을 계산할 데이터입니다.
- **필터(Filters):** 전체 데이터에 적용할 필터입니다.

이제 피벗 테이블을 활용해 부서별, 판매 채널별 매출액 합계를 구해볼까요?

01 부서명 필드를 드래그해 행 영역에 놓습니다.

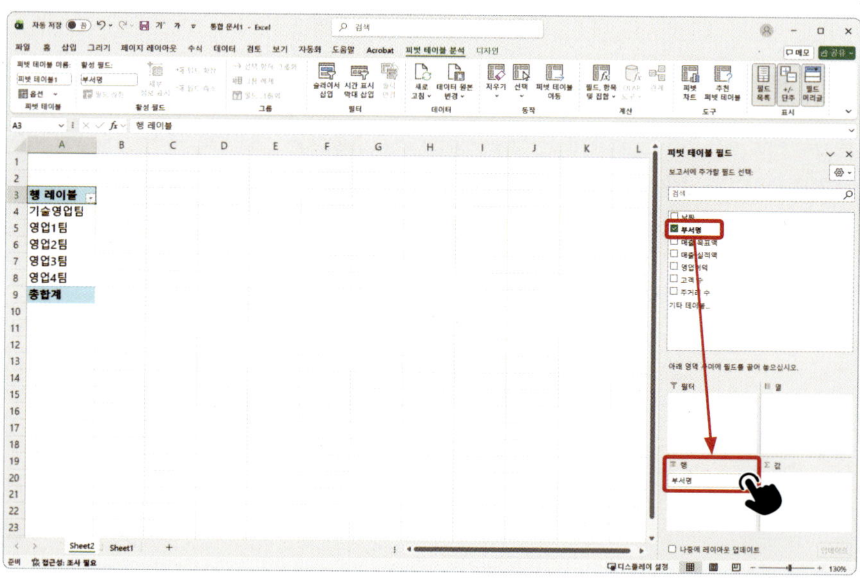

02 판매 채널 필드를 드래그해 열 영역에 놓습니다.

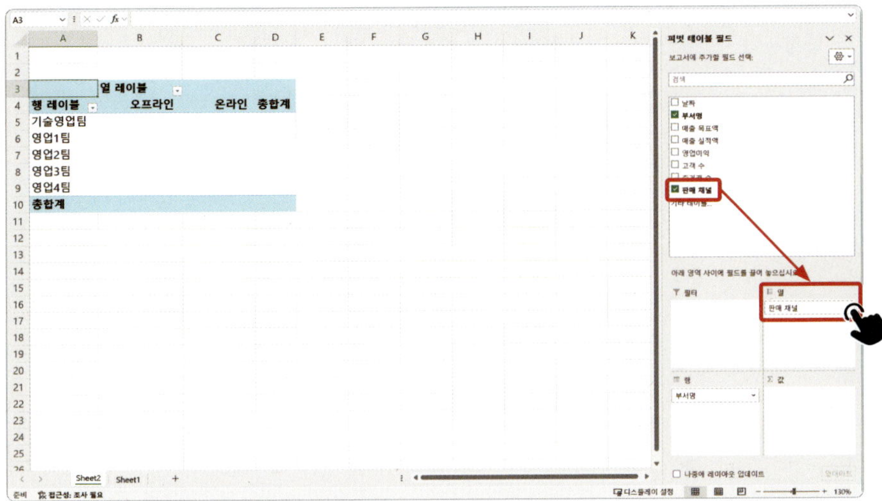

03 매출 실적액 필드를 드래그해 값 영역에 놓습니다.

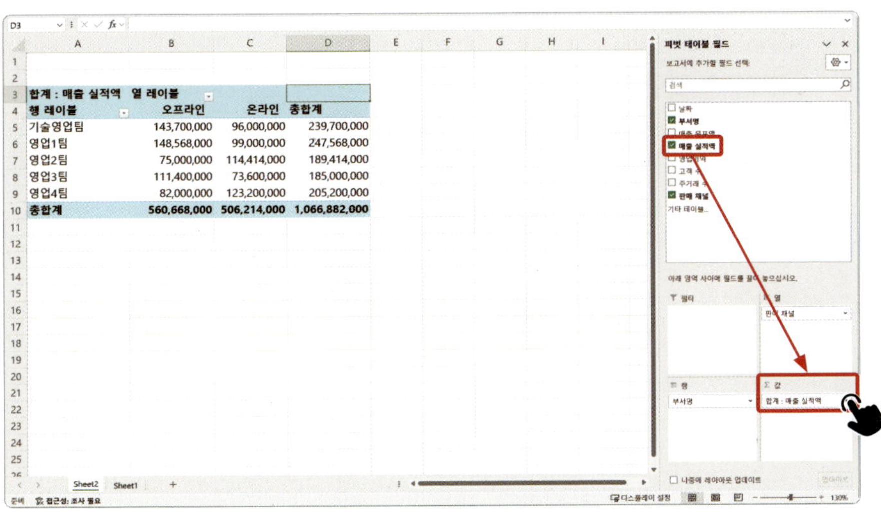

단 세 번의 드래그만으로 복잡했던 데이터가 한눈에 보기 좋은 보고서로 완성되었습니다.

민 과장의 실무 꿀팁!   **피벗 테이블의 숨은 기능! 값 필드 설정법**

합계가 아닌, 개수를 구하고 싶다면 어떻게 해야 할까요?

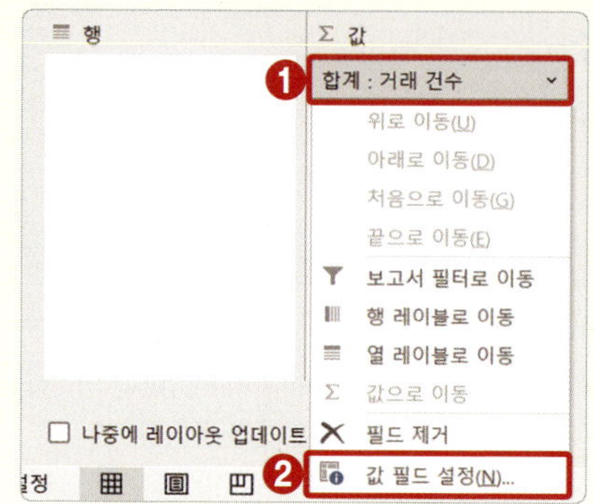

❶값 영역에 넣은 필드를 클릭한 후, 드롭 다운 메뉴가 나타나면 ❷**값 필드 설정**을 누릅니다.

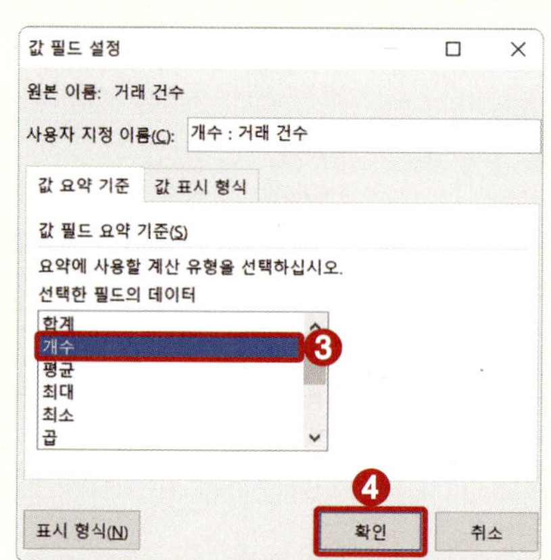

합계 외에도 개수, 평균, 최댓값 등의 옵션이 있습니다. ❸**개수**를 선택합니다. ❹완료되었다면 **확인**을 눌러주세요.

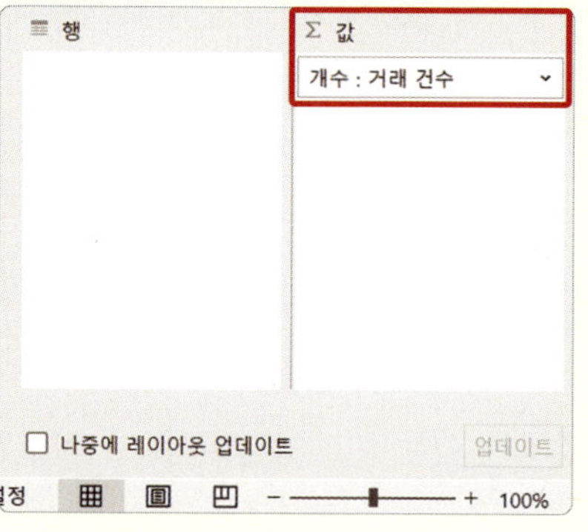

피벗 테이블의 값 영역이 개수로 바뀌면서 개수가 계산됩니다.

슬라이서 활용하기

슬라이서(Slicer)는 클릭 한 번으로 피벗 테이블의 데이터를 필터링해주는 시각적 도구입니다. 이해를 돕기 위해 피벗 차트를 만들고, 슬라이서 기능을 직접 사용해보겠습니다.

01 ❶피벗 테이블 안의 아무 셀이나 클릭한 후, ❷**삽입** 탭의 **차트** 그룹에서 ❸**피벗 차트**를 누릅니다.

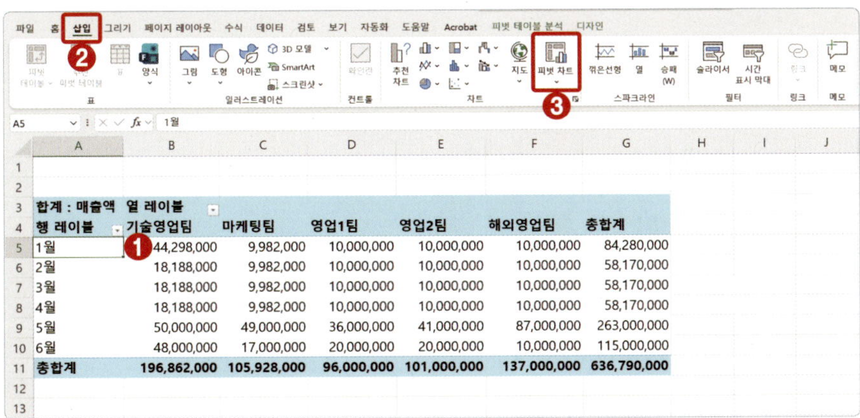

02 차트 삽입 창이 열리면 ❶원하는 차트 종류를 선택합니다. 책에서는 묶은 세로 막대형 차트를 선택했습니다. ❷완료되었다면 **확인**을 눌러주세요.

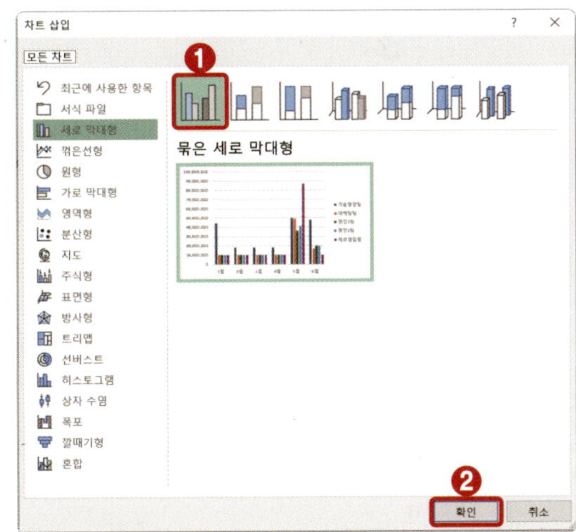

 피벗 테이블의 데이터와 연동되는 피벗 차트가 생성되었습니다.

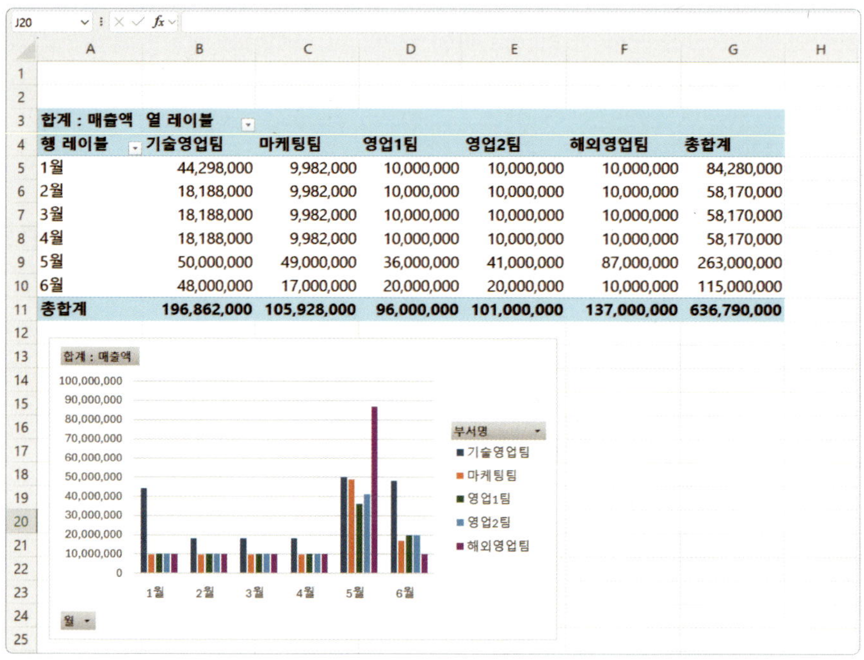

피벗 차트에서는 원하는 데이터만 골라서 볼 수 있습니다. 예를 들어, 차트에서 기술영업팀의 데이터만 보고 싶다면 ❶ 차트 필터 버튼에서 부서명을 클릭한 후, ❷ 기술영업팀 네모박스에만 체크하면 됩니다.

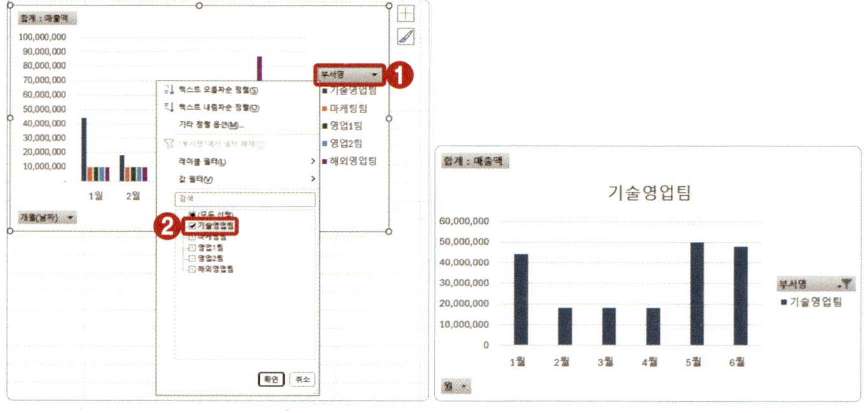

슬라이서를 활용하면 이러한 과정을 좀 더 간소화할 수 있습니다.

01 ❶피벗 테이블 안의 아무 셀이나 클릭한 후, ❷**피벗 테이블 분석** 탭의 **필터** 그룹에서 ❸**슬라이서 삽입**을 클릭하세요.

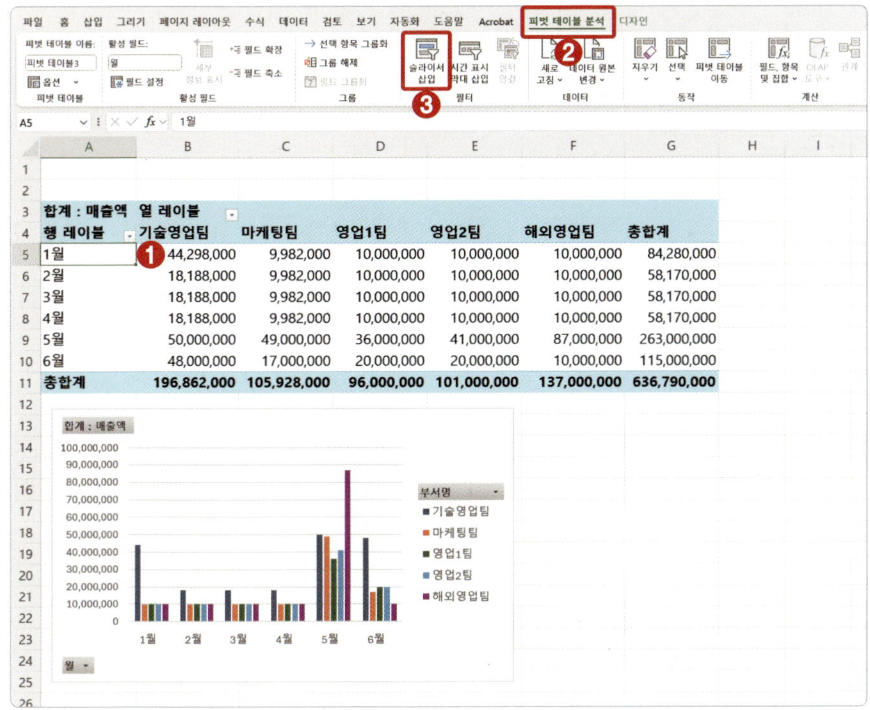

02 슬라이서 삽입 창이 나타나면, ❶필터 버튼으로 만들고 싶은 항목(예: 부서명)에 체크합니다. 책에서는 부서명을 선택했습니다. 완료되었다면 ❷**확인**을 누르세요.

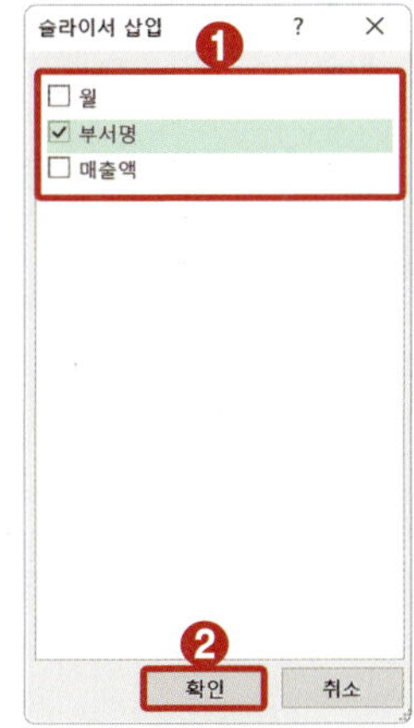

 화면에 부서명 슬라이서(버튼 모음)가 나타납니다.

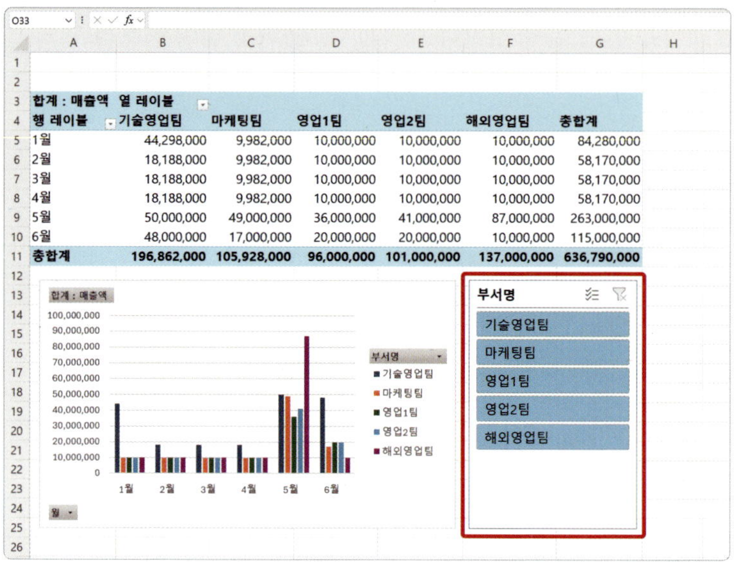

슬라이서에서 마케팅팀 버튼을 클릭해보세요. 피벗 테이블과 피벗 차트가 즉시
마케팅팀 데이터만 필터링해서 보여줍니다.

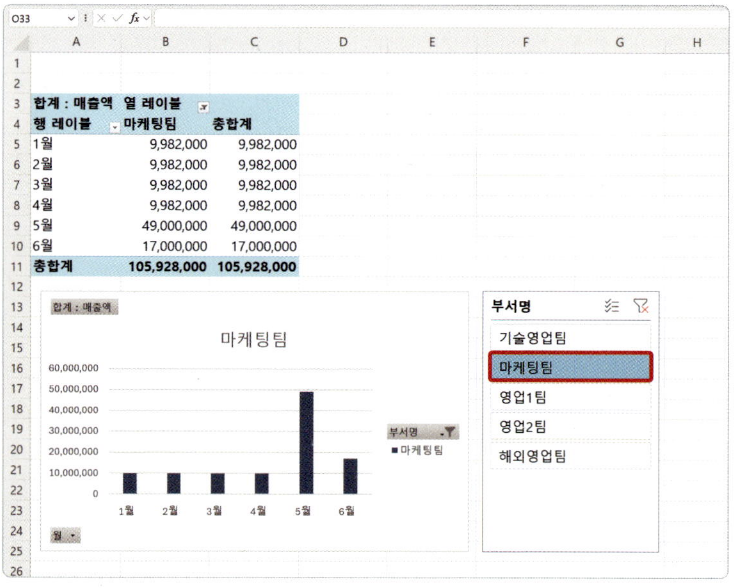

Ctrl 키를 누른 채 영업1팀을 추가로 클릭하면 마케팅팀과 영업1팀을 동시에 볼 수 있습니다.

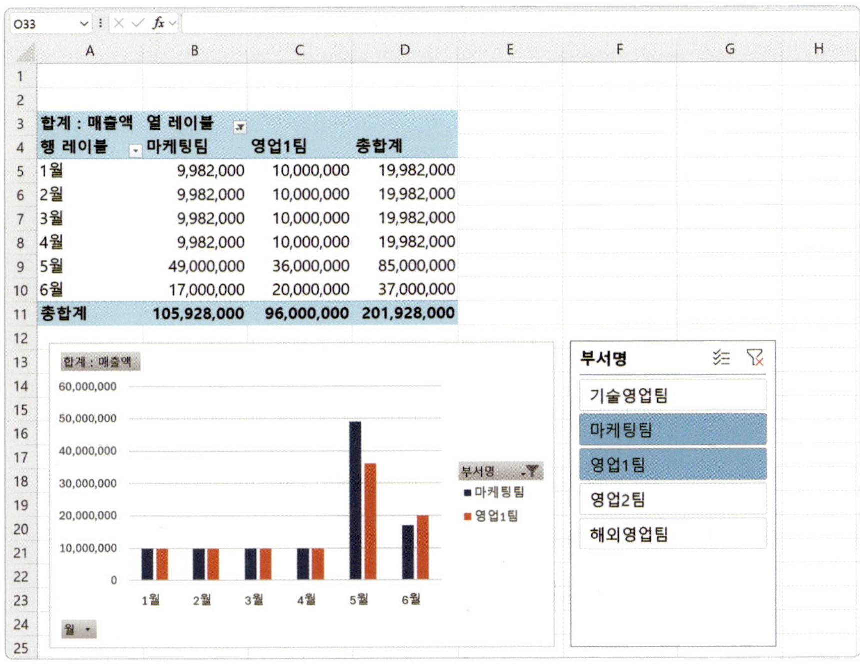

슬라이서 오른쪽 상단의 **필터 해제**를 클릭하면 필터링이 해제되어, 전체 데이터를 다시 볼 수 있습니다.

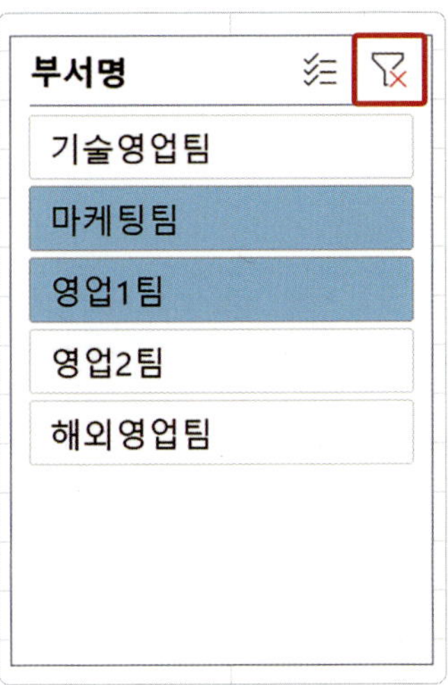

원본 데이터가 바뀌었다면 반드시 새로고침하세요!

원본 데이터가 바뀌어도 피벗 테이블은 바뀌지 않습니다. 바뀐 내용을 피벗 테이블에 반영하려면, ❶피벗 테이블을 클릭한 후 마우스 오른쪽 버튼을 눌러 **새로고침**하거나, ❷**데이터** 탭에서 **모두 새로고침**을 클릭하세요.

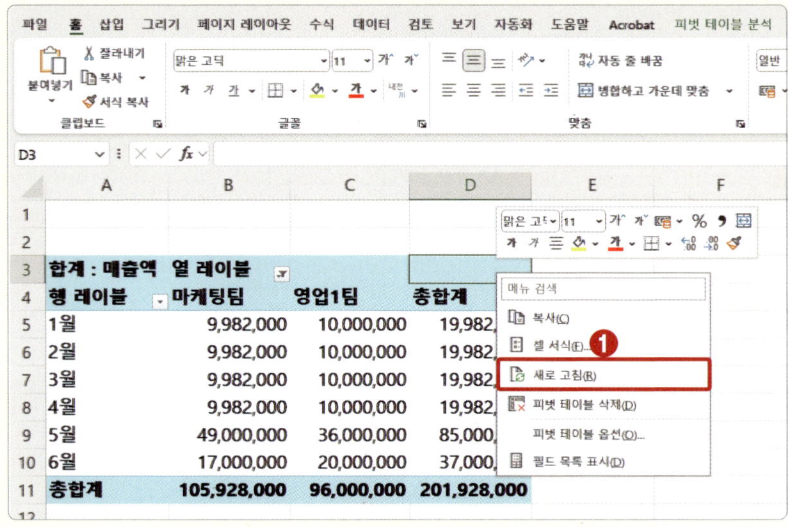

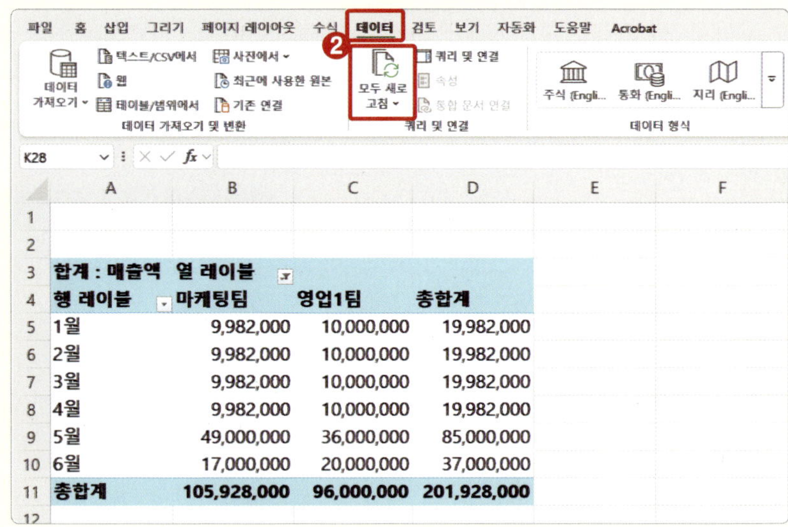

01 피벗 테이블 날짜 데이터, 월별/분기별로 묶는 법

실무에서 다루는 원본 데이터는 대부분 2024-01-05, 2024-01-08처럼 일별 (Daily)로 기록되어 있습니다. 하지만 보고서에서는 일별 실적보다는 월별 성과 나 분기별 추이를 보여줘야 하는 경우가 더 많습니다. 이럴 때는 피벗 테이블의 날짜 그룹화 기능을 사용하세요. 일별 데이터를 월별, 분기별로 깔끔하게 요약 할 수 있습니다. 방법은 다음과 같습니다.

01 ❶날짜 셀 중 하나를 클릭한 후, 마우스 오른쪽 버튼을 눌러 ❷그룹을 선 택합니다.

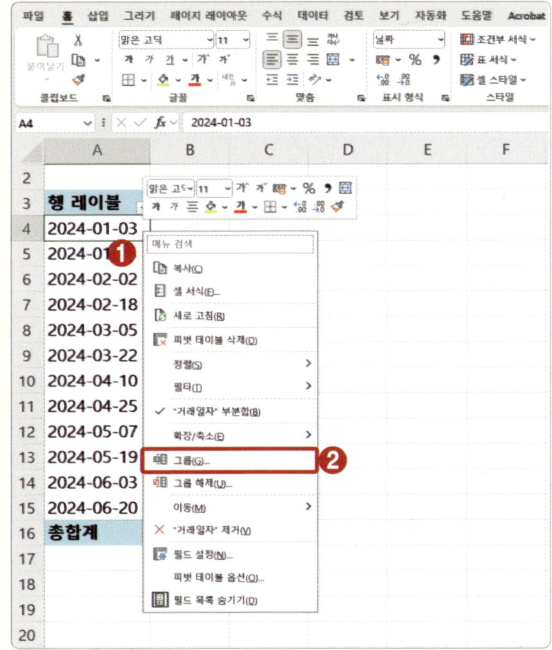

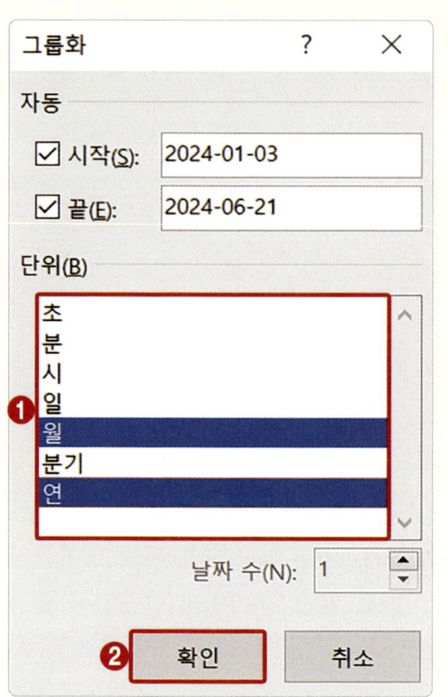

02 **그룹화** 창이 나타나면 ❶**단위** 목록에서 '월'과 '연'을 모두 선택합니다. 완료되었다면 ❷**확인**을 눌러주세요.

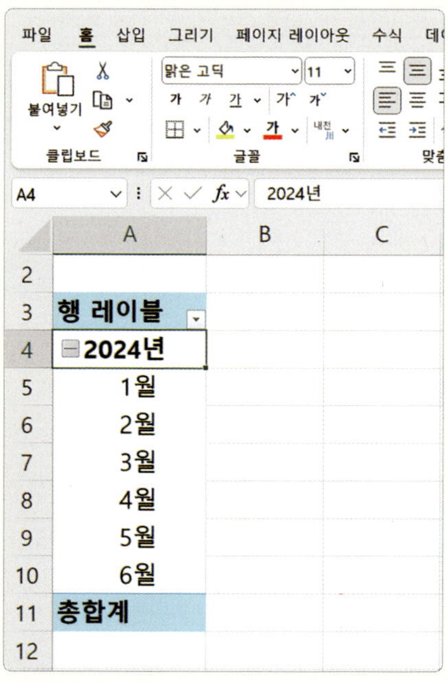

03 일별 데이터가 연도 및 월별로 정리되었습니다.

일별 데이터를 다시 보고 싶다면, ❶날짜 셀 중 하나를 클릭한 뒤, 마우스 오른쪽 버튼을 눌러 ❷그룹 해제를 선택하세요.

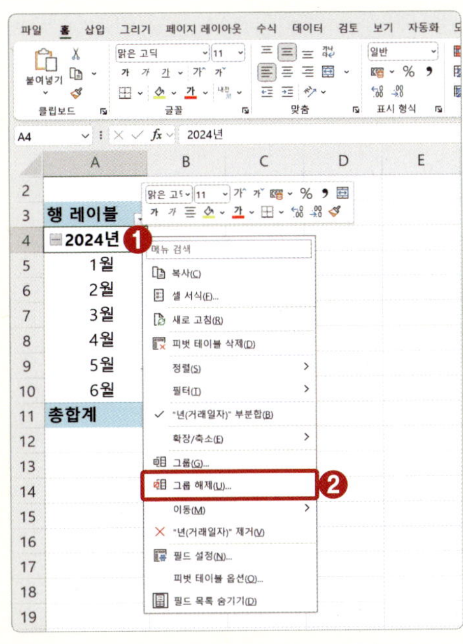

02 보고서 레이아웃을 테이블 형식으로 바꾸기

피벗 테이블은 기본적으로 압축 형식이라 항목들이 한 열에 표시됩니다. 그런데 오른쪽 그림에서 볼 수 있듯이, 부서명과 담당자명이 한 열에 섞여 있으면 데이터를 재가공하거나 다른 문서에서 표로 활용하기가 매우 불편합니다.

레이아웃을 테이블 형식으로 바꾸면 이러한 문제를 해결할 수 있습니다.

01 ❶피벗 테이블 안의 아무 셀이나 클릭한 후, ❷상단의 **디자인** 탭을 누릅니다.

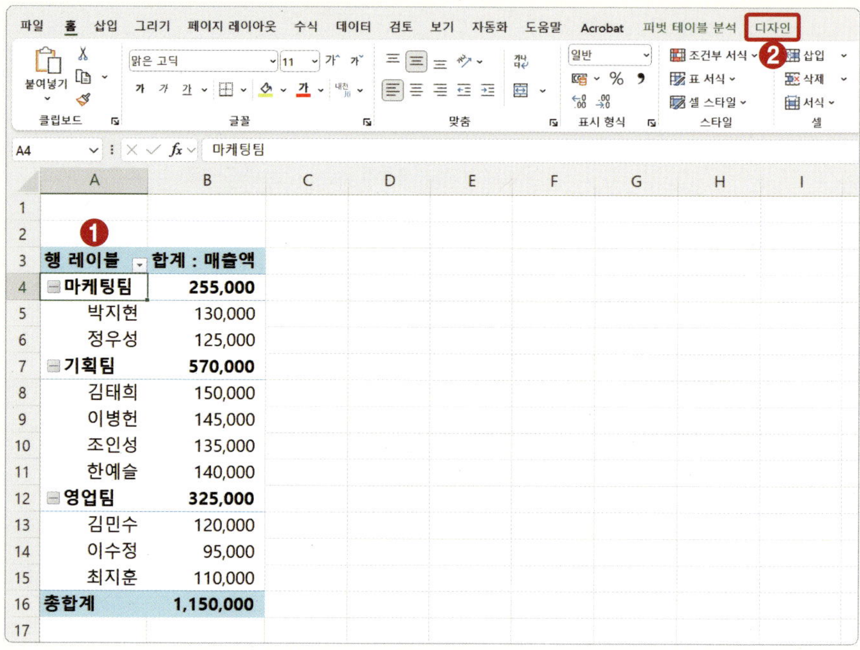

02 레이아웃 그룹의 **보고서 레이아웃**을 클릭합니다.

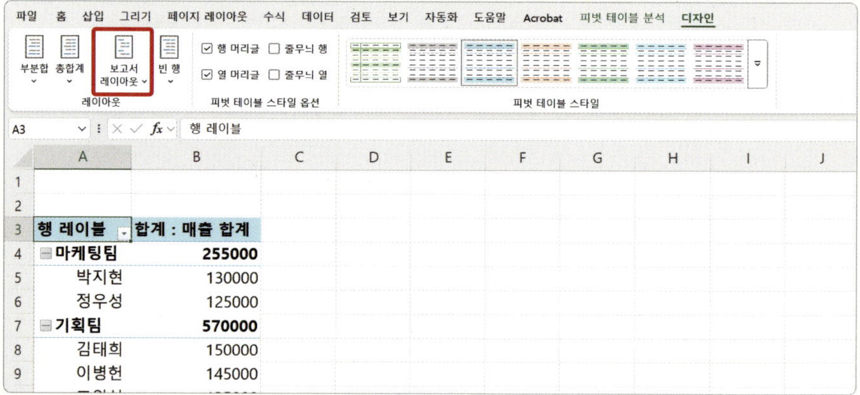

03 드롭다운 메뉴에서 **테이블 형식으로 표시**를 선택합니다.

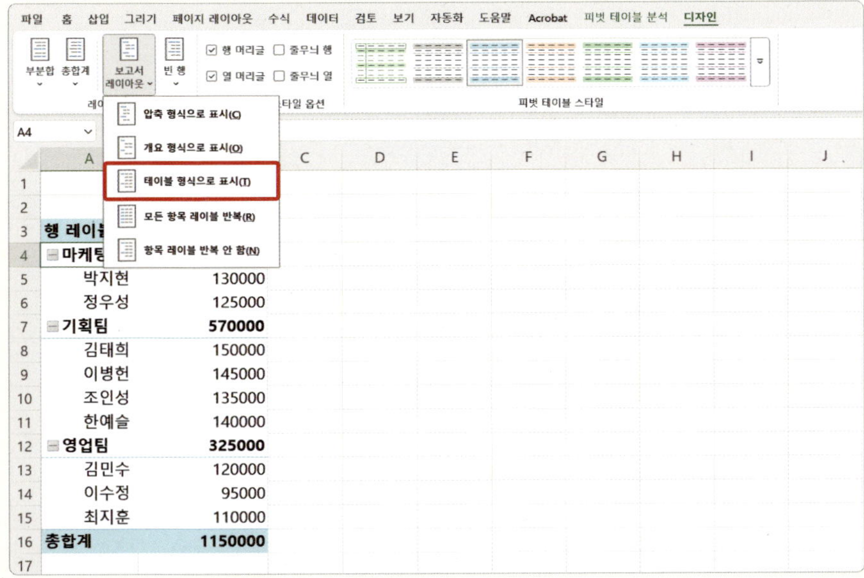

04 부서명과 담당자명이 각각의 열로 분리되었습니다.

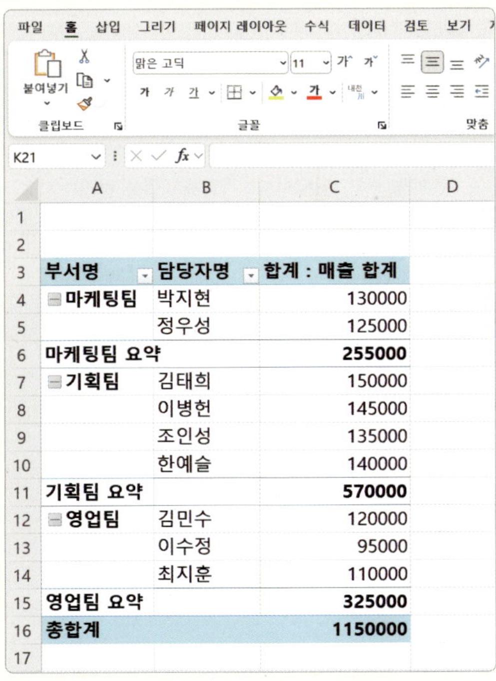

이것만으로도 보고서의 가독성이 올라가지만, 부서명이 각 항목의 첫 번째 셀에만 기재되어 있어서 정렬이나 복사 작업을 할 때는 여전히 불편합니다.

01 ❶**보고서 레이아웃**을 다시 한번 클릭한 후, ❷드롭다운 메뉴에서 **모든 항목 레이블 반복**을 선택합니다.

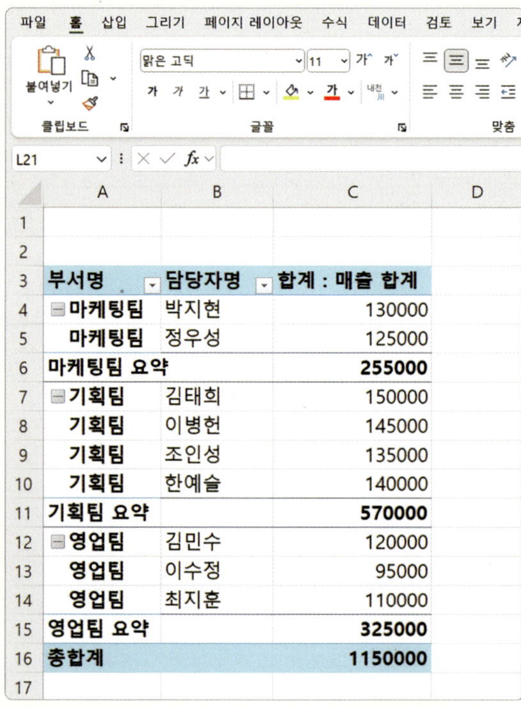

02 나머지 셀에도 부서명이 입력되었습니다. 실무에서 자주 쓰는 기능이니 꼭 기억해두세요!

원본 데이터 없이 계산 필드 삽입하기

원본 데이터에 없는 내용을 피벗 테이블에 추가하려면 어떻게 해야 할까요? 예를 들어, 매출액과 목표 매출액만 있는 상황에서 달성율을 추가해야 하는 경우죠. 이럴 때는 계산 필드 기능을 사용하세요. 원본에 없는 항목도 피벗 테이블에서 직접 계산해서 넣을 수 있습니다. 방법은 다음과 같습니다.

01 ❶피벗 테이블 안의 아무 셀이나 클릭한 후, ❷상단의 **피벗 테이블 분석** 탭을 누릅니다.

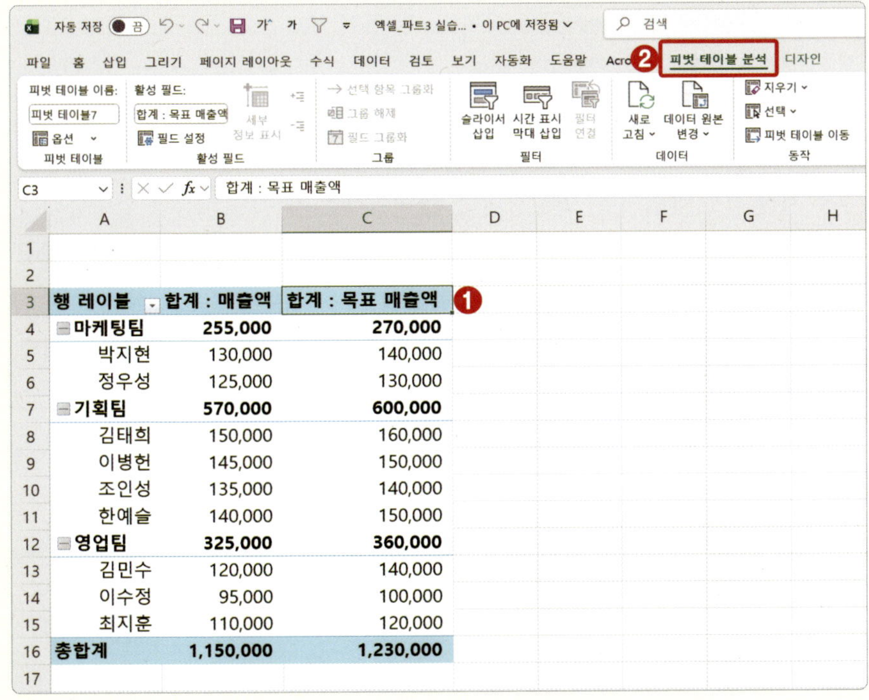

02 ❶**계산** 그룹의 **필드, 항목 및 집합**을 클릭합니다. 드롭다운 메뉴가 나타나면 ❷**계산 필드**를 선택합니다.

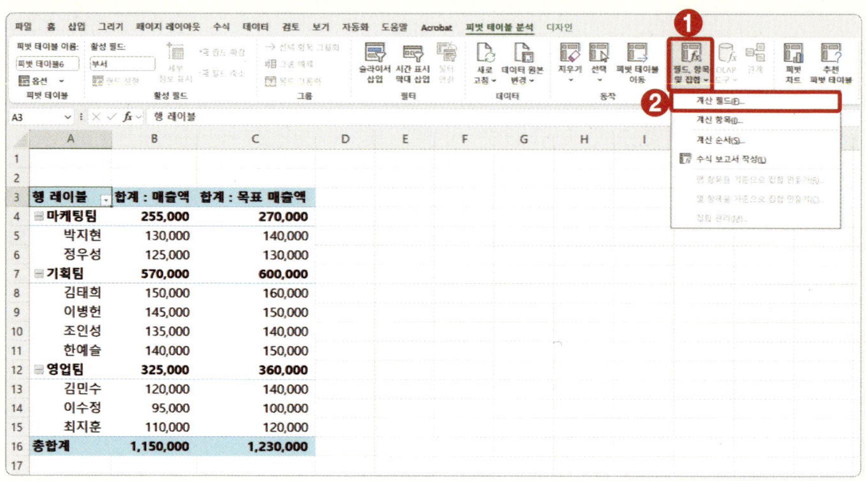

03 **계산 필드 삽입** 창이 열렸습니다. ❶**이름**에는 새 필드 이름을 입력합니다. 책에서는 달성률이라고 적었습니다. ❷**수식** 입력란에 =0이라고 적힌 부분을 지운 후, =매출액/목표 매출액이라고 입력합니다. =, / 와 같은 수식만 적고 필드(매출액, 목표 매출액)는 아래의 **필드** 목록에서 더블클릭해 넣을 수도 있습니다. 완료되었다면 ❸**확인**을 눌러주세요.

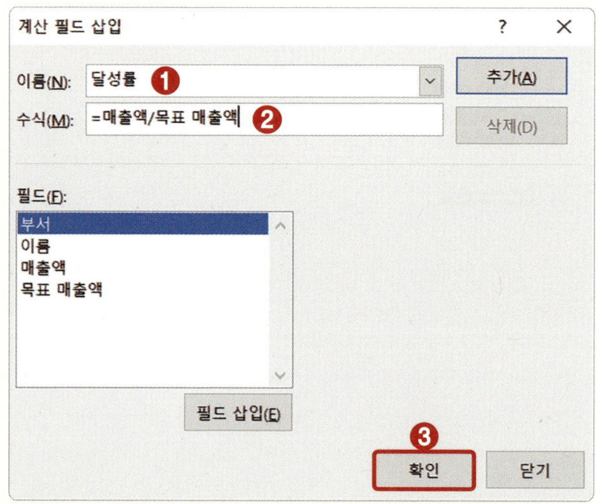

04 피벗 테이블에 '달성률'이라는 새 항목이 생기고, 값 영역에도 추가되었습니다.

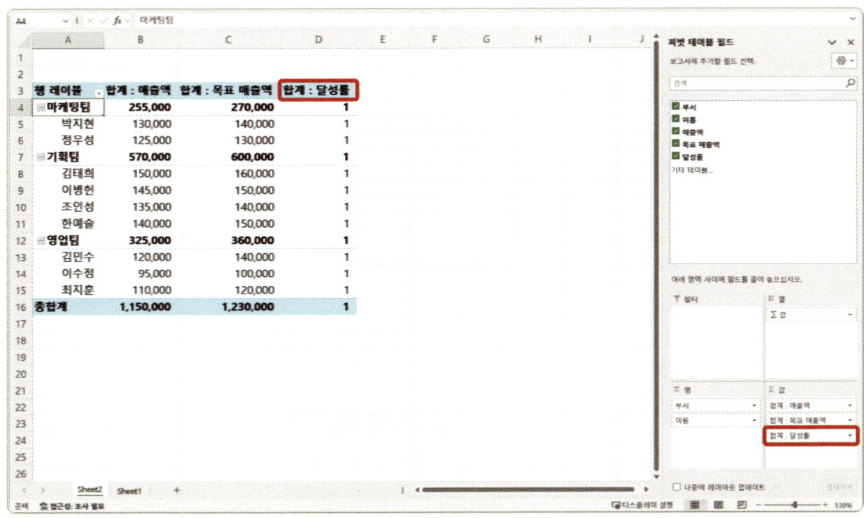

05 그런데 달성률이 모두 1로 표시되어 있습니다. 값이 소수점이라서 엑셀이 자동으로 반올림을 했기 때문인데요. 보기 편하도록 소수점 둘째 자리까지만 표시해보겠습니다. ❶셀을 드래그한 후, ❷**홈** 탭의 **표시 형식** 그룹에서 ❸**자릿 수 늘림**(⬚)을 두 번 눌러주세요.

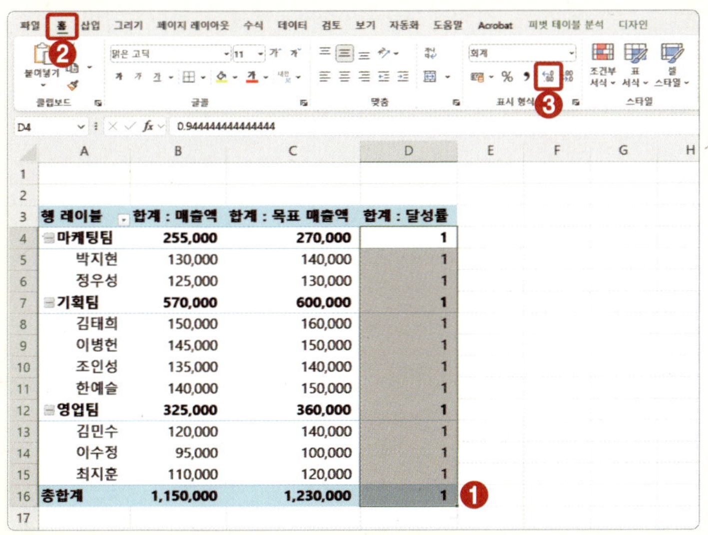

06 달성률이 소수점 둘째자리까지 표시되었습니다. 백분율 형식으로 바꿔주면 더 좋겠죠? ❶셀을 드래그한 후, ❷**홈** 탭의 **표시 형식** 그룹에서 ❸**백분율 스타일**(%)을 클릭합니다.

행 레이블	합계 : 매출액	합계 : 목표 매출액	합계 : 달성률
⊟마케팅팀	255,000	270,000	0.94
박지현	130,000	140,000	0.93
정우성	125,000	130,000	0.96
⊟기획팀	570,000	600,000	0.95
김태희	150,000	160,000	0.94
이병헌	145,000	150,000	0.97
조인성	135,000	140,000	0.96
한예슬	140,000	150,000	0.93
⊟영업팀	325,000	360,000	0.90
김민수	120,000	140,000	0.86
이수정	95,000	100,000	0.95
최지훈	110,000	120,000	0.92
총합계	1,150,000	1,230,000	0.93

07 달성률에 백분율 형식이 적용되었습니다.

행 레이블	합계 : 매출액	합계 : 목표 매출액	합계 : 달성률
⊟마케팅팀	255,000	270,000	94%
박지현	130,000	140,000	93%
정우성	125,000	130,000	96%
⊟기획팀	570,000	600,000	95%
김태희	150,000	160,000	94%
이병헌	145,000	150,000	97%
조인성	135,000	140,000	96%
한예슬	140,000	150,000	93%
⊟영업팀	325,000	360,000	90%
김민수	120,000	140,000	86%
이수정	95,000	100,000	95%
최지훈	110,000	120,000	92%
총합계	1,150,000	1,230,000	93%

PART 04

엑셀 실력을 키우는 실전 과제

데이터 분석 보고서

데이터 취합

실무에서는 여러 파일에 흩어져 있는 데이터를 하나의 파일로 취합해야 하는 일이 많습니다. 2022년 배당 내역, 2023년 배당 내역, 2024년 배당 내역 파일에 있는 데이터를 하나의 파일로 합쳐보겠습니다. 아래 QR코드(링크)에 접속해, 데이터 파일을 다운로드해주세요.

https://m.site.naver.com/1Yxzx

이번 장에서 사용할 기능!

✓ VLOOKUP
✓ XLOOKUP
✓ 서식 변경
✓ 서식 복사
✓ 자동 채우기
✓ 열 너비 자동 조정
✓ 선택 영역의 가운데로

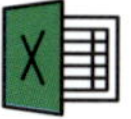 데이터 파악하기

각 파일에는 종목코드와 종목명 그리고 회사가 지급한 배당금, 배당수익률, 배당성향 정보가 나와 있습니다. 즉, 특정 기업이 2022년, 2023년, 2024년에 각각 배당금으로 얼마를 지급했고, 배당수익률은 몇 %이며, 지급된 배당금은 순이익의 몇 %인지가 정리된 표입니다.

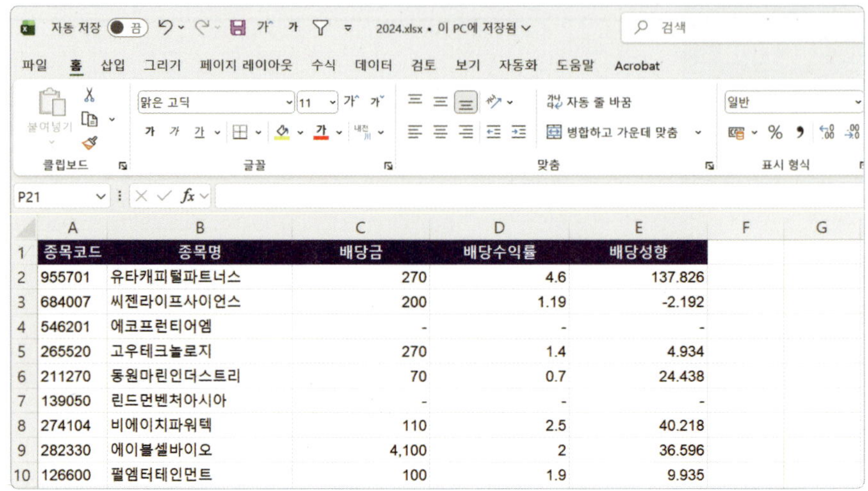

연도별로 흩어져 있는 데이터를 한눈에 볼 수 있도록 아래처럼 하나의 파일로 합쳐보겠습니다.

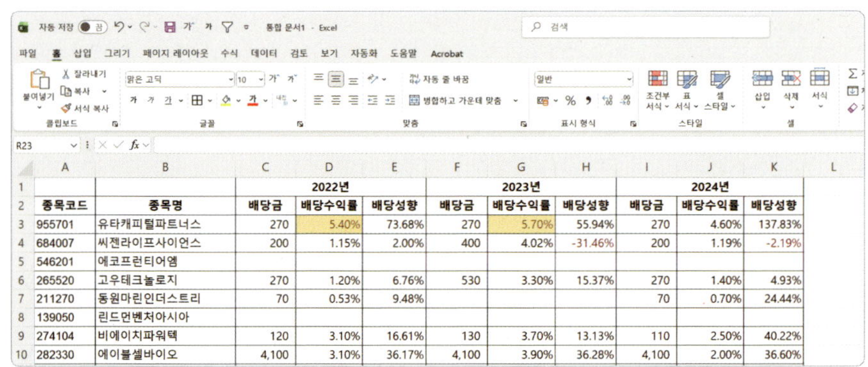

 **새로운 엑셀 파일에 데이터 취합하기**

먼저, 데이터를 취합할 기본 틀을 만듭니다.

01 새 통합 문서를 열고, 워크시트의 A1 셀부터 차례로 종목코드, 종목명, 배당금, 배당수익률, 배당성향을 적어줍니다.

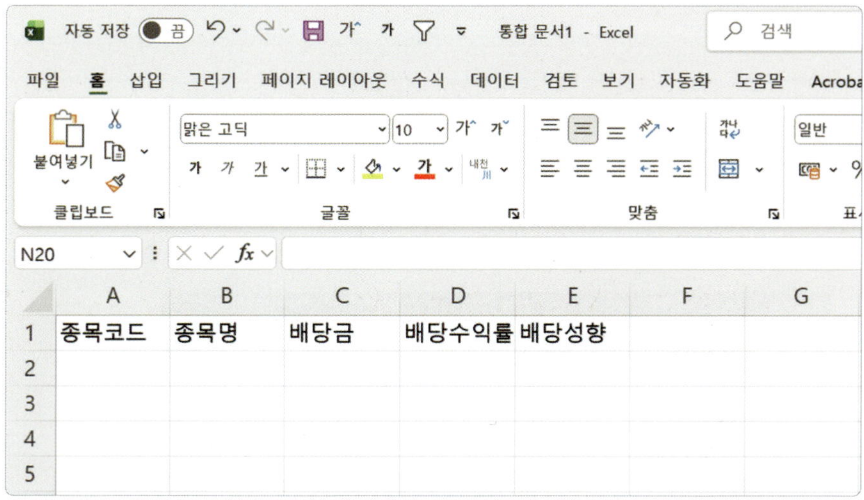

02 가장 최신 정보가 담긴 2024년 파일을 여세요. 여기서 종목코드와 종목명 데이터를 가져와 새 워크시트에 붙여넣겠습니다.

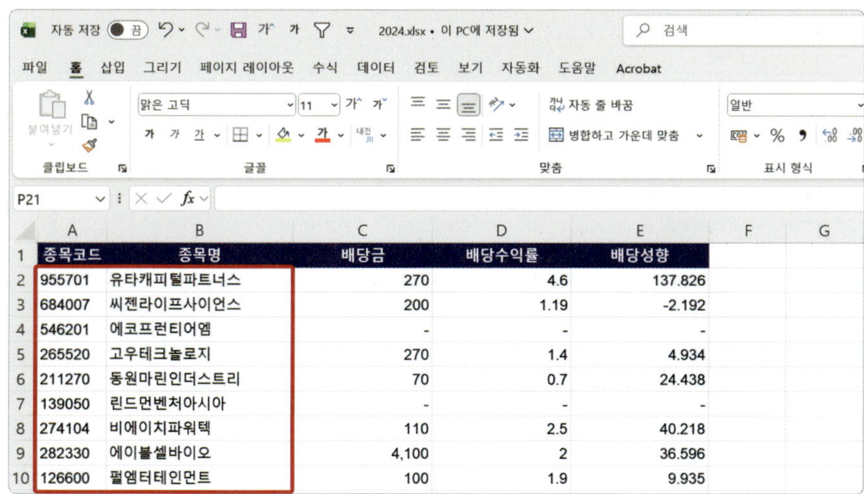

데이터가 많으면 마우스 스크롤로 범위를 선택하기가 어렵습니다. 이럴 때는 단축키를 쓰세요. A2셀과 B2셀을 드래그한 뒤, 단축키 Ctrl + Shift + ↓ (아래 방향키)를 누릅니다.

	A	B	C	D	E
1	종목코드	종목명	배당금	배당수익률	배당성향
2	955701	유타캐피털파트너스	270	4.6	137.826
3	684007	씨젠라이프사이언스	200	1.19	-2.192
4	546201	에코프런티어엠	-	-	-
5	265520	고우테크놀로지	270	1.4	4.934
6	211270	동원마린인더스트리	70	0.7	24.438
7	139050	린드먼벤처아시아	-	-	-
8	274104	비에이치파워텍	110	2.5	40.218

표의 마지막 행까지 한 번에 선택됩니다. Ctrl + C 로 복사해주세요.

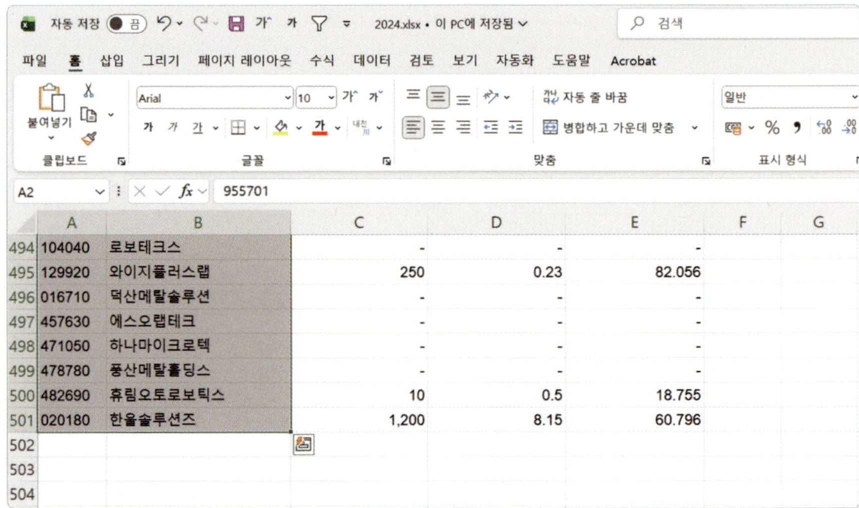

	A	B	C	D	E
494	104040	로보테크스	-	-	-
495	129920	와이지플러스랩	250	0.23	82.056
496	016710	덕산메탈솔루션	-	-	-
497	457630	에스오랩테크	-	-	-
498	471050	하나마이크로텍	-	-	-
499	478780	풍산메탈홀딩스	-	-	-
500	482690	휴림오토로보틱스	10	0.5	18.755
501	020180	한울솔루션즈	1,200	8.15	60.796
502					
503					
504					

새 워크시트의 A2셀에 [Ctrl]+[V]로 붙여넣으세요. 그런데 종목명이 열 너비보다 길어서 배당금 열을 침범했네요. 열 너비를 조정해보겠습니다.

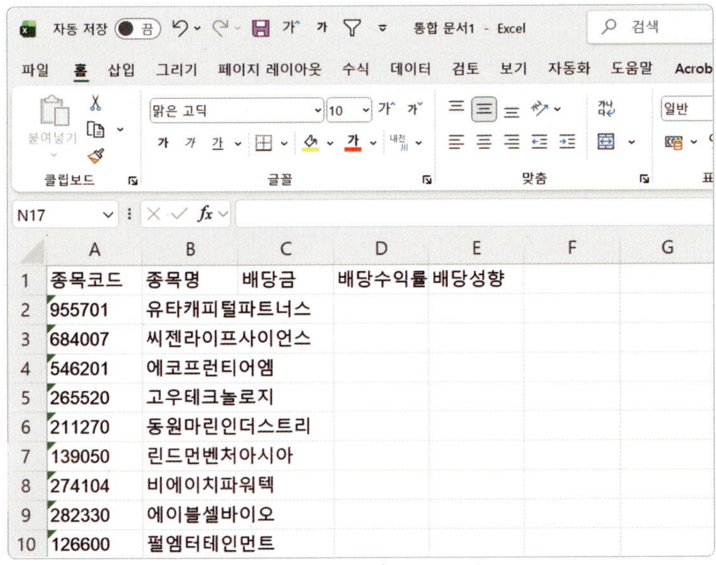

B열과 C열의 열 머리글 경계선에 마우스 커서를 가져다 댄 후, 커서가 화살표 모양으로 바뀌면 더블클릭하세요.

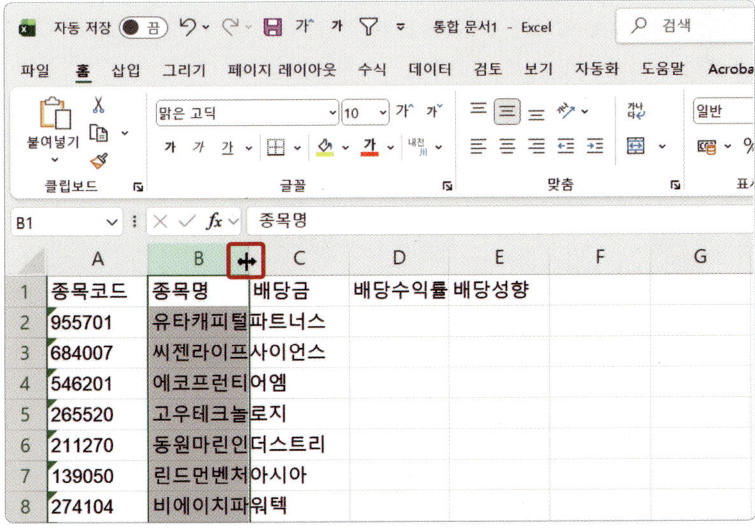

열 너비가 데이터 길이에 맞춰 자동으로 조정되었습니다.

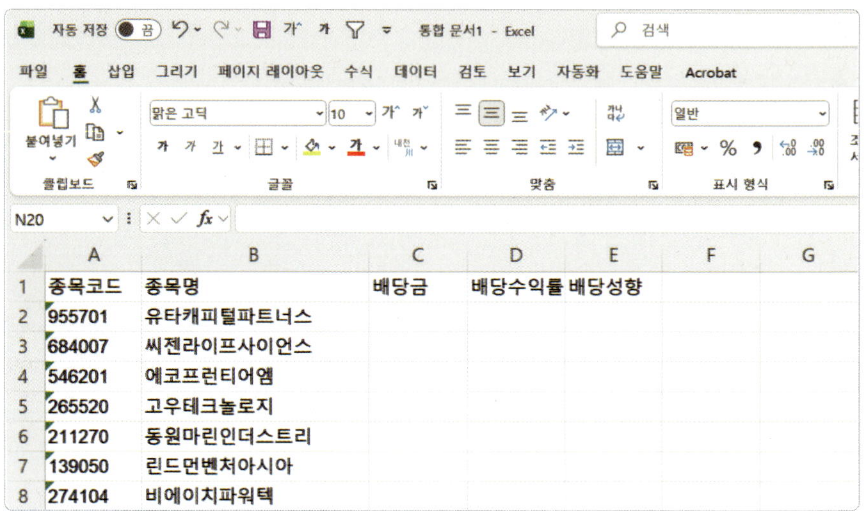

03 ❶종목코드 셀 왼쪽 상단에 초록색 삼각형이 보입니다. 해당 셀을 클릭하면 ❷셀 오른쪽에 경고 아이콘이 뜹니다. 이는 엑셀이 "숫자처럼 보이지만 텍스트로 저장된 값일 수 있다"라고 알려주는 표시입니다. 만약 텍스트 형식이라면 합계나 정렬 등의 기능이 제대로 작동하지 않을 수 있기 때문이죠. 그러나 책에서는 종목코드를 계산에 활용하지 않고, 종목을 구분하는 식별용으로 사용할 것이므로, 굳이 숫자 형식으로 변환할 필요가 없습니다. 따라서 이 오류를 무시해도 괜찮습니다. 방법은 다음과 같습니다.

A2셀을 클릭하고 단축키 Ctrl + Shift + ↓ 를 눌러 전체 데이터를 선택합니다.

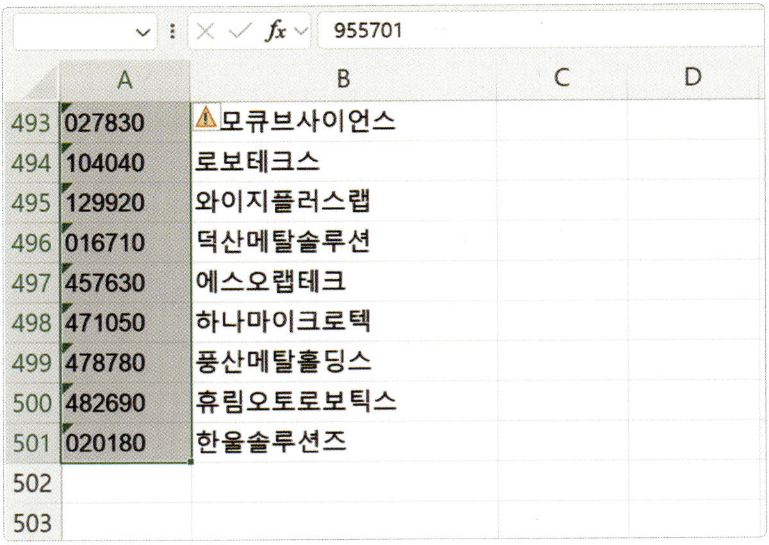

❶셀 오른쪽 상단의 **경고** 아이콘을 클릭한 후, ❷드롭다운 메뉴가 열리면 **오류 무시**를 눌러주세요.

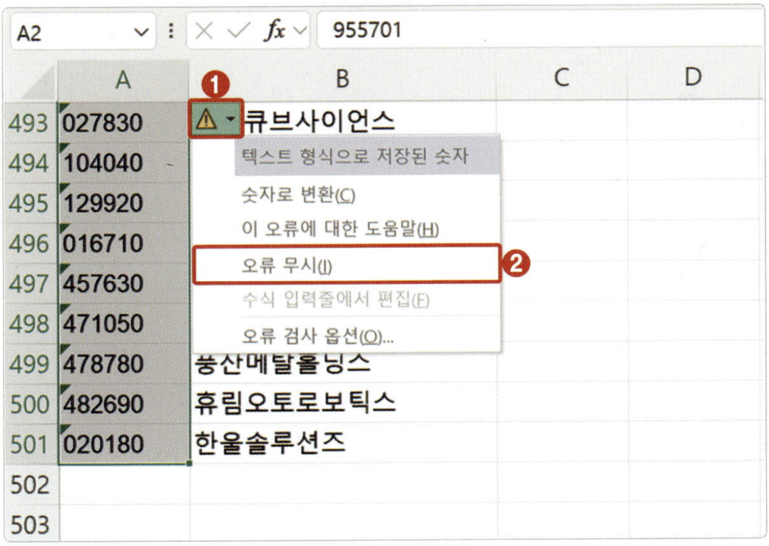

종목코드의 오류 표시가 사라진 것을 확인한 후, 단축키 Ctrl + Home 을 눌러 상단으로 올라옵니다.

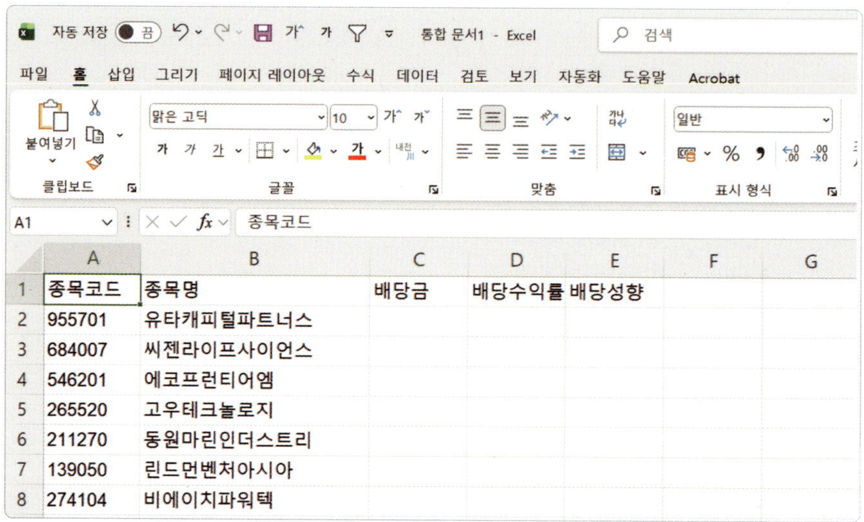

04 2022년도, 2023년도, 2024년도 데이터를 취합해야 하므로 맨 윗행에 연도를 적어줍니다. ❶1행의 행 머리글을 클릭한 후, ❷마우스 오른쪽 버튼을 눌러 **삽입**을 선택합니다.

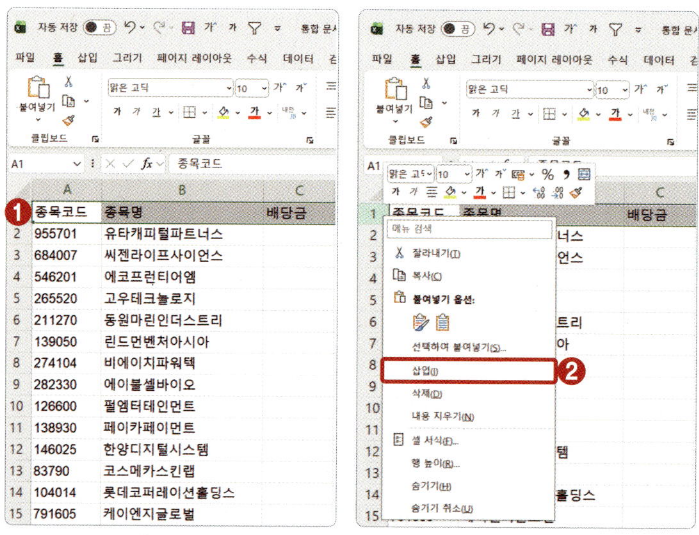

05 새로운 행이 삽입되면 C1 셀에 2022년이라고 적어줍니다.

표의 가독성을 높이기 위해 연도를 가운데 정렬합니다. 이때 병합하고 가운데 맞춤 기능을 사용할 수도 있지만 데이터를 정렬하거나, 필터링하거나, 함수를 사용하려고 할 때 오류를 일으킬 수 있으므로 선택 영역의 가운데로 기능을 사용하겠습니다.

C1~E1 셀을 드래그합니다.

단축키 Ctrl + 1 을 눌러 **셀 서식** 창을 열어주세요. ❶**맞춤** 탭의 **가로** 항목에서 ❷**선택 영역의 가운데로**를 선택한 후, ❸**확인**을 누릅니다.

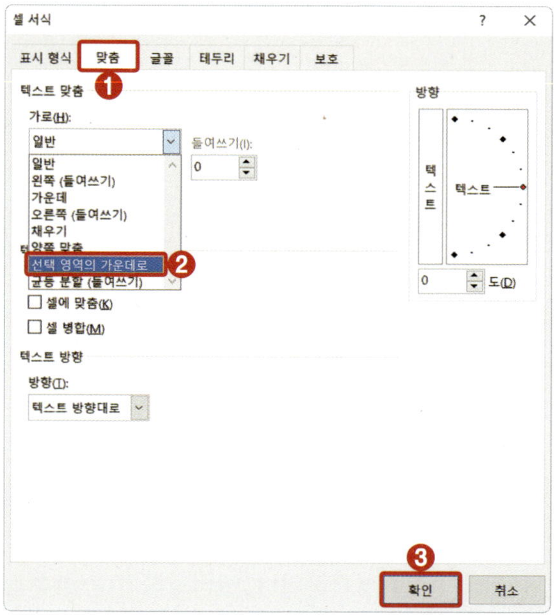

지정한 범위의 정중앙으로 텍스트가 이동했습니다.

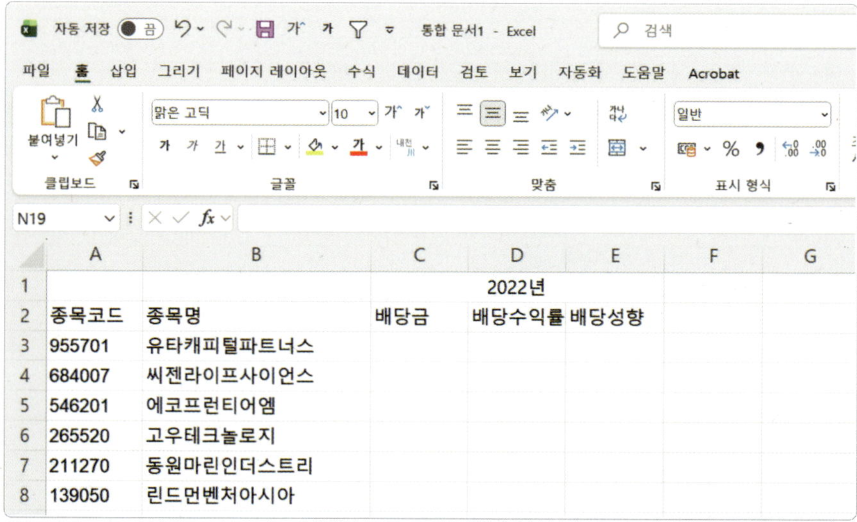

06 2023년과 2024년도 같은 방식으로 표를 만들어보겠습니다. C, D, E열의 열 머리글을 드래그해 선택한 후, E열의 채우기 핸들을 K열까지 드래그합니다.

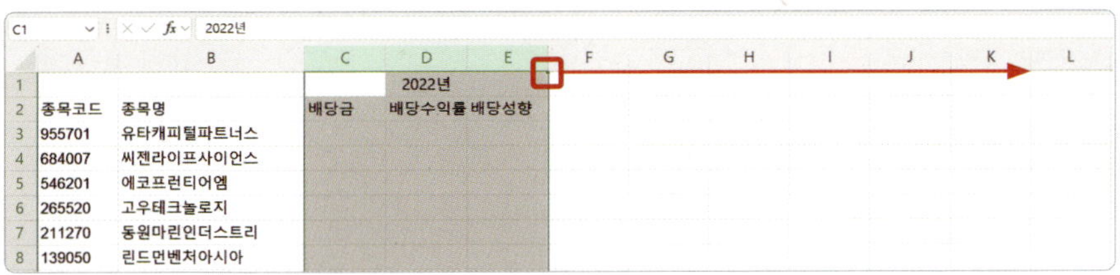

2023년과 2024년의 배당금, 배당수익률, 배당성향 열이 자동으로 생성되었습니다.

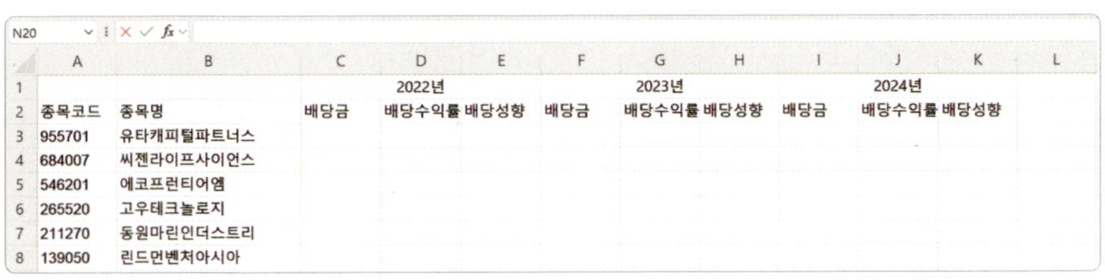

배당수익률 셀이 꽉 차 보이므로 D, G, J열의 열 너비를 한 번에 넓혀주겠습니다. 먼저, D열의 열 머리글을 클릭합니다.

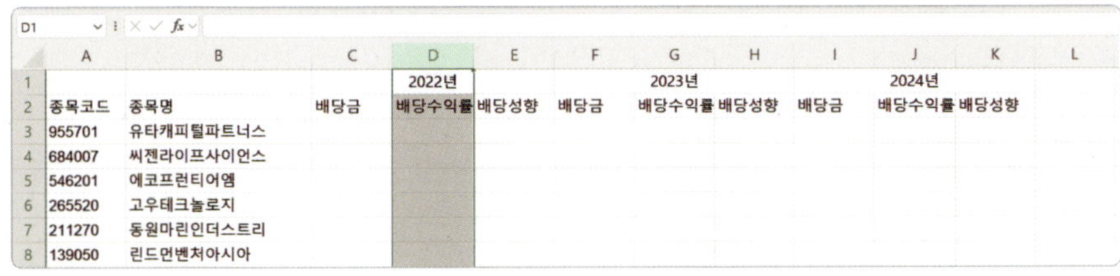

Ctrl 키를 누른 채로 G, J열의 열 머리글을 차례대로 클릭합니다.

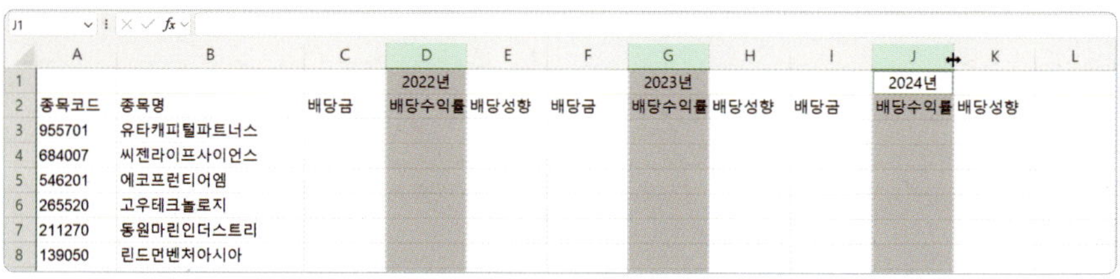

J열과 K열의 열 머리글 경계선에 마우스를 가져다 댄 후, 커서가 화살표 모양으로 바뀌면 더블클릭합니다.

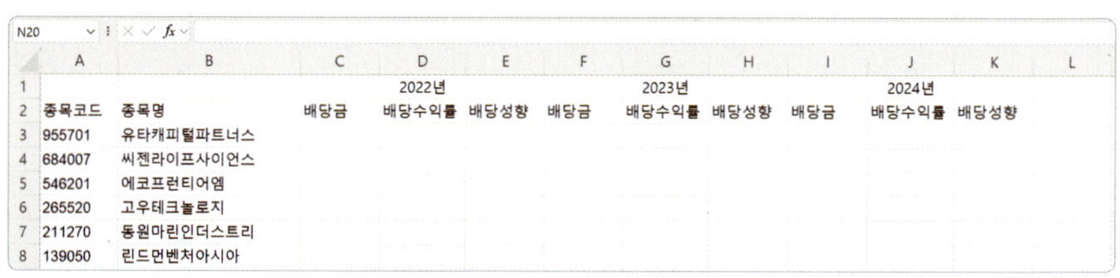

열 너비가 데이터 길이에 맞춰 자동으로 조정되었습니다.

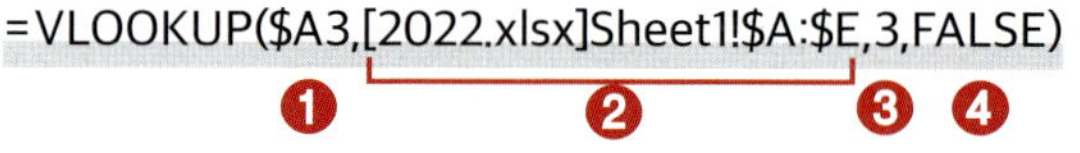

이제 VLOOKUP 함수를 사용해 각 파일에서 필요한 데이터를 한 번에 불러와 보겠습니다. 2022년 파일을 열어주세요.

01 2022년의 배당금 데이터를 불러오는 수식은 아래와 같습니다.

$$=VLOOKUP(\$A3,[2022.xlsx]Sheet1!\$A:\$E,3,FALSE)$$

❶   ❷   ❸ ❹

수식을 해석하면 이렇습니다.

❷ 검색할 데이터의 범위는 [2022.xlsx] 파일 Sheet1의 A열부터 E열까지야.

❶ 첫 번째 열에서 A3셀 값(종목코드)을 찾아줘.

❸ 찾았으면 그 행에서 세 번째 열인 C열에 위치한 값을 가져와(열 번호 3).

❹ 정확히 일치하는 값만 찾도록 해(검색 옵션 FALSE).

이제 수식을 입력해보겠습니다.

C3셀에 =VL 까지 입력하면 하단에 자동 완성 목록이 나타납니다. 목록에서 VLOOKUP을 선택하세요.

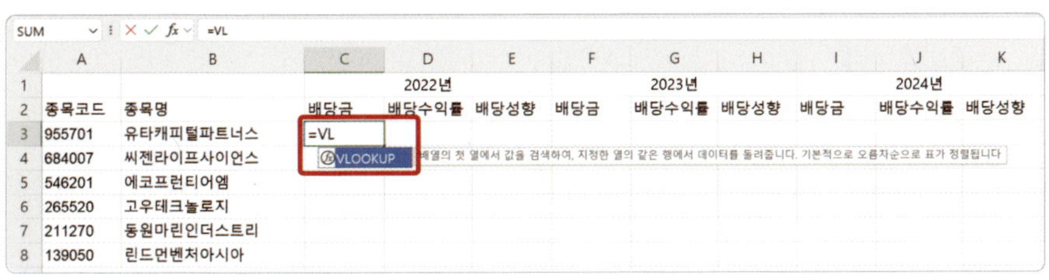

괄호 안의 인수는 직접 타이핑할 필요 없이 해당 셀이나 범위를 마우스로 클릭하거나 드래그해 입력하면 됩니다. 인수를 넣어볼까요?

❶현재 워크시트의 A3셀을 클릭한 후, F4 키를 세 번 눌러 $A3으로 고정해주세요. 자동 채우기 시 A열이 고정된 채 A3, A4, A5 이렇게 행 번호만 바뀝니다.

❷완료되었다면 콤마를 입력합니다.

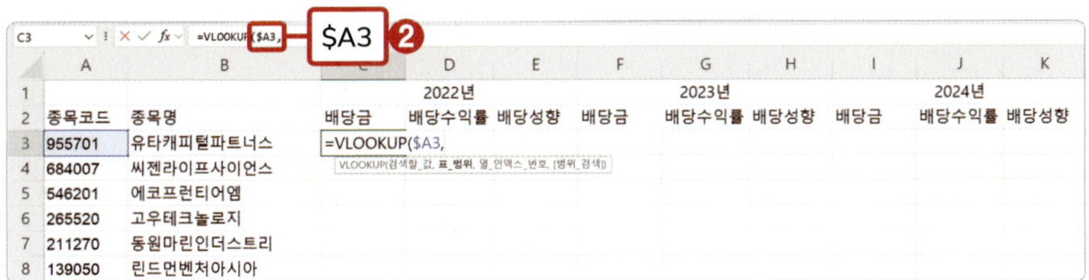

❶ 2022년도 파일에서 A열부터 E열까지 열 머리글을 드래그해 범위를 지정한 후, ❷ 콤마를 입력합니다. 만약 파일 연동이 되지 않을 경우, 241쪽 민 과장의 실무 꿀팁을 참고해주세요.

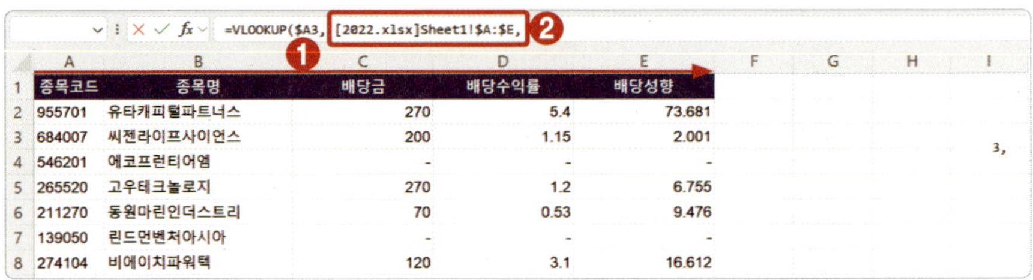

2022년도 파일의 세 번째 열인 C열의 배당금 데이터를 가져와야 하므로 열 번호 3을 적은 후, 콤마를 입력합니다.

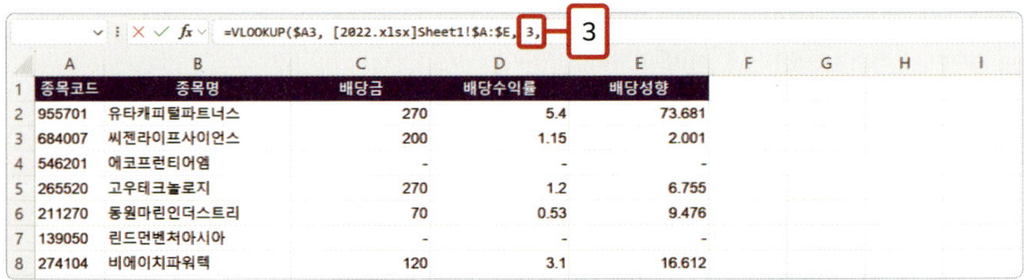

정확히 일치하는 값만 찾아야 하므로 FALSE를 입력한 후 괄호를 닫습니다. 참고로 FALSE 대신 0, TRUE 대신 1을 적어도 됩니다.

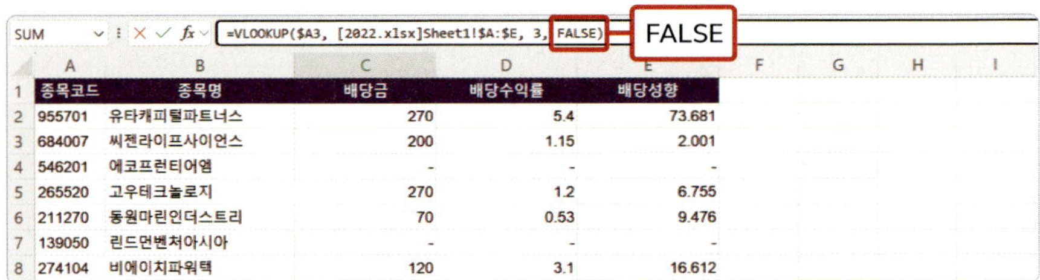

2022년도 파일에서 그대로 엔터를 누르면 작업 중이던 새 통합 문서에 값이 출력됩니다. C3셀의 채우기 핸들을 더블클릭합니다.

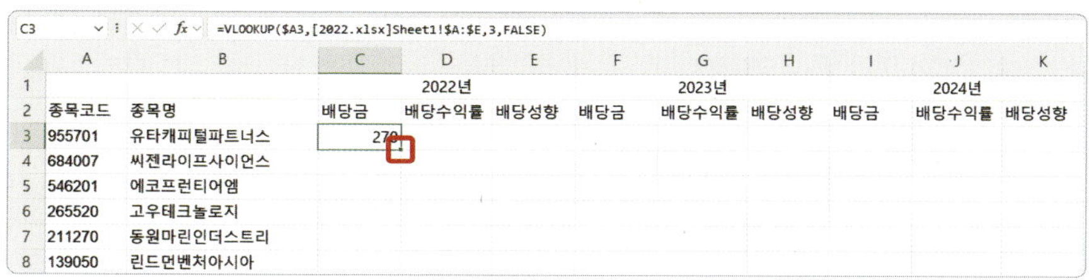

나머지 데이터가 모두 채워졌습니다.

종목코드	종목명	2022년			2023년			2024년		
		배당금	배당수익률	배당성향	배당금	배당수익률	배당성향	배당금	배당수익률	배당성향
955701	유타캐피털파트너스	270								
684007	씨젠라이프사이언스	200								
546201	에코프런티어엠	-								
265520	고우테크놀로지	270								
211270	동원마린인더스트리	70								
139050	린드먼벤처아시아	-								

민 과장의 실무 꿀팁!　　**외부 파일이 연동되지 않을 땐 이렇게 해보세요!**

외부 파일(2022년 파일)에서 데이터를 불러올 때는 두 파일이 반드시 같은 엑셀 창 안에서 열려 있어야 합니다. 만약 데이터 연동이 되지 않는다면, 현재 작업 중인 파일에서 외부 파일을 열어주세요. 파일 탭을 클릭한 후, ❶열기 탭의 ❷최근 항목에서 ❸새롭게 열 파일을 선택하면, 두 파일이 연동되어 데이터를 불러올 수 있습니다.

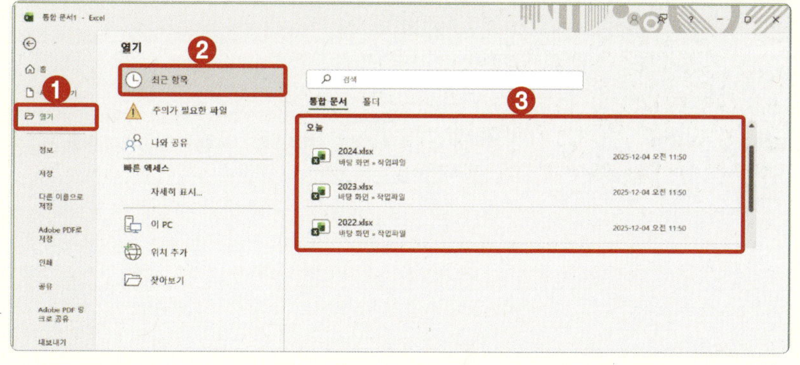

02 같은 방식으로 2022년도 배당수익률과 배당성향 데이터도 가져와보겠습니다. 앞서 배당금 데이터는 첫 번째 열인 A열을 기준으로 세 번째 열에 있었는데, 배당수익률은 네 번째 열, 배당성향은 다섯 번째 열에 위치합니다. 따라서 수식을 새로 입력할 필요 없이 기존 수식에서 열 번호 3만 각각 4, 5로 바꿔주면 됩니다. 한번 해볼까요?

배당금 수식이 들어 있는 C3셀을 E3셀까지 자동 채우기 해주세요.

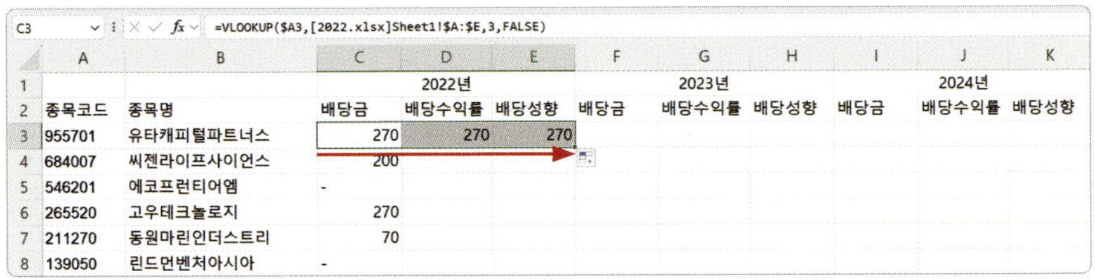

D3셀을 클릭한 후, VLOOUP 함수의 세 번째 인수에 해당하는 열 번호 3을 4로 수정합니다. 참고로 수식은 셀을 더블클릭해 바꿀 수도 있고, 상단의 수식 입력줄에서 바꿀 수도 있습니다. 책에서는 수식 입력줄을 활용했습니다.

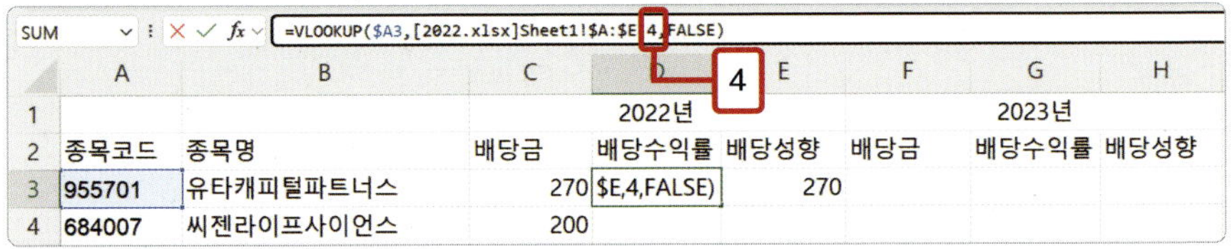

엔터를 누르자 배당수익률 값이 출력되었습니다.

E3셀의 수식도 열 번호 3을 5로 수정해주세요.

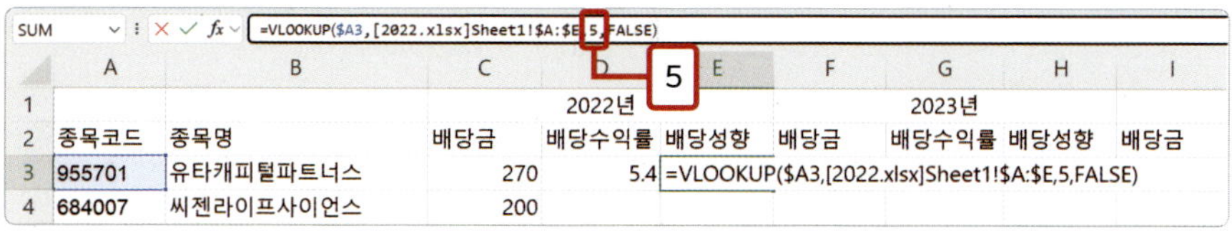

엔터를 누르자 배당성향 값이 출력되었습니다.

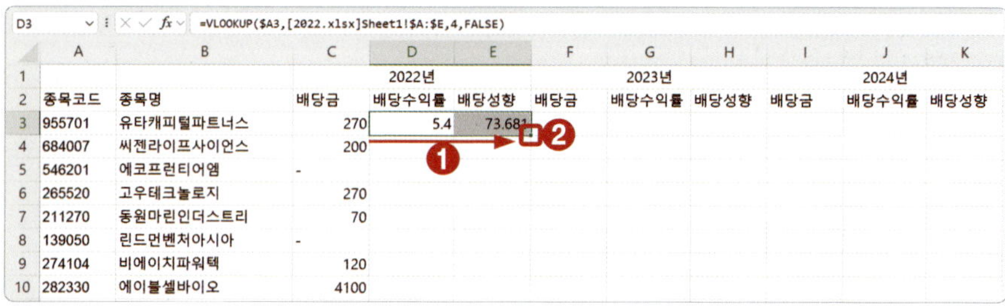

❶ D3, E3셀을 드래그한 후, ❷ E3셀의 채우기 핸들을 더블클릭합니다.

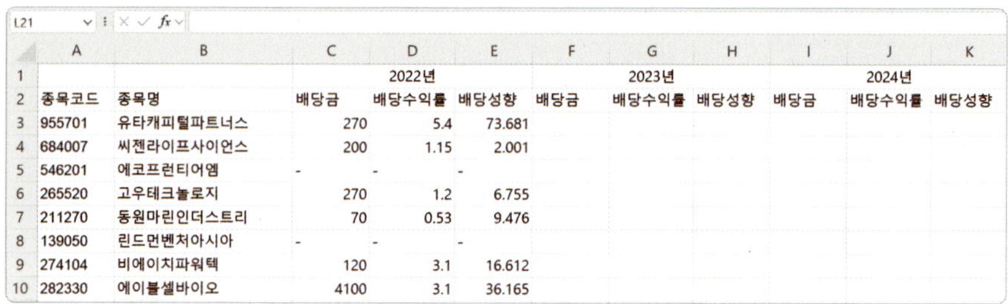

나머지 데이터가 모두 채워졌습니다.

	A	B	C	D 2022년	E	F	G 2023년	H	I	J 2024년	K
	종목코드	종목명	배당금	배당수익률	배당성향	배당금	배당수익률	배당성향	배당금	배당수익률	배당성향
3	955701	유타캐피털파트너스	270	5.4	73.681						
4	684007	씨젠라이프사이언스	200	1.15	2.001						
5	546201	에코프런티어엠	-	-	-						
6	265520	고우테크놀로지	270	1.2	6.755						
7	211270	동원마린인더스트리	70	0.53	9.476						
8	139050	린드먼벤처아시아	-	-	-						
9	274104	비에이치파워텍	120	3.1	16.612						
10	282330	에이블셀바이오	4100	3.1	36.165						

03 이번에는 2023년도 데이터를 채워보겠습니다. 2023년 파일을 열어주세요. 2023년 파일은 2022년 파일과 데이터의 구조가 동일합니다. 따라서 수식에서 파일명만 바꿔주면 됩니다. C3~E3셀을 드래그해주세요.

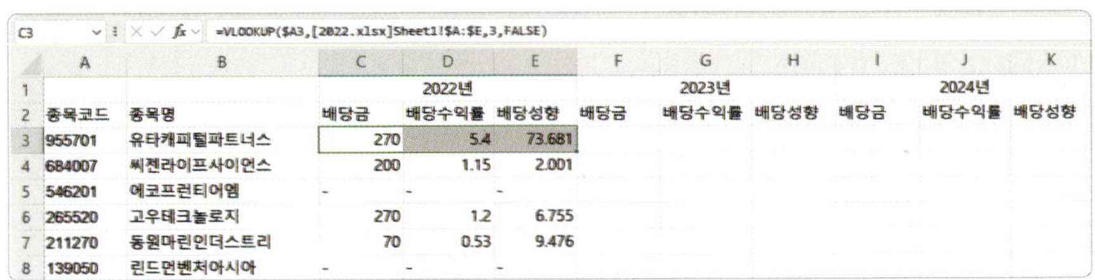

E3셀의 채우기 핸들을 H3셀까지 드래그하여, 데이터를 채워줍니다.

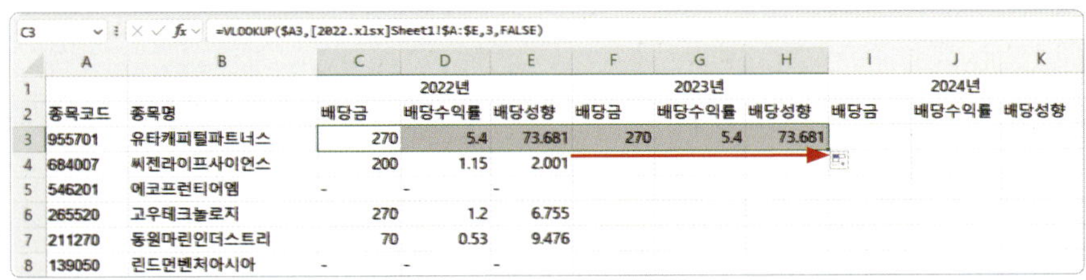

F3셀을 클릭한 후, 두 번째 인수인 파일명에서 2022를 2023으로 변경한 뒤 엔터를 누릅니다.

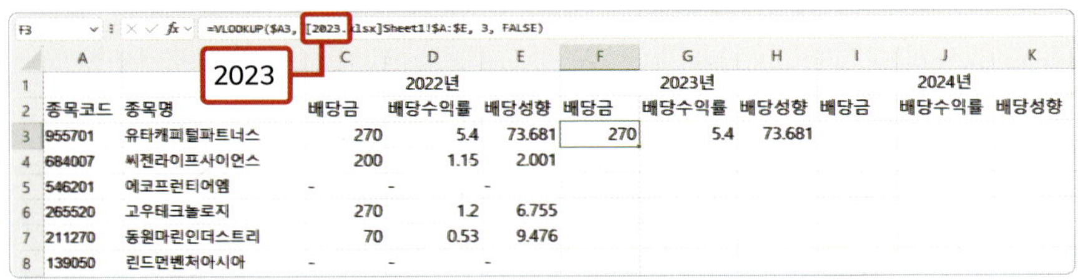

2023년도 배당금 값이 출력되었습니다. 2022년과 2023년 모두 값이 270으로 동일하네요.

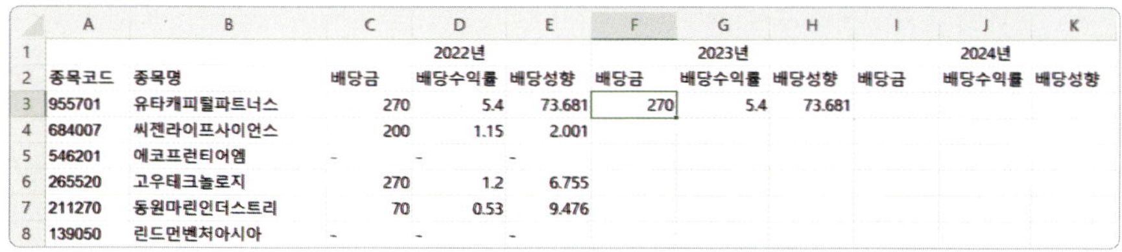

	A	B	C	D	E	F	G	H	I	J	K
1				2022년			2023년			2024년	
2	종목코드	종목명	배당금	배당수익률	배당성향	배당금	배당수익률	배당성향	배당금	배당수익률	배당성향
3	955701	유타캐피털파트너스	270	5.4	73.681	270	5.4	73.681			
4	684007	씨젠라이프사이언스	200	1.15	2.001						
5	546201	에코프런티어엠	-	-	-						
6	265520	고우테크놀로지	270	1.2	6.755						
7	211270	동원마린인더스트리	70	0.53	9.476						
8	139050	린드먼벤쳐아시아	-		-						

G3, H3셀도 두 번째 인수인 파일명에서 2022를 2023으로 수정한 뒤, 엔터를 누릅니다. 배당수익률, 배당성향 값이 출력되었습니다.

	A	B	C	D	E	F	G	H	I	J	K
1				2022년			2023년			2024년	
2	종목코드	종목명	배당금	배당수익률	배당성향	배당금	배당수익률	배당성향	배당금	배당수익률	배당성향
3	955701	유타캐피털파트너스	270	5.4	73.681	270	5.7	55.936			
4	684007	씨젠라이프사이언스	200	1.15	2.001						
5	546201	에코프런티어엠	-	-	-						
6	265520	고우테크놀로지	270	1.2	6.755						
7	211270	동원마린인더스트리	70	0.53	9.476						
8	139050	린드먼벤쳐아시아	-		-						

❶ F3, H3셀을 드래그한 후, ❷ H3셀의 채우기 핸들을 더블클릭합니다.

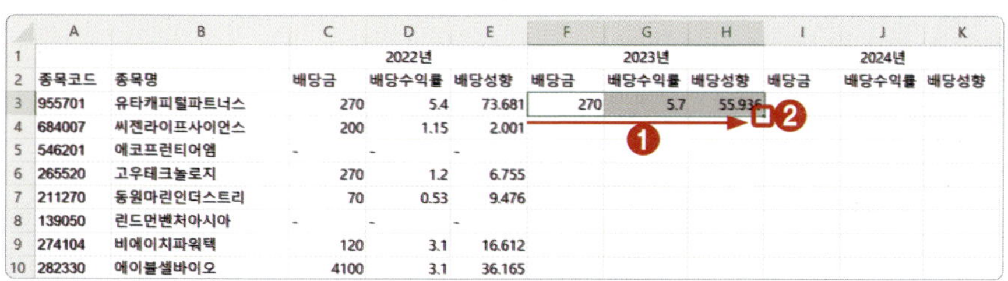

	A	B	C	D	E	F	G	H	I	J	K
1				2022년			2023년			2024년	
2	종목코드	종목명	배당금	배당수익률	배당성향	배당금	배당수익률	배당성향	배당금	배당수익률	배당성향
3	955701	유타캐피털파트너스	270	5.4	73.681	270	5.7	55.936			
4	684007	씨젠라이프사이언스	200	1.15	2.001						
5	546201	에코프런티어엠	-	-	-						
6	265520	고우테크놀로지	270	1.2	6.755						
7	211270	동원마린인더스트리	70	0.53	9.476						
8	139050	린드먼벤쳐아시아	-		-						
9	274104	비에이치파워텍	120	3.1	16.612						
10	282330	에이블셀바이오	4100	3.1	36.165						

나머지 데이터가 모두 채워졌습니다.

	A	B	C	D	E	F	G	H	I	J	K
1				2022년			2023년			2024년	
2	종목코드	종목명	배당금	배당수익률	배당성향	배당금	배당수익률	배당성향	배당금	배당수익률	배당성향
3	955701	유타캐피털파트너스	270	5.4	73.681	270	5.7	55.936			
4	684007	씨젠라이프사이언스	200	1.15	2.001	400	4.02	-31.461			
5	546201	에코프런티어엠	-	-	-	-		-			
6	265520	고우테크놀로지	270	1.2	6.755	530	3.3	15.373			
7	211270	동원마린인더스트리	70	0.53	9.476	-	-	-			
8	139050	린드먼벤쳐아시아	-		-	-		-			
9	274104	비에이치파워텍	120	3.1	16.612	130	3.7	13.128			
10	282330	에이블셀바이오	4100	3.1	36.165	4100	3.9	36.281			

04 이제 2024년 데이터를 가져올 차례입니다. 2024년 파일을 열어주세요. 2024년도 데이터는 XLOOKUP 함수를 이용해보겠습니다. 수식은 아래와 같습니다.

수식을 해석하면 이렇습니다.

❷ 검색할 데이터의 범위는 2024년 파일 Sheet1의 A열이야.

❶ 여기서 A3셀 값과 동일한 값을 찾아줘.

❸ 찾았으면, 그 행의 C열 값을 가져와.

수식을 입력해보겠습니다.

I3셀에 =XL 까지 입력하면 하단에 자동 완성 목록이 나타납니다. 목록에서 XLOOKUP을 선택하세요.

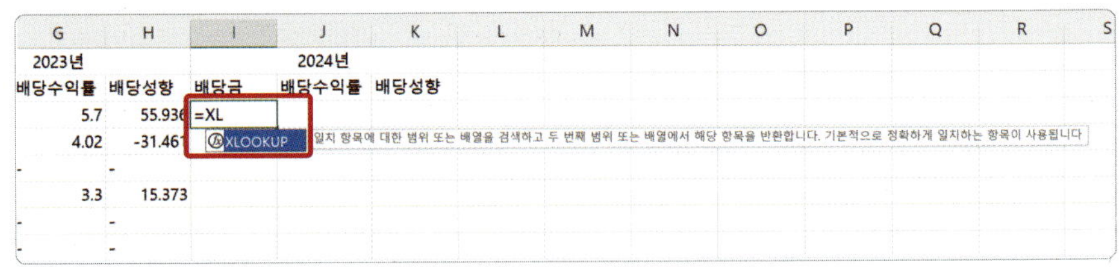

괄호 안의 인수는 직접 타이핑할 필요 없이 해당 셀이나 범위를 마우스로 클릭하거나 드래그해 입력하면 됩니다. 인수를 넣어보겠습니다.

❶A3셀을 클릭한 후, F4 키를 세 번 눌러 $A3으로 고정합니다. ❷완료되었다면 콤마를 입력합니다.

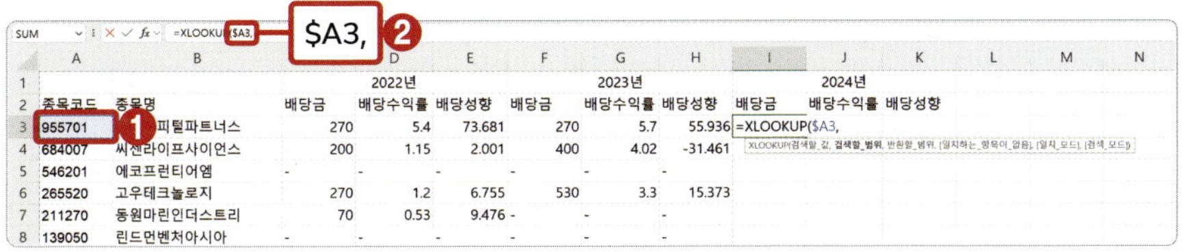

❶2024년 파일에서 A열의 열 머리글을 클릭합니다. ❷완료되었다면 콤마를 입력합니다.

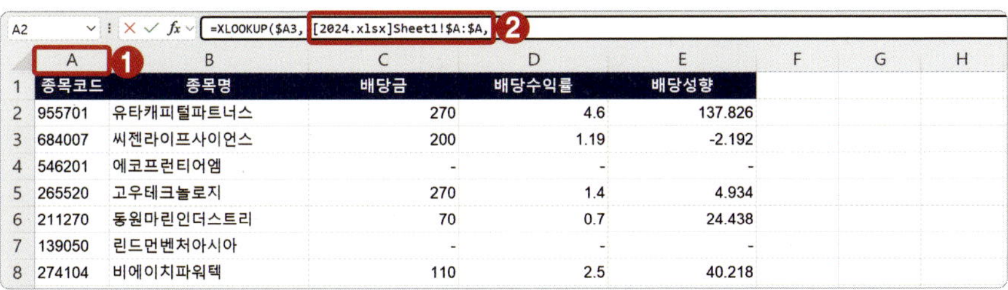

❶2024년 파일에서 C열의 열 머리글을 클릭합니다. ❷괄호를 닫고 엔터를 누릅니다.

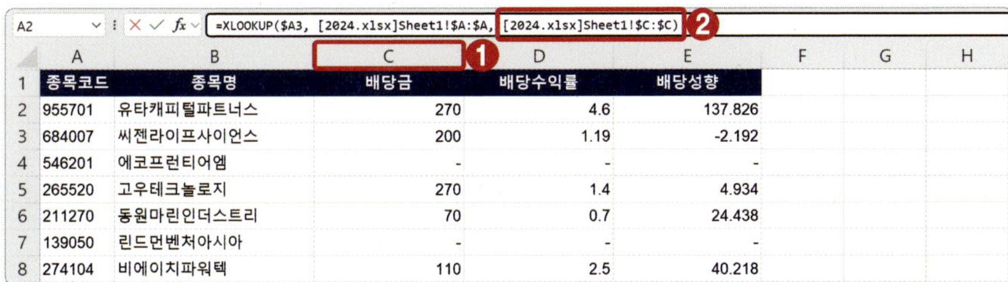

값이 출력되었습니다. 270으로 이전 연도들과 동일하네요. I3셀의 채우기 핸들을 더블클릭합니다.

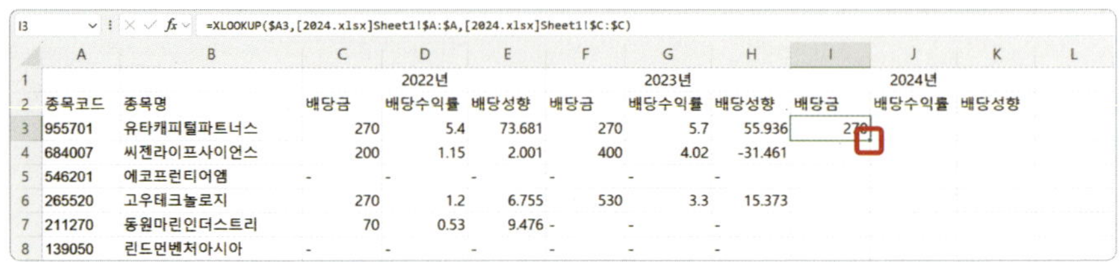

나머지 데이터가 모두 채워졌습니다.

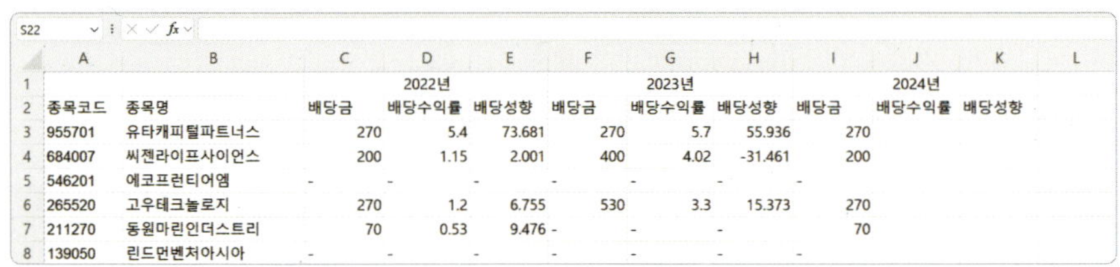

05 2024년도 배당수익률, 배당성향 데이터도 가져와보겠습니다. 앞서 배당금 데이터는 C열에 있었는데, 배당수익률은 D열, 배당성향은 E열에 위치합니다. 따라서 처음부터 수식을 새로 작성할 필요 없이, 기존 수식에서 세 번째 인수를 삭제한 뒤, 각각 D열과 E열을 지정하면 됩니다. 방법은 다음과 같습니다. 배당금 수식이 들어 있는 I3셀의 채우기 핸들을 K3셀까지 드래그해주세요.

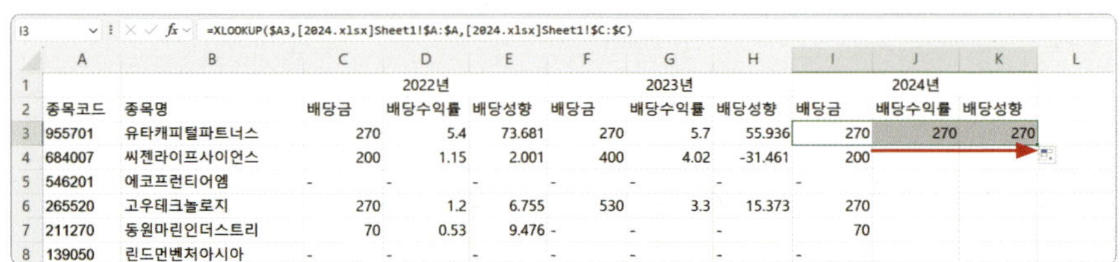

❶ J3셀을 클릭한 후, ❷ 수식 입력줄에서 XLOOKUP 함수의 세 번째 인수에 해당하는 [2024.xlsx]Sheet1!$C:$C를 드래그합니다.

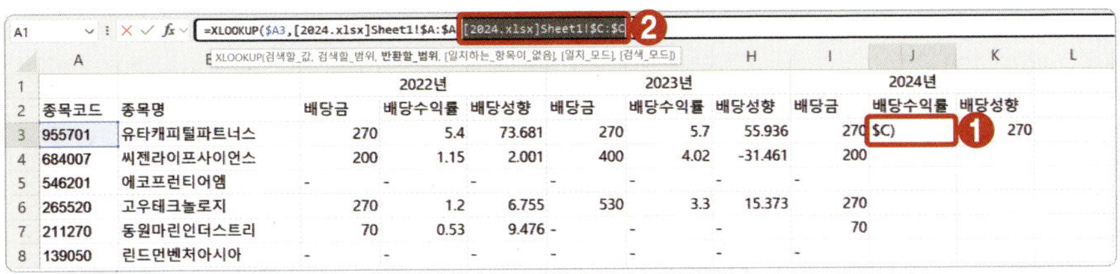

그 상태에서 ❶ 2024년 파일의 D열 열 머리글을 클릭하면 ❷ 수식이 [2024.xlsx]Sheet1!$D:$D로 바뀝니다.

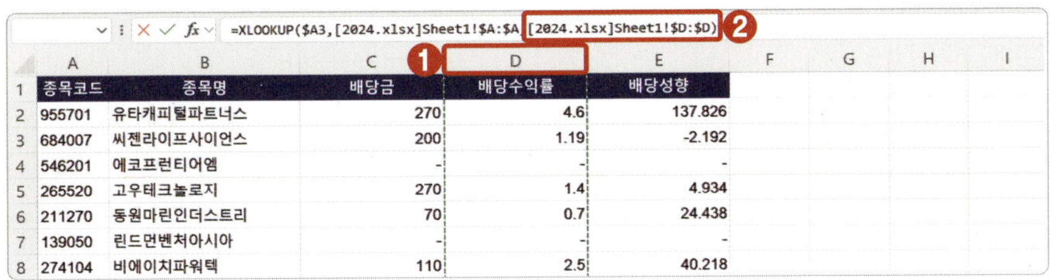

엔터를 누르면 2024년 배당수익률 값이 출력됩니다.

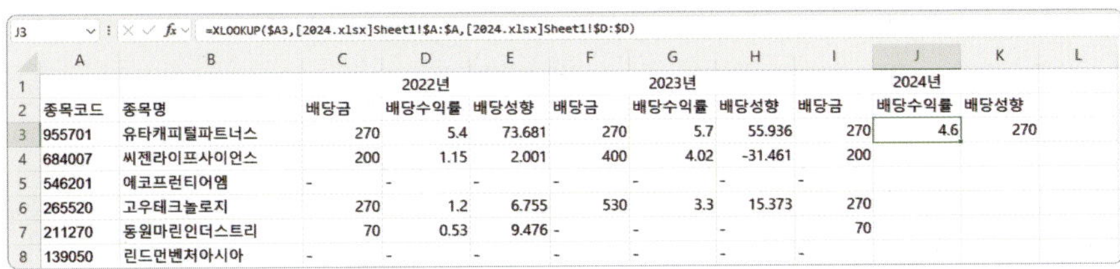

이번에는 ❶ K3셀을 클릭한 후, ❷ 수식 입력줄에서 세 번째 인수를 드래그합니다.

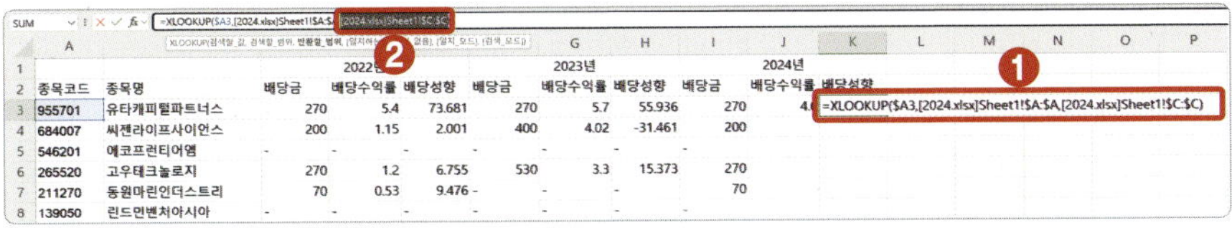

2024년 파일에서 ❶E열의 열 머리글을 클릭하면 수식이 ❷[2024.xlsx] Sheet1!$E:$E로 바뀝니다.

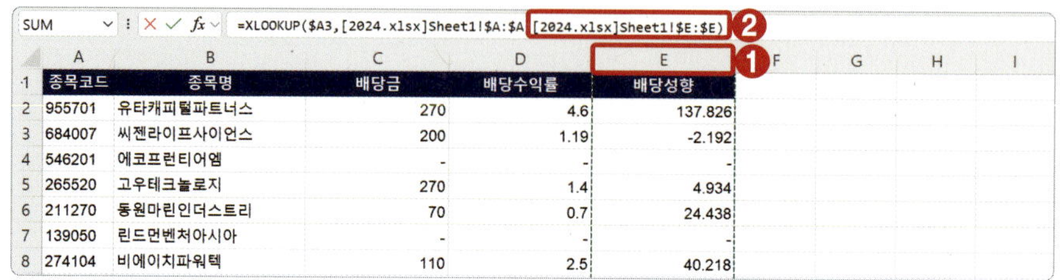

엔터를 누르면 2024년 배당성향 값이 출력됩니다. ❶J3, K3셀을 드래그한 후, ❷K3셀의 채우기 핸들을 더블클릭합니다.

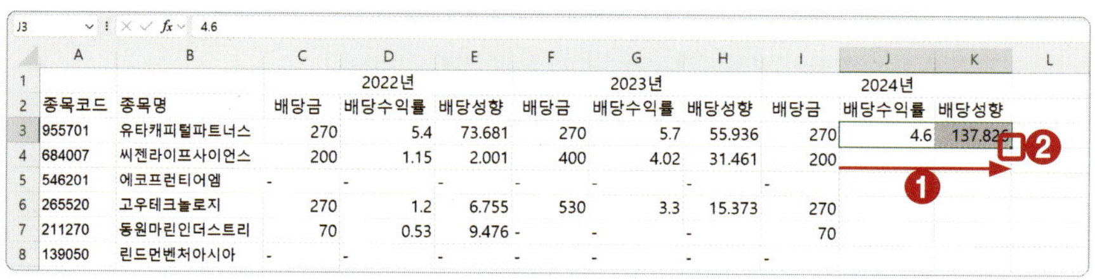

2022년도, 2023년도, 2024년도 배당금, 배당수익률, 배당성향 데이터가 완성되었습니다.

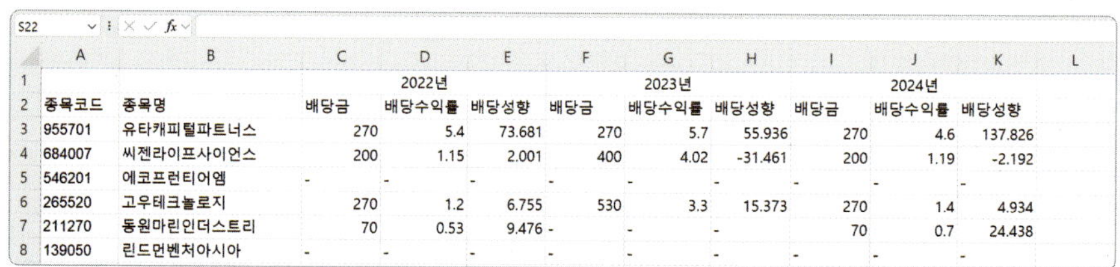

데이터가 한눈에 들어오도록 구조와 서식을 변경해보겠습니다.

01 ❶표 안의 아무 셀을 하나 클릭한 후, 단축키 Ctrl + A 를 눌러 표 전체 범위를 선택해주세요. ❷**홈** 탭의 **글꼴** 그룹에서 ❸**테두리**를 클릭하고 ❹**모든 테두리**를 누릅니다.

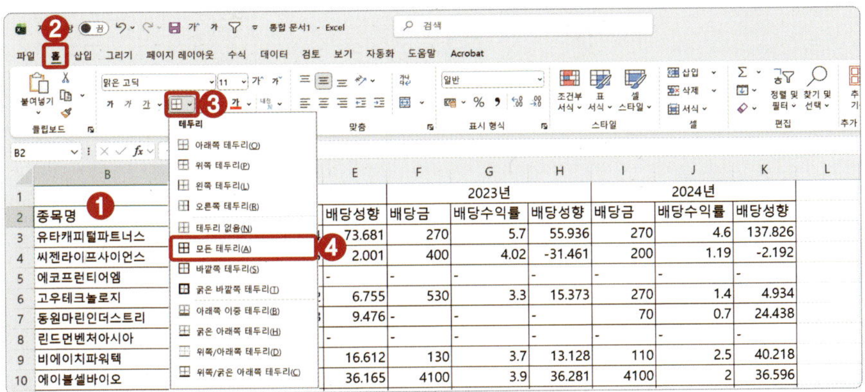

종목명		배당성향	배당금	배당수익률	배당성향	배당금	배당수익률	배당성향
				2023년			2024년	
유타캐피털파트너스		73.681	270	5.7	55.936	270	4.6	137.826
씨젠라이프사이언스		2.001	400	4.02	-31.461	200	1.19	-2.192
에코프런티어엠		-	-	-	-			
고우테크놀로지		6.755	530	3.3	15.373	270	1.4	4.934
동원마린인더스트리		9.476	-		-	70	0.7	24.438
린드먼벤처아시아		-			-			
비에이치파워텍		16.612	130	3.7	13.128	110	2.5	40.218
에이블셀바이오		36.165	4100	3.9	36.281	4100	2	36.596

02 ❶1행과 2행의 제목을 드래그한 후(A1:K2), ❷**홈** 탭의 **글꼴** 그룹에서 ❸**굵게**를 누릅니다.

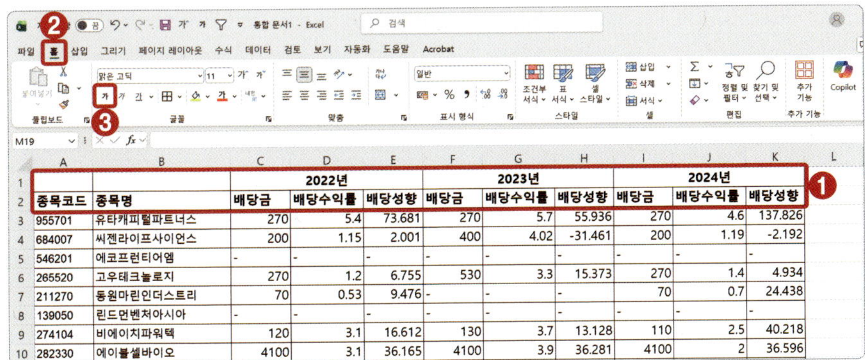

종목코드	종목명	2022년			2023년			2024년		
		배당금	배당수익률	배당성향	배당금	배당수익률	배당성향	배당금	배당수익률	배당성향
955701	유타캐피털파트너스	270	5.4	73.681	270	5.7	55.936	270	4.6	137.826
684007	씨젠라이프사이언스	200	1.15	2.001	400	4.02	-31.461	200	1.19	-2.192
546201	에코프런티어엠	-			-			-		
265520	고우테크놀로지	270	1.2	6.755	530	3.3	15.373	270	1.4	4.934
211270	동원마린인더스트리	70	0.53	9.476	-			70	0.7	24.438
139050	린드먼벤처아시아	-			-			-		
274104	비에이치파워텍	120	3.1	16.612	130	3.7	13.128	110	2.5	40.218
282330	에이블셀바이오	4100	3.1	36.165	4100	3.9	36.281	4100	2	36.596

03 ❶2행의 제목을 드래그한 후(A2:K2), ❷**홈** 탭의 **맞춤** 그룹에서 ❸**가운데 맞춤**을 선택합니다.

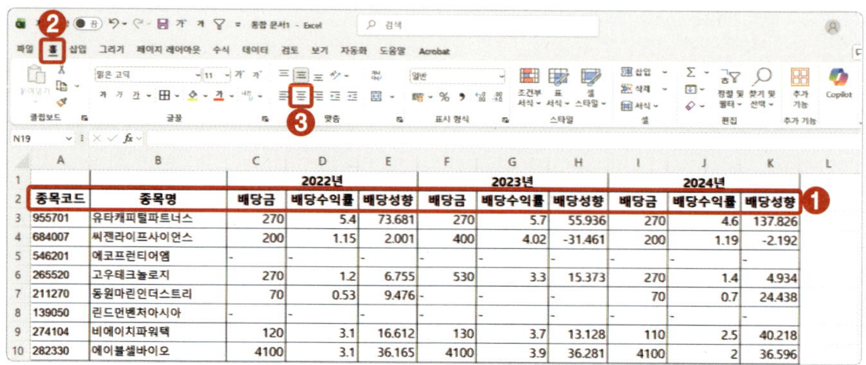

종목코드	종목명	2022년			2023년			2024년		
		배당금	배당수익률	배당성향	배당금	배당수익률	배당성향	배당금	배당수익률	배당성향
955701	유타캐피털파트너스	270	5.4	73.681	270	5.7	55.936	270	4.6	137.826
684007	씨젠라이프사이언스	200	1.15	2.001	400	4.02	-31.461	200	1.19	-2.192
546201	에코프런티어엠	-	-	-			-	-		
265520	고우테크놀로지	270	1.2	6.755	530	3.3	15.373	270	1.4	4.934
211270	동원마린인더스트리	70	0.53	9.476	-			70	0.7	24.438
139050	린드먼벤처아시아				-			-		
274104	비에이치파워텍	120	3.1	16.612	130	3.7	13.128	110	2.5	40.218
282330	에이블셀바이오	4100	3.1	36.165	4100	3.9	36.281	4100	2	36.596

04 배당수익률과 배당성향 데이터를 퍼센트(%)로 표시해보겠습니다. 그런데 표시 형식에 있는 백분율 스타일을 적용하면 1이 100%로 바뀌는 문제가 발생합니다. 현재 값은 그대로 두고, 화면에만 % 기호를 붙이는 방식으로 해결해보겠습니다.

D3~E3셀을 드래그한 후, 단축키 Ctrl + Shift + ↓ 를 이용해 2022년 배당수익률, 배당성향 데이터 전체를 선택합니다. 그 상태에서 현재 선택된 셀(활성 셀)이 있는 위치로 화면을 이동시키는 단축키 Ctrl + Backspace 를 눌러 다시 맨 위로 올라옵니다.

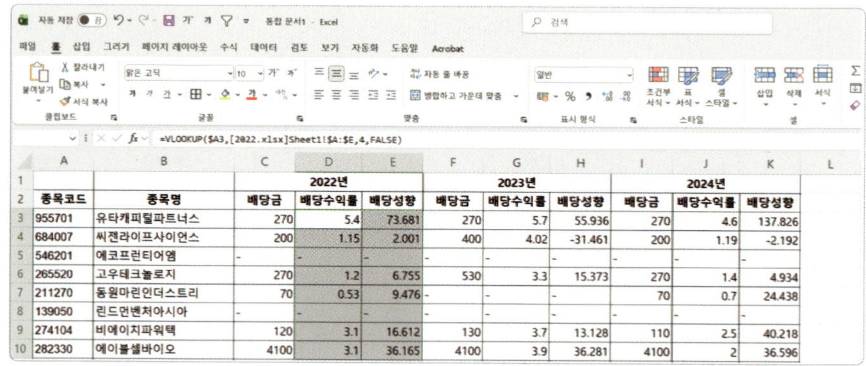

종목코드	종목명	2022년			2023년			2024년		
		배당금	배당수익률	배당성향	배당금	배당수익률	배당성향	배당금	배당수익률	배당성향
955701	유타캐피털파트너스	270	5.4	73.681	270	5.7	55.936	270	4.6	137.826
684007	씨젠라이프사이언스	200	1.15	2.001	400	4.02	-31.461	200	1.19	-2.192
546201	에코프런티어엠	-					-	-		
265520	고우테크놀로지	270	1.2	6.755	530	3.3	15.373	270	1.4	4.934
211270	동원마린인더스트리	70	0.53	9.476	-			70	0.7	24.438
139050	린드먼벤처아시아	-				-		-		
274104	비에이치파워텍	120	3.1	16.612	130	3.7	13.128	110	2.5	40.218
282330	에이블셀바이오	4100	3.1	36.165	4100	3.9	36.281	4100	2	36.596

Ctrl 키를 누른 채로 G3~H3셀을 드래그한 후, Ctrl + Shift + ↓ 를 눌러 2023년 배당수익률, 배당성향 데이터 전체를 선택합니다. Ctrl + Backspace 를 눌러 다시 맨 위로 올라온 후, 같은 방식으로 Ctrl 키를 누른 채 J3~K3셀을 드래그한 뒤, Ctrl + Shift + ↓ 를 눌러 2024년 배당수익률, 배당성향 데이터 전체를 선택합니다.

J3 | =XLOOKUP($A3,[2024.xlsx]Sheet1!$A:$A,[2024.xlsx]Sheet1!$D:$D)

종목코드	종목명	2022년			2023년			2024년		
		배당금	배당수익률	배당성향	배당금	배당수익률	배당성향	배당금	배당수익률	배당성향
955701	유타케피털파트너스	270	5.4	73.681	270	5.7	55.936	270	4.6	137.826
684007	씨젠라이프사이언스	200	1.15	2.001	400	4.02	-31.461	200	1.19	-2.192
546201	에코프런티어엠	-	-	-	-	-	-	-	-	-
265520	고우테크놀로지	270	1.2	6.755	530	3.3	15.373	270	1.4	4.934
211270	동원마린인더스트리	70	0.53	9.476	-	-	-	70	0.7	24.438
139050	린드먼벤처아시아	-	-	-	-	-	-	-	-	-
274104	비에이치파워텍	120	3.1	16.612	130	3.7	13.128	110	2.5	40.218
282330	에이불셀바이오	4100	3.1	36.165	4100	3.9	36.281	4100	2	36.596

단축키 Ctrl + 1 을 눌러 **셀 서식** 창을 열어줍니다. ❶**표시 형식** 탭의 **범주**를 **사용자 지정**으로 선택합니다. ❷**형식** 입력란에 적혀 있는 G/표준을 삭제합니다. ❸그다음 0!%를 입력한 후, ❹**확인**을 누릅니다. 여기에서 0!%는 숫자 뒤에 % 기호를 표시하도록 만드는 사용자 지정 형식입니다. 표시 형식만 바꾸는 것이기 때문에 값 자체는 변동이 없습니다.

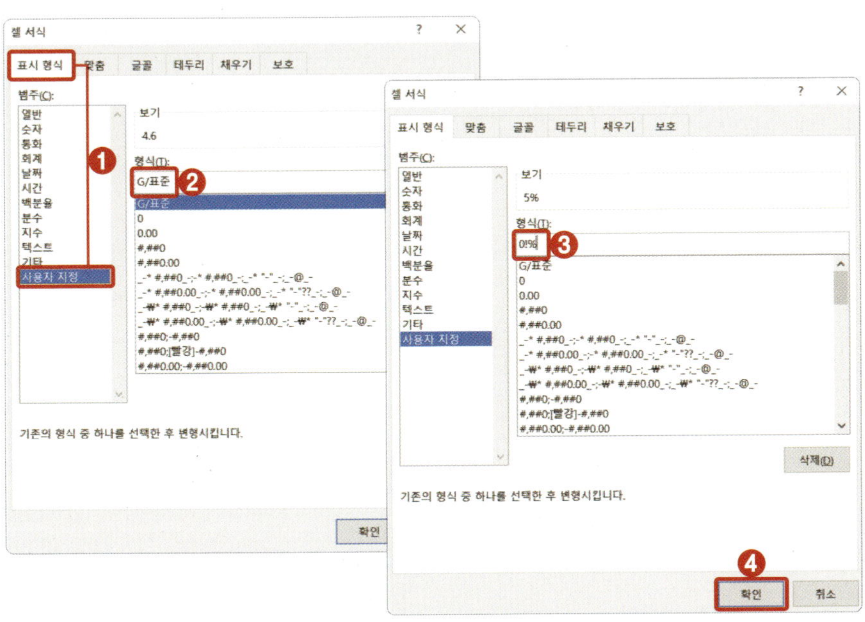

배당수익률, 배당성향 데이터에 % 기호가 표시되었습니다.

		2022년			2023년			2024년		
종목코드	종목명	배당금	배당수익률	배당성향	배당금	배당수익률	배당성향	배당금	배당수익률	배당성향
955701	유타캐피털파트너스	270	5%	74%	270	6%	56%	270	5%	138%
684007	씨젠라이프사이언스	200	1%	2%	400	4%	-31%	200	1%	-2%
546201	에코프런티어엠	-	-	-	-			-		
265520	고우테크놀로지	270	1%	7%	530	3%	15%	270	1%	5%
211270	동원마린인더스트리	70	1%	9%	-			70	1%	24%
139050	린드먼벤처아시아	-						-		
274104	비에이치파워텍	120	3%	17%	130	4%	13%	110	3%	40%
282330	에이블셀바이오	4100	3%	36%	4100	4%	36%	4100	2%	37%

그런데 소수점이 반올림되면서 수치가 달라졌습니다. 정확성을 위해 소수점 둘째 자리까지 표시해보겠습니다. 연도별 배당수익률, 배당성향 데이터를 선택한 상태에서 ❶홈 탭의 **표시 형식** 그룹에서 ❷**자릿수 늘림**(⁺⁰₀)을 두 번 클릭합니다.

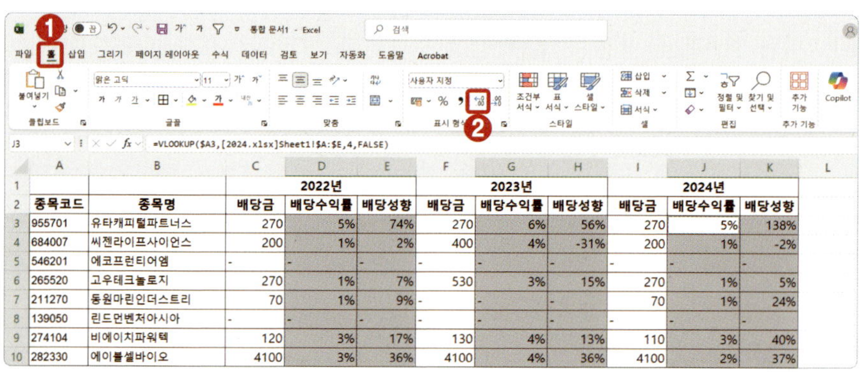

배당수익률, 배당성향 데이터의 소수점 자릿수가 두 자리로 바뀌었습니다.

		2022년			2023년			2024년		
종목코드	종목명	배당금	배당수익률	배당성향	배당금	배당수익률	배당성향	배당금	배당수익률	배당성향
955701	유타캐피털파트너스	270	5.40%	73.68%	270	5.70%	55.94%	270	4.60%	137.83%
684007	씨젠라이프사이언스	200	1.15%	2.00%	400	4.02%	-31.46%	200	1.19%	-2.19%
546201	에코프런티어엠	-	-	-	-			-		
265520	고우테크놀로지	270	1.20%	6.76%	530	3.30%	15.37%	270	1.40%	4.93%
211270	동원마린인더스트리	70	0.53%	9.48%	-			70	0.70%	24.44%
139050	린드먼벤처아시아	-						-		
274104	비에이치파워텍	120	3.10%	16.61%	130	3.70%	13.13%	110	2.50%	40.22%
282330	에이블셀바이오	4100	3.10%	36.17%	4100	3.90%	36.28%	4100	2.00%	36.60%

사용자 지정 서식으로 숫자 뒤에 %를 붙이더라도 실제 데이터는 변하지 않습니다. 즉, 화면에는 1%로 보이지만, 실제 값은 여전히 1인 것이죠. 따라서 화면에 보이는 대로 수식을 사용하면 심각한 오류가 발생할 수 있습니다. 예를 들어, 1% x 10,000원을 하면 100원이 될 것 같지만, 실제 데이터는 1%가 아닌 1이므로 결괏값은 10,000원이 나옵니다. 표시 형식을 변경해도 값은 변하지 않는다는 사실을 꼭 기억하세요!

05 지금은 모든 셀에 수식이 걸려 있어 작업 중 실수로 수식을 깨뜨릴 위험이 있습니다. 이런 문제를 방지하기 위해 데이터의 수식을 없애고, 값만 들어가게 해보겠습니다.

표 안의 아무 셀을 하나 클릭한 후, 단축키 Ctrl + A 를 눌러 표 전체 범위를 선택해주세요. 그다음 Ctrl + C 를 눌러 복사합니다.

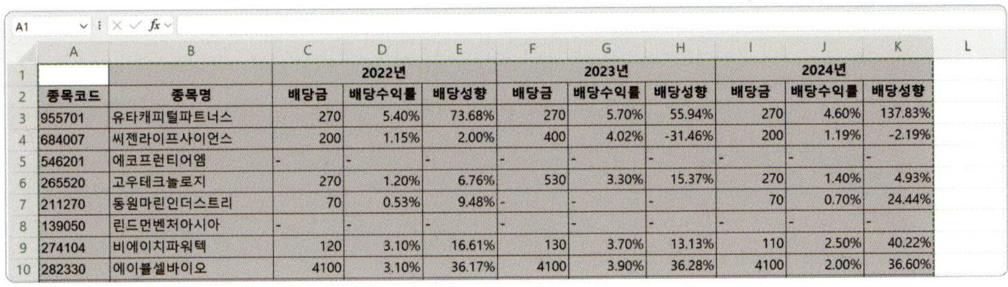

		2022년			2023년			2024년		
종목코드	종목명	배당금	배당수익률	배당성향	배당금	배당수익률	배당성향	배당금	배당수익률	배당성향
955701	유타캐피털파트너스	270	5.40%	73.68%	270	5.70%	55.94%	270	4.60%	137.83%
684007	씨젠라이프사이언스	200	1.15%	2.00%	400	4.02%	-31.46%	200	1.19%	-2.19%
546201	에코프런티어엠	-	-	-	-	-	-	-	-	-
265520	고우테크놀로지	270	1.20%	6.76%	530	3.30%	15.37%	270	1.40%	4.93%
211270	동원마린인더스트리	70	0.53%	9.48%	-	-	-	70	0.70%	24.44%
139050	린드먼벤처아시아	-	-	-	-	-	-	-	-	-
274104	비에이치파워텍	120	3.10%	16.61%	130	3.70%	13.13%	110	2.50%	40.22%
282330	에이블셀바이오	4100	3.10%	36.17%	4100	3.90%	36.28%	4100	2.00%	36.60%

그 상태에서 마우스 오른쪽 버튼을 누릅니다. ❶메뉴가 나타나면 **선택하여 붙여넣기**(단축키 Ctrl + Alt + V)를 클릭한 후, ❷**붙여넣기** 항목에서 **값**(단축키 V)을 선택합니다. ❸완료되었으면 **확인**을 눌러주세요.

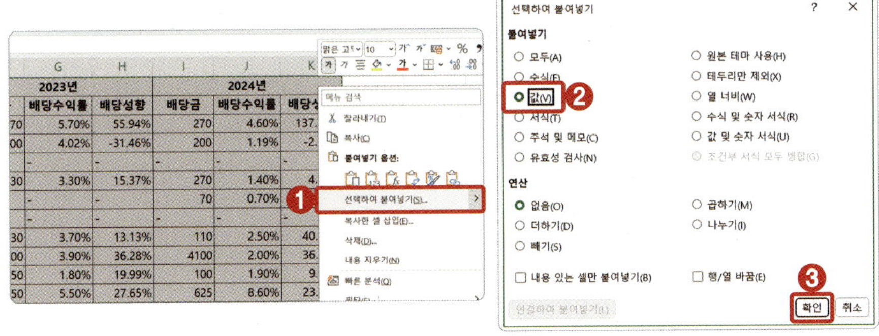

수식 입력줄을 보면, 수식 없이 값만 나타나는 것을 확인할 수 있습니다. 즉, 모든 셀의 수식이 제거되었습니다.

06 마이너스 값은 빨간색으로 표시해보겠습니다. 셀 서식에서 음수를 빨간색으로 표시하는 방법도 있지만, 숫자 서식은 한 셀에 하나만 적용되기 때문에 기존에 설정한 % 서식이 사라질 수 있습니다. 이 문제를 피하기 위해 조건부 서식을 사용해 음수일 때만 빨간색으로 표시해보겠습니다.

❶C~K열의 열 머리글을 드래그한 후, ❷**홈** 탭의 **스타일** 그룹에서 ❸**조건부 서식**을 클릭합니다.

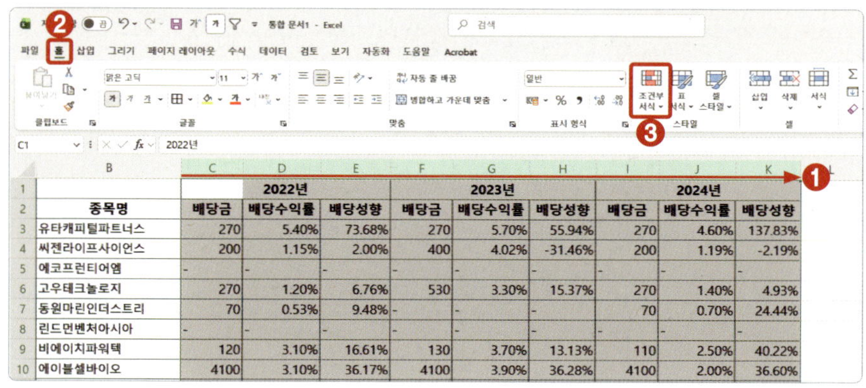

드롭다운 메뉴가 나타나면 ❶**셀 강조 규칙**을 선택한 후, ❷**보다 작음**을 누릅니다.

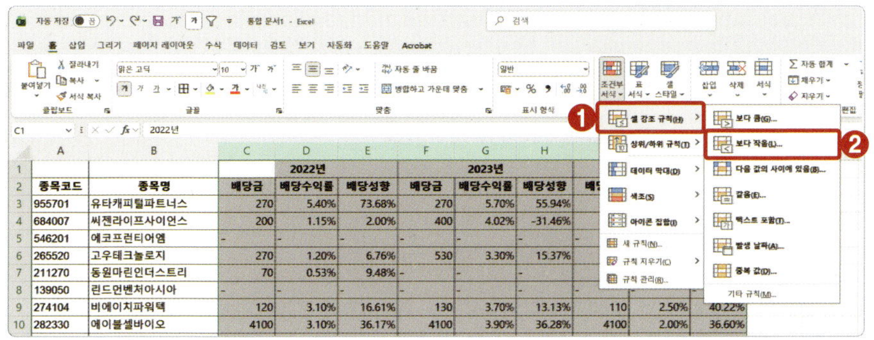

보다 작음 창이 열리면 ❶**값 입력란**에 0을 적고, ❷**적용할 서식**을 선택합니다. 책에서는 **빨강 텍스트**를 선택했습니다. ❸ 완료되었다면 **확인**을 눌러주세요.

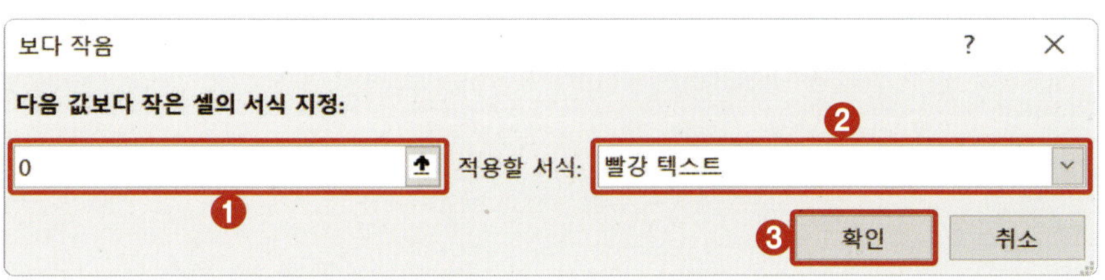

마이너스 값에 빨간색이 적용되었습니다.

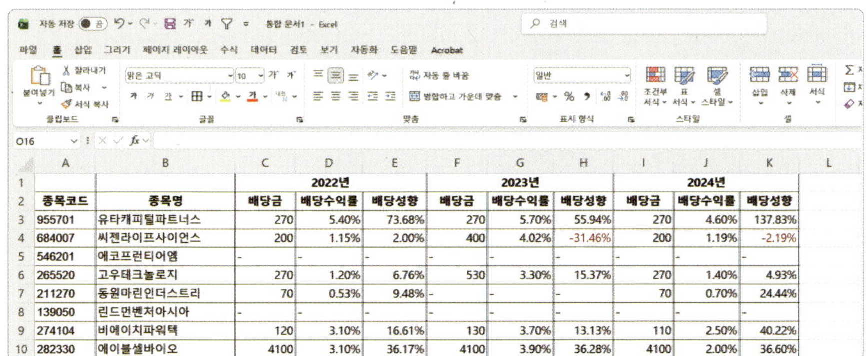

07 조건부 서식을 사용해 연도별 배당수익률 중 5%가 넘는 값에 표시를 해 주겠습니다. ❶D3셀을 클릭한 후, 단축키 Ctrl + Shift + ↓ 를 눌러 D열의 전체 데이터 범위를 지정합니다. ❷그다음, **홈** 탭의 **스타일** 항목에서 ❸**조건부 서식** 을 클릭합니다.

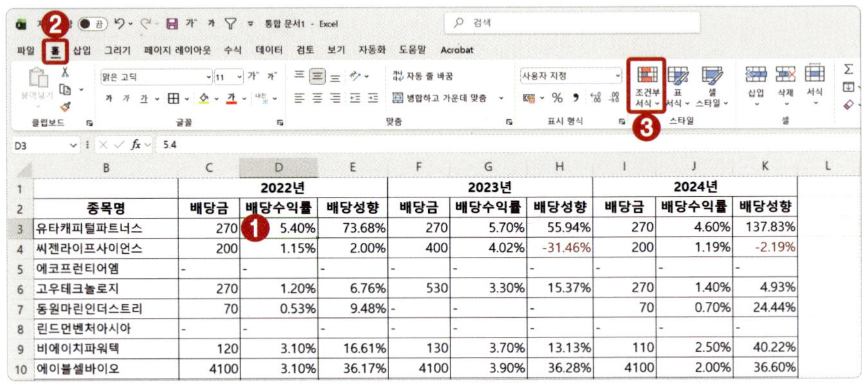

드롭다운 메뉴가 열리면 ❶**셀 강조 규칙**을 클릭한 후, ❷**보다 큼** 옵션을 선택 합니다.

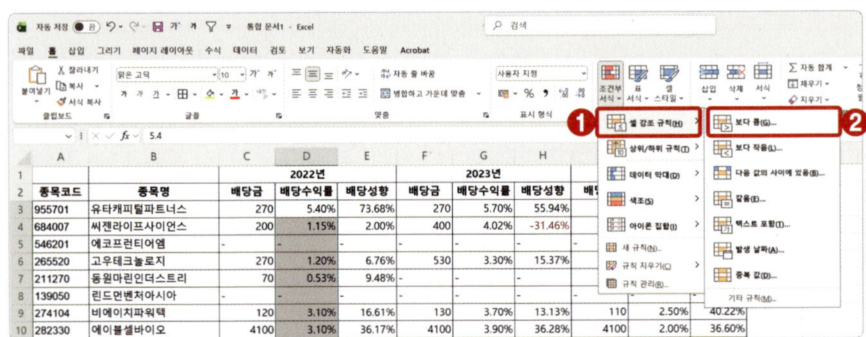

보다 큼 창이 열리면 ❶**숫자** 입력란에 5를 입력합니다. 앞서 사용자 지정 서식을 사용해 % 기호를 붙였지만, 실제 값은 변하지 않았기에 5%가 아닌 5를 적습니다. ❷다음으로 **적용할 서식**을 선택합니다. 책에서는 진한 노랑 텍스트가 있는 노랑 채우기를 선택했습니다. ❸완료되면 **확인**을 누릅니다.

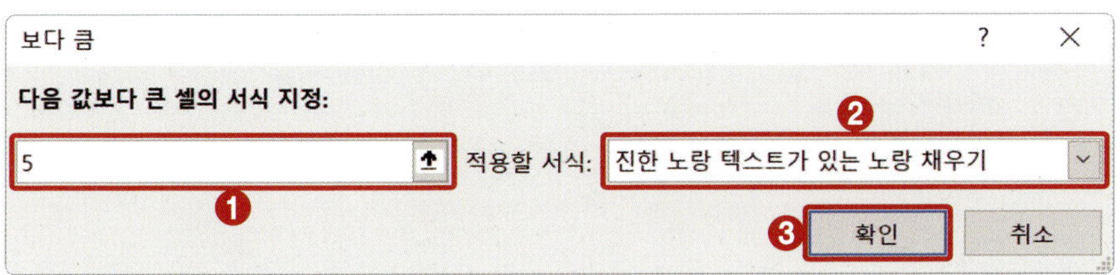

아래처럼 D열에서 배당수익률이 5%를 넘는 값은 노란색으로 표시됩니다. 값이 없어 - 기호로 표시된 셀에도 서식이 적용되었으나, 마지막 단계에서 일괄 삭제할 것이므로 우선은 넘어갑니다.

	A	B	C	D	E	F	G	H	I	J	K
1				2022년			2023년			2024년	
2	종목코드	종목명	배당금	배당수익률	배당성향	배당금	배당수익률	배당성향	배당금	배당수익률	배당성향
3	955701	유타캐피털파트너스	270	5.40%	73.68%	270	5.70%	55.94%	270	4.60%	137.83%
4	684007	씨젠라이프사이언스	200	1.15%	2.00%	400	4.02%	-31.46%	200	1.19%	-2.19%
5	546201	에코프런티어엠	-	-	-	-	-	-	-	-	-
6	265520	고우테크놀로지	270	1.20%	6.76%	530	3.30%	15.37%	270	1.40%	4.93%
7	211270	동원마린인더스트리	70	0.53%	9.48%	-	-	-	70	0.70%	24.44%
8	139050	린드먼벤처아시아	-	-	-	-	-	-	-	-	-
9	274104	비에이치파워텍	120	3.10%	16.61%	130	3.70%	13.13%	110	2.50%	40.22%
10	282330	에이블셀바이오	4100	3.10%	36.17%	4100	3.90%	36.28%	4100	2.00%	36.60%

❶D열의 열 머리글을 클릭한 후, ❷**홈** 탭의 **클립보드** 그룹에서 ❸**서식 복사** 버튼을 더블클릭합니다.

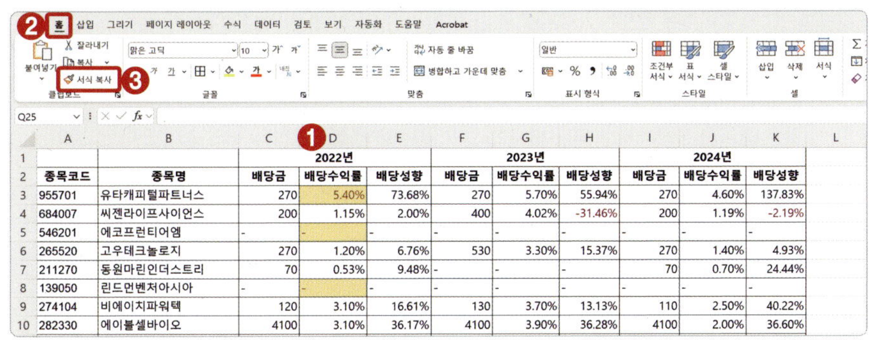

페인트붓 모양의 아이콘이 생성되면 G, J열의 열 머리글을 차례대로 클릭합니다.

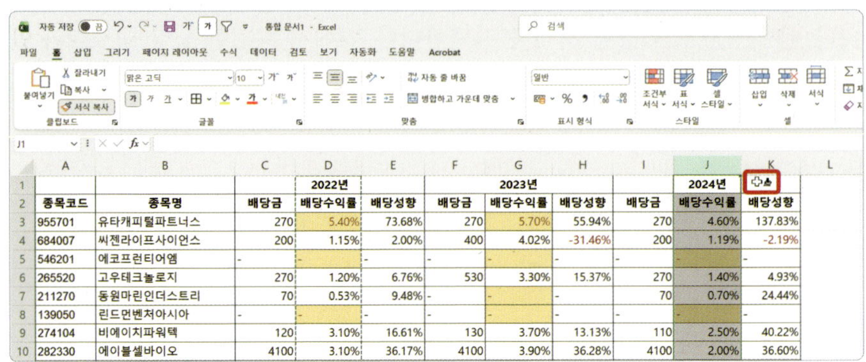

종목코드	종목명	2022년			2023년			2024년		
		배당금	배당수익률	배당성향	배당금	배당수익률	배당성향	배당금	배당수익률	배당성향
955701	유타캐피털파트너스	270	5.40%	73.68%	270	5.70%	55.94%	270	4.60%	137.83%
684007	씨젠라이프사이언스	200	1.15%	2.00%	400	4.02%	-31.46%	200	1.19%	-2.19%
546201	에코프런티어엠	-		-	-		-	-		-
265520	고우테크놀로지	270	1.20%	6.76%	530	3.30%	15.37%	270	1.40%	4.93%
211270	동원마린인더스트리	70	0.53%	9.48%	-		-	70	0.70%	24.44%
139050	린드먼벤처아시아	-		-	-		-			-
274104	비에이치파워텍	120	3.10%	16.61%	130	3.70%	13.13%	110	2.50%	40.22%
282330	에이블셀바이오	4100	3.10%	36.17%	4100	3.90%	36.28%	4100	2.00%	36.60%

아래처럼 각 연도별 배당수익률 중 5% 이상인 값에 노란색 채우기 서식이 적용되었습니다.

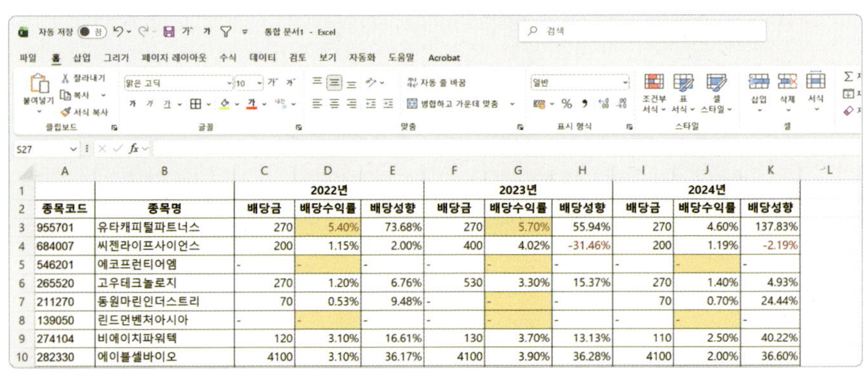

종목코드	종목명	2022년			2023년			2024년		
		배당금	배당수익률	배당성향	배당금	배당수익률	배당성향	배당금	배당수익률	배당성향
955701	유타캐피털파트너스	270	5.40%	73.68%	270	5.70%	55.94%	270	4.60%	137.83%
684007	씨젠라이프사이언스	200	1.15%	2.00%	400	4.02%	-31.46%	200	1.19%	-2.19%
546201	에코프런티어엠	-		-	-		-	-		-
265520	고우테크놀로지	270	1.20%	6.76%	530	3.30%	15.37%	270	1.40%	4.93%
211270	동원마린인더스트리	70	0.53%	9.48%	-		-	70	0.70%	24.44%
139050	린드먼벤처아시아	-		-	-		-			-
274104	비에이치파워텍	120	3.10%	16.61%	130	3.70%	13.13%	110	2.50%	40.22%
282330	에이블셀바이오	4100	3.10%	36.17%	4100	3.90%	36.28%	4100	2.00%	36.60%

민 과장의 실무 꿀팁!   **서식 복사 기능, 이 점은 주의하세요!**

서식 복사는 글꼴이나 배경색 같은 눈에 보이는 서식뿐만 아니라, 숫자 형식이나 조건부 서식 같은 숨겨진 설정까지 통째로 복사합니다. 원본 셀에 불필요한 서식이 숨어 있다면, 붙여넣는 셀에도 그대로 적용될 수 있으니 사용 전에 원본 셀의 상태를 꼼꼼하게 확인하세요.

08 배당금 데이터에 천 단위 구분 기호를 적용해주겠습니다. Ctrl 키를 누른 채로 C, F, I열의 열 머리글을 클릭합니다.

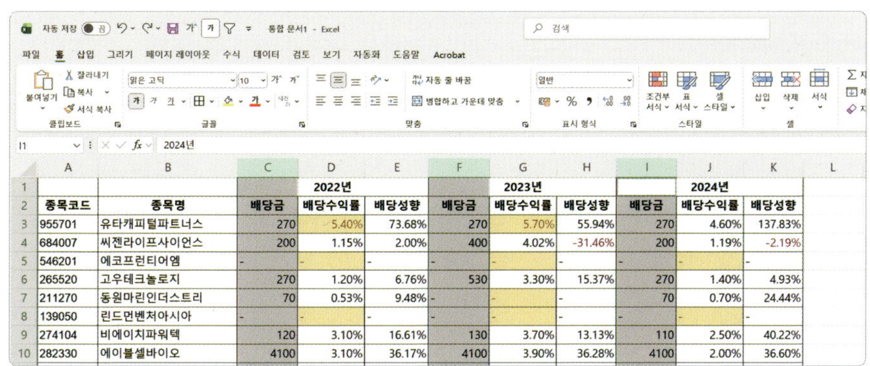

❶**홈** 탭의 **표시 형식** 그룹에서 ❷**쉼표 스타일**을 눌러주세요. 배당금 데이터에 천 단위 구분 기호가 적용됩니다.

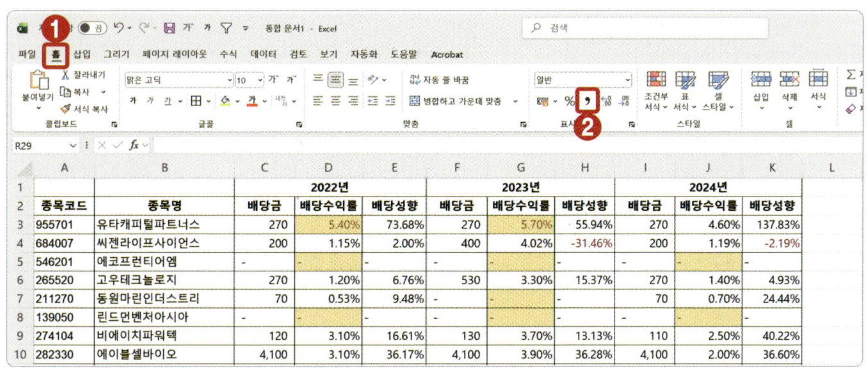

09 마지막으로, 값이 없어 − 기호로 표시된 셀에서 −를 삭제해 빈칸으로 만들어보겠습니다.

단축키 [Ctrl]+[H]를 눌러주세요. **찾기 및 바꾸기** 창이 열리면, 오른쪽 하단의 **옵션**을 클릭합니다.

❶**찾을 내용** 입력란에 −를 적고, ❷**바꿀 내용** 입력란은 그대로 둡니다. ❸**전체 셀 내용 일치** 네모박스에 체크합니다. 체크하지 않으면 −31%처럼 숫자 앞의 − 까지 전부 다 바뀌니 주의하세요. ❹완료했으면 **모두 바꾸기**를 누릅니다.

－ 기호로 표시되었던 셀들이 전부 빈 칸으로 바뀌었습니다. 그리고 셀에 적용되었던 노란색 배경색 역시 사라졌습니다.

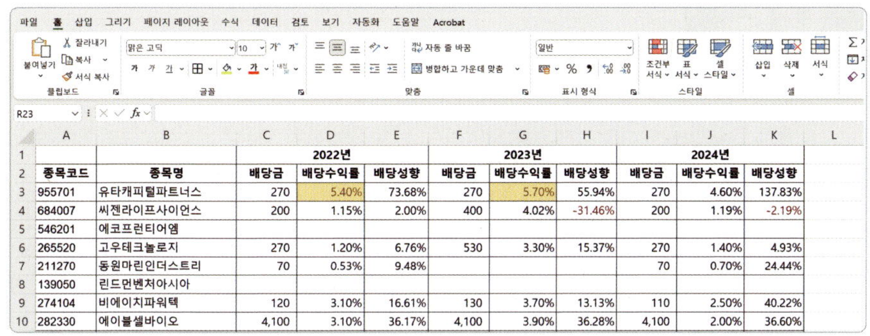

민 과장의 실무 꿀팁! **파일 저장은 필수!**

실무에서는 예기치 않게 엑셀이 종료되거나, 컴퓨터가 재부팅되는 일이 생각보다 자주 발생합니다. 그러니 틈틈이 PC에 파일을 저장하세요!

SECTION 02

데이터 분석

앞에서 취합하고 정돈한 데이터를 바탕으로 피벗 테이블을 생성하여 주요 지표들을 비교·분석해보겠습니다.

이번 장에서 사용할 기능!

✔ 피벗 테이블
✔ 피벗 차트

피벗 테이블로 데이터 분석하기

연도별 배당 기업 수와 배당금 추이를 한눈에 알 수 있도록 피벗 테이블을 이용해 막대그래프를 만들어보겠습니다.

01 먼저, 연도별 배당 기업 수를 알아보겠습니다. ❶원본 데이터의 아무 셀이나 하나를 클릭합니다. ❷그다음 **삽입** 탭의 **표** 그룹에서 ❸**피벗 테이블**을 선택합니다.

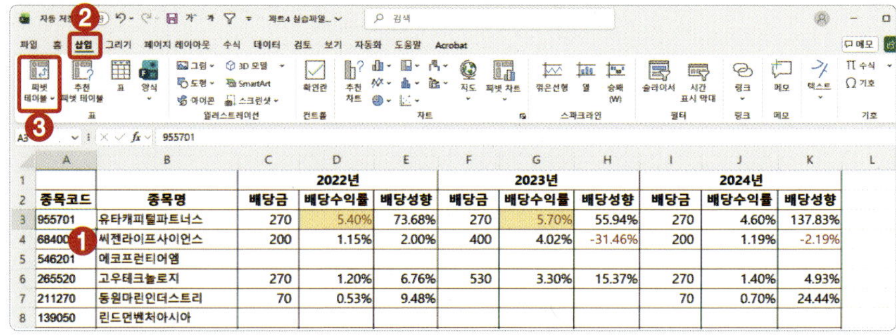

02 표 또는 범위의 **피벗 테이블** 창이 나타납니다. ❶**표/범위** 항목에서 데이터의 범위를 확인하고 ❷**피벗 테이블을 배치할 위치**는 새 워크시트를 그대로 선택한 후, ❸**확인**을 눌러주세요.

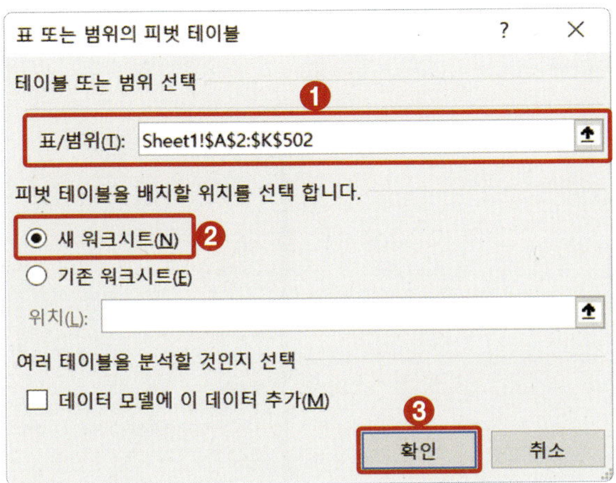

03 Sheet2에 아래와 같은 피벗 테이블이 생성됩니다.

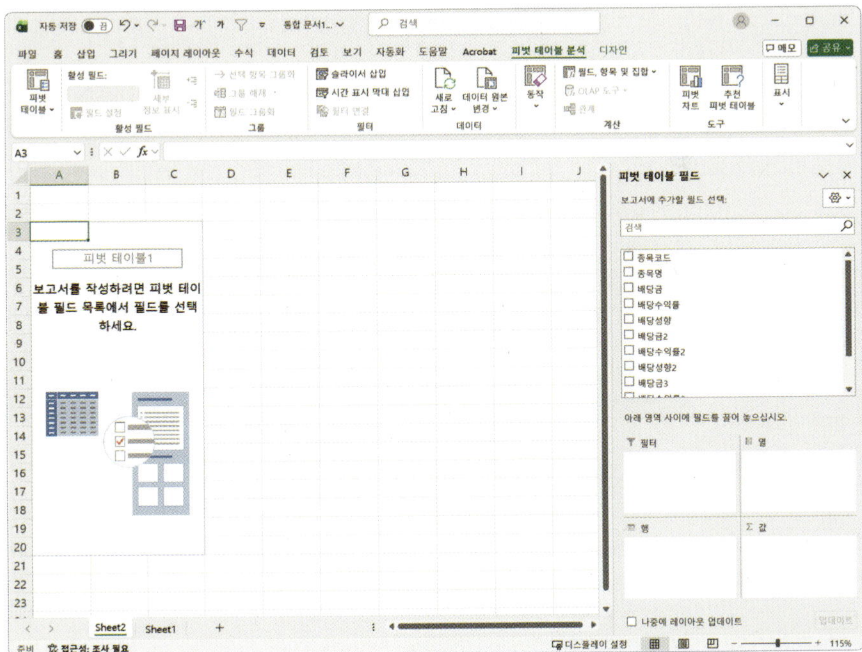

04 값 영역에 2022년도 배당금에 해당하는 '배당금' 필드를 드래그해 넣어주세요. 그다음, 2023년과 2024년 배당금에 해당하는 '배당금2'와 '배당금3' 필드도 차례로 넣습니다.

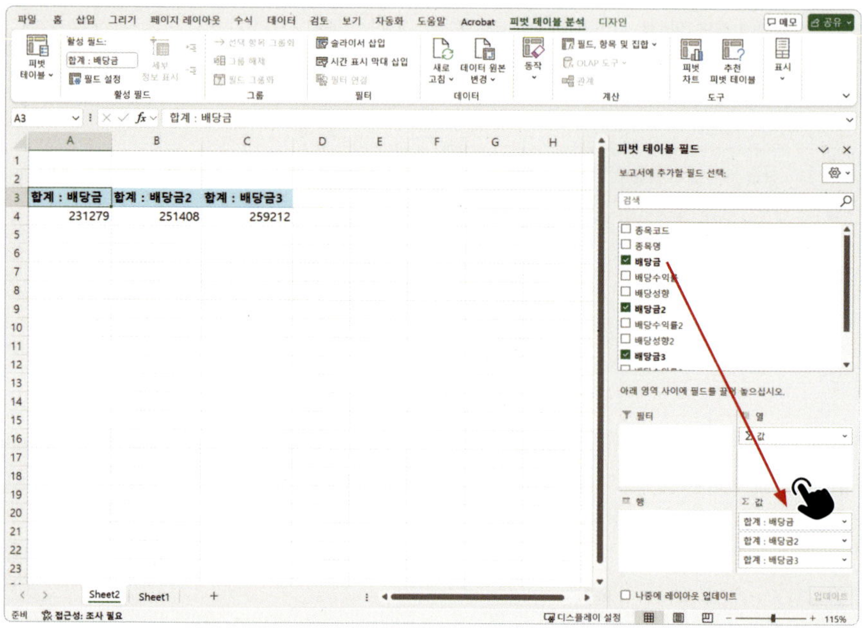

값 영역의 계산 유형을 합계가 아닌 개수로 바꾸고, 가독성을 높이기 위해 필드명도 수정해보겠습니다.

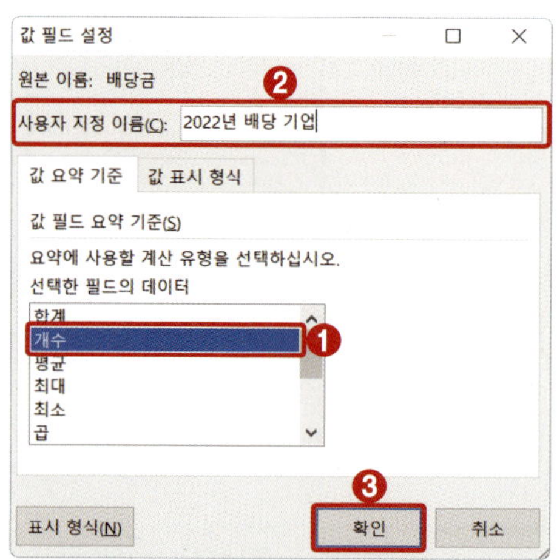

먼저, '합계: 배당금'이라고 적혀 있는 A3셀을 더블클릭합니다. **값 필드 설정** 창이 나타나면 ❶**선택한 필드의 데이터** 유형을 개수로 바꿔주세요. ❷그다음 **사용자 지정 이름** 입력란에 2022년 배당 기업이라고 적습니다. ❸완료되었다면 **확인**을 누릅니다.

A3셀의 필드명과 데이터 값이 변경되었습니다.

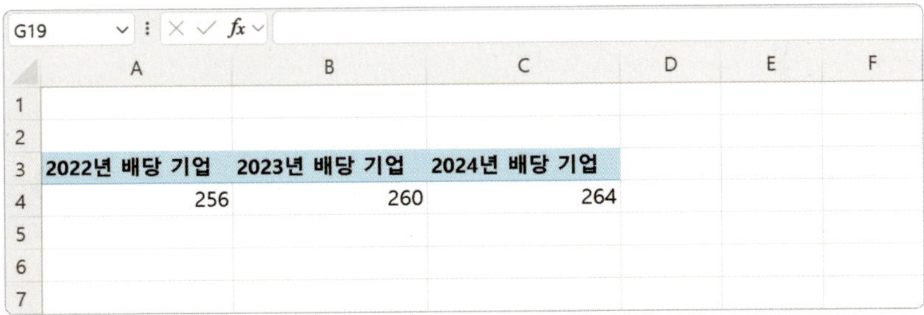

2023년과 2024년도 동일한 방식으로 바꿔주세요.

05 이번에는 피벗 테이블을 바탕으로 피벗 차트를 만들어보겠습니다. ❶피벗 테이블을 클릭한 후, ❷**삽입** 탭의 **차트** 그룹에서 ❸**피벗 차트**를 클릭합니다.

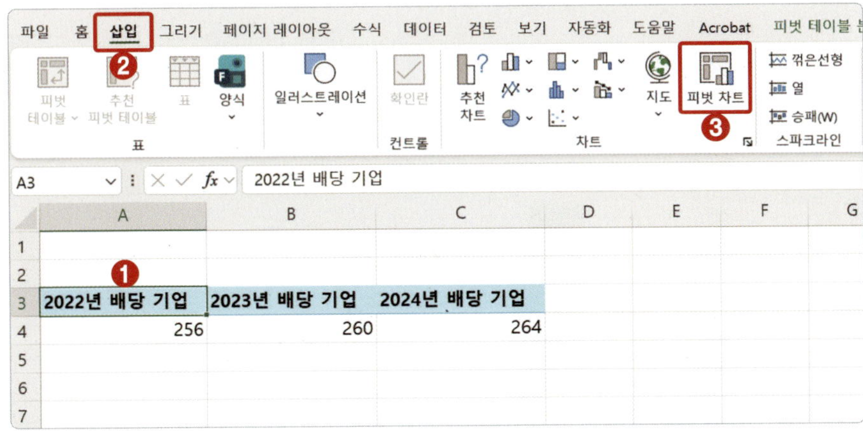

차트 삽입 창이 나타납니다. 원하는 유형의 차트를 자유롭게 선택하세요. ❶ 책에서는 묶은 세로 막대형 차트를 선택했습니다. ❷완료되었다면 **확인**을 눌러주세요.

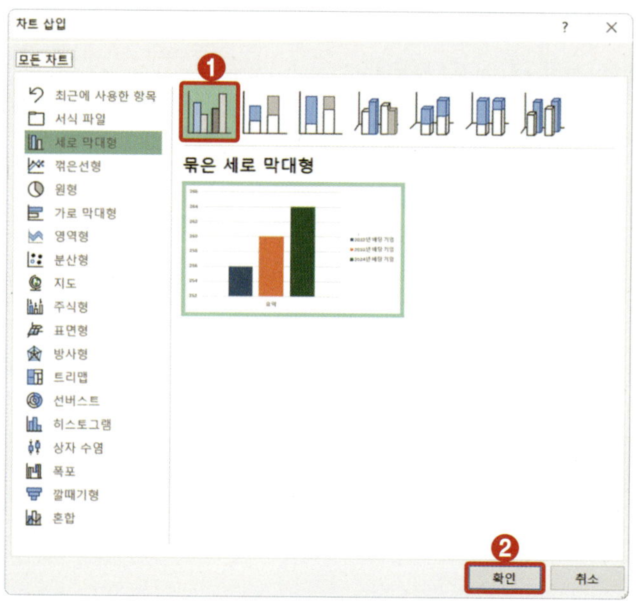

피벗 테이블 하단에 막대형 차트가 추가되었습니다.

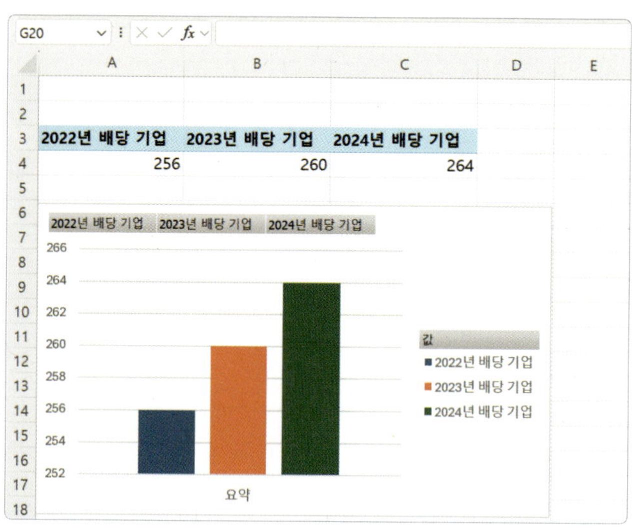

06 차트 서식을 정리해 가독성을 높여보겠습니다.

❶차트를 클릭합니다. ❷오른쪽에 **차트 요소**(➕) 버튼을 누른 후, ❸**차트 제목** 네모박스에 체크합니다.

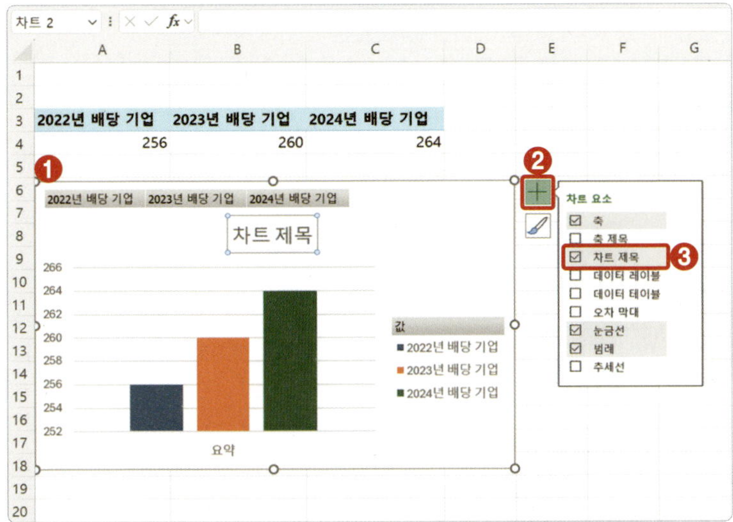

제목란을 클릭해, 제목을 수정해주세요. 책에서는 '연도별 배당 기업 수'라고 적었습니다.

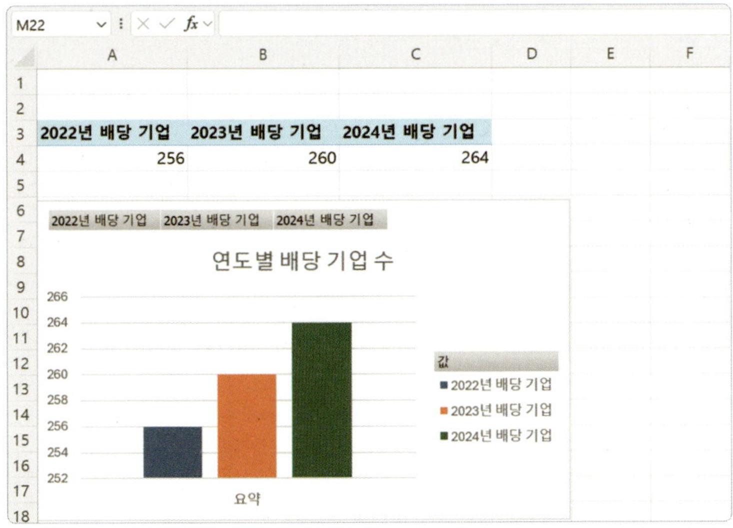

다음으로 ❶차트의 범례 영역을 클릭한 후, ❷마우스 오른쪽 버튼을 눌러 **범례 서식**을 선택합니다.

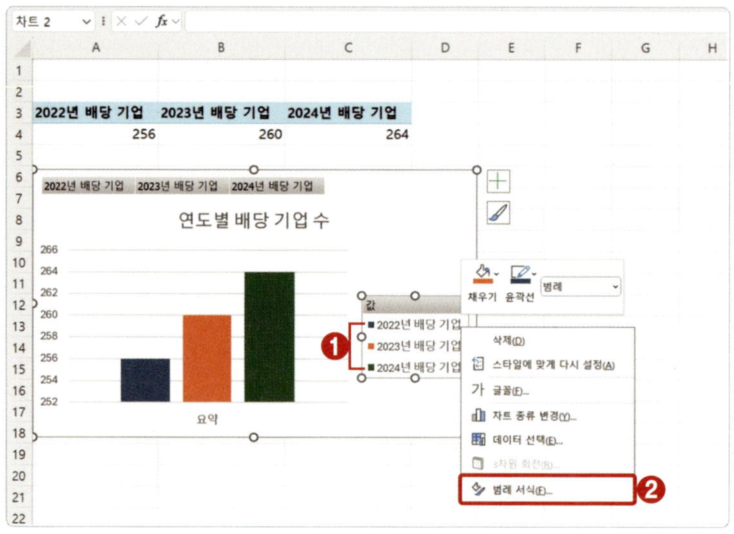

화면 우측에 **범례 서식** 창이 나타납니다. ❶범례 옵션 중 **아래쪽**을 선택하면 ❷자동으로 차트의 범례 위치가 바뀝니다.

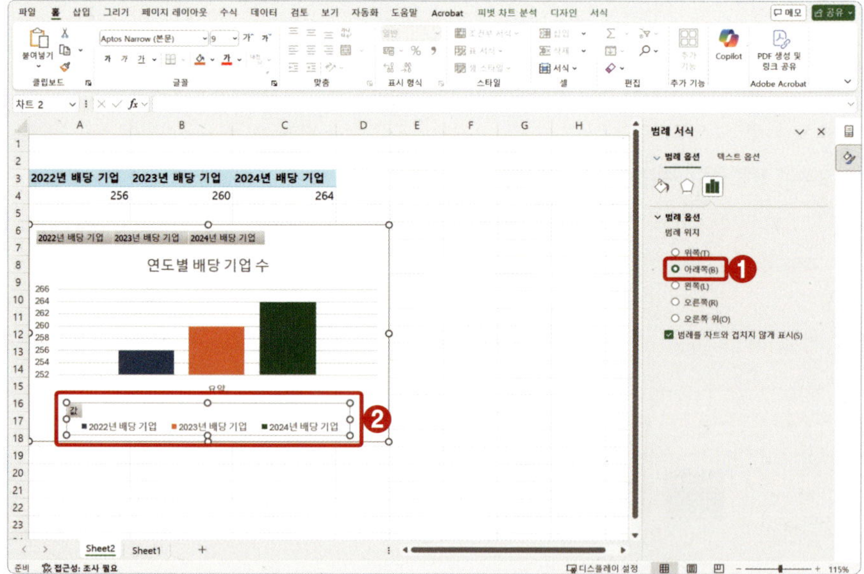

'요약'이라고 기재된 축 옵션을 클릭한 후, Delete 키를 누릅니다. 오른쪽 이미
지에서 볼 수 있듯이, 요약 축 옵션이 삭제되었습니다.

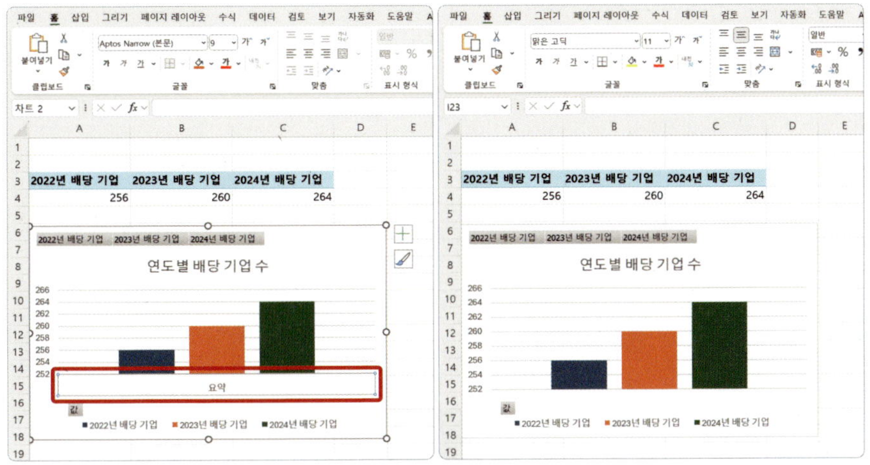

❶차트 상단의 연도별 필드 단추를 클릭한 후, ❷마우스 오른쪽 버튼을 눌러 **차
트에서 모든 필드 단추 숨기기**를 선택합니다. 오른쪽 이미지처럼 모든 필드 단
추가 사라졌습니다.

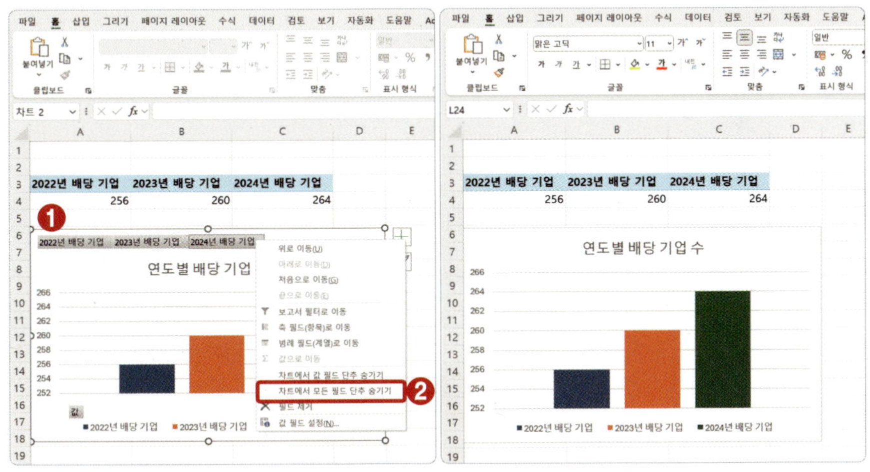

마지막으로 범례를 드래그해 막대 정중앙에 위치하도록 조정해줍니다.

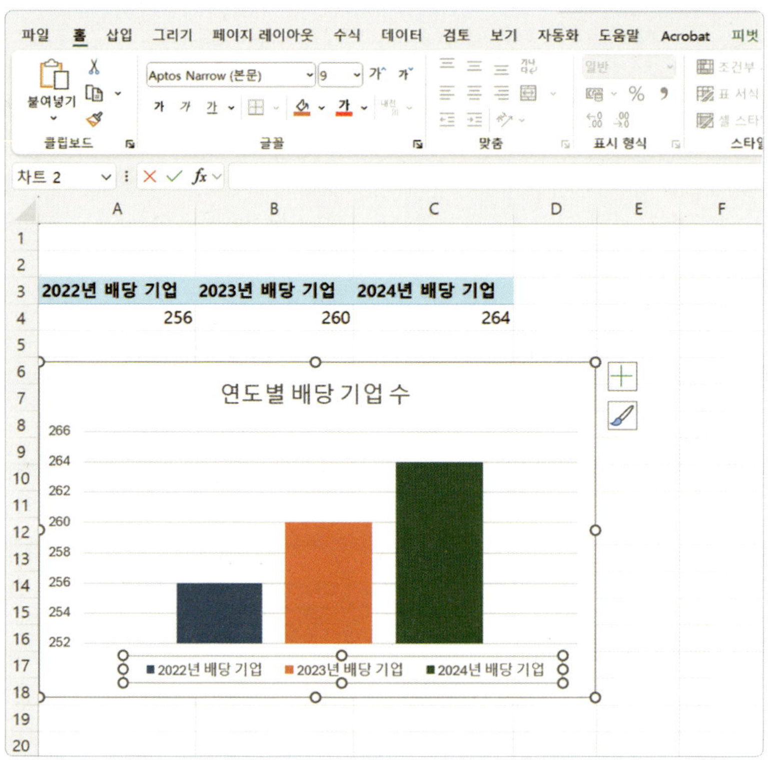

피벗 차트가 완성되었습니다.

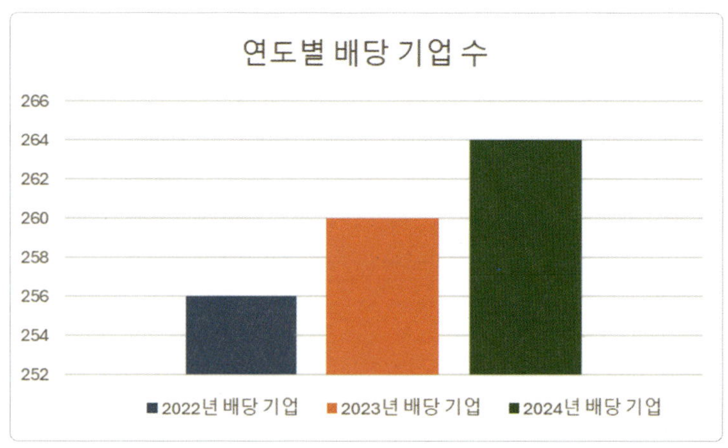

이번에는 전체 배당금 합계를 연도별로 정리해보겠습니다.

01 Sheet1로 돌아와 ❶원본 데이터의 아무 셀이나 하나를 클릭합니다. 그다음 ❷**삽입** 탭의 **표** 그룹에서 ❸**피벗 테이블**을 선택합니다.

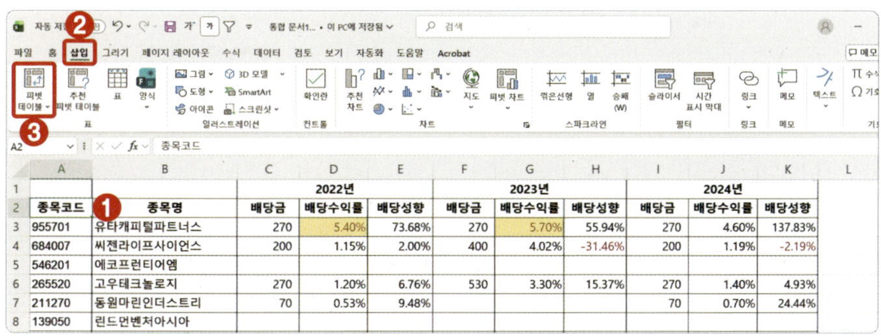

02 **표 또는 범위의 피벗 테이블** 창이 나타납니다. ❶**표/범위** 항목에서 데이터의 범위를 확인하고 ❷**피벗 테이블을 배치할 위치**는 새 워크시트를 그대로 선택한 후, ❸**확인**을 눌러주세요.

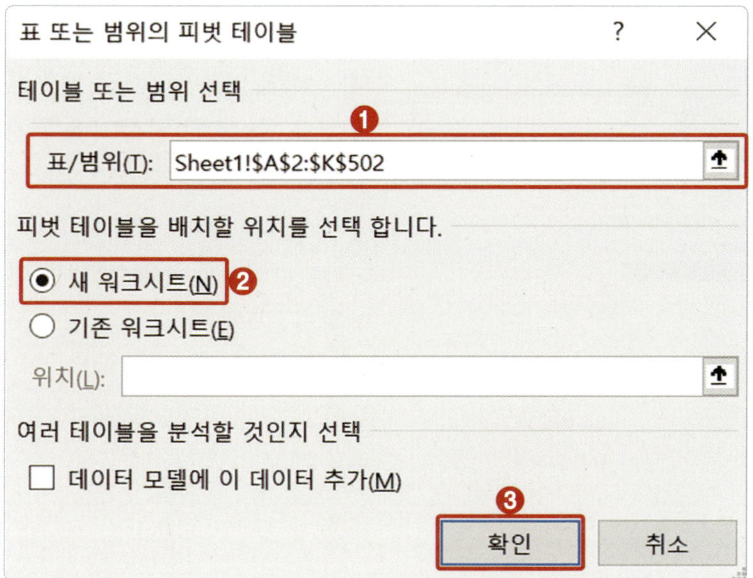

03 Sheet3에 피벗 테이블이 생성되면, 값 영역에 2022년도, 2023년도, 2024년도 배당금 필드를 넣어주세요.

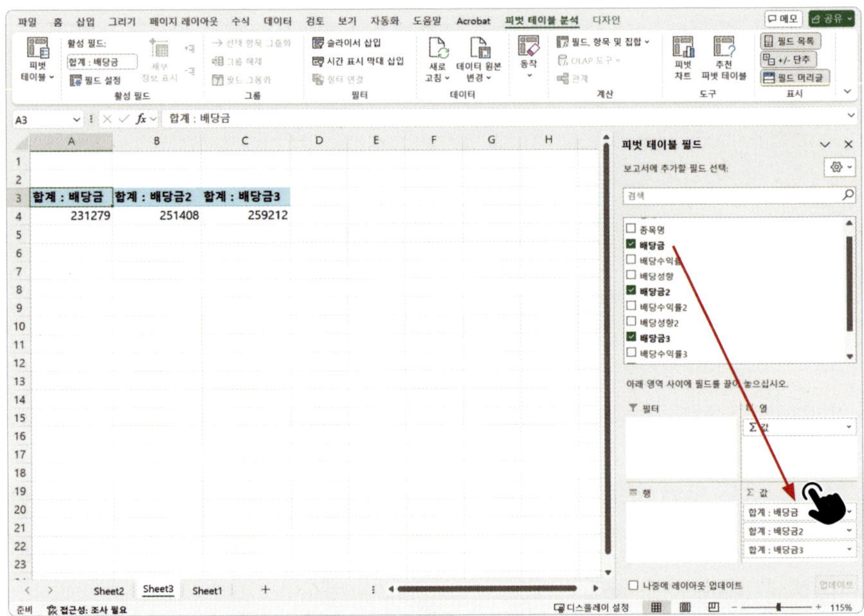

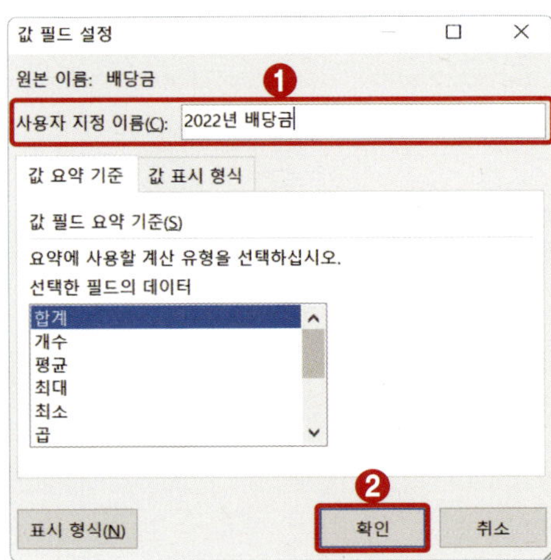

필드명을 수정해보겠습니다. 먼저, A3셀을 더블클릭해 **값 필드 설정** 창을 열어줍니다. **❶사용자 지정 이름** 입력란에 2022년 배당금이라고 적습니다. (수식 입력줄에서도 바꿀 수 있습니다.) **❷**완료되었다면 **확인**을 누릅니다.

A3셀의 필드명이 변경되었습니다.

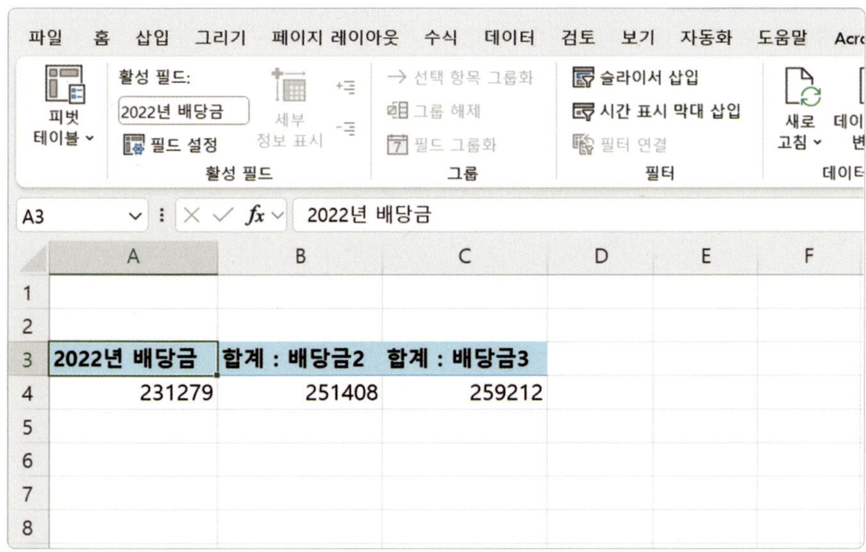

2023년과 2024년도 동일한 방식으로 바꿔주세요.

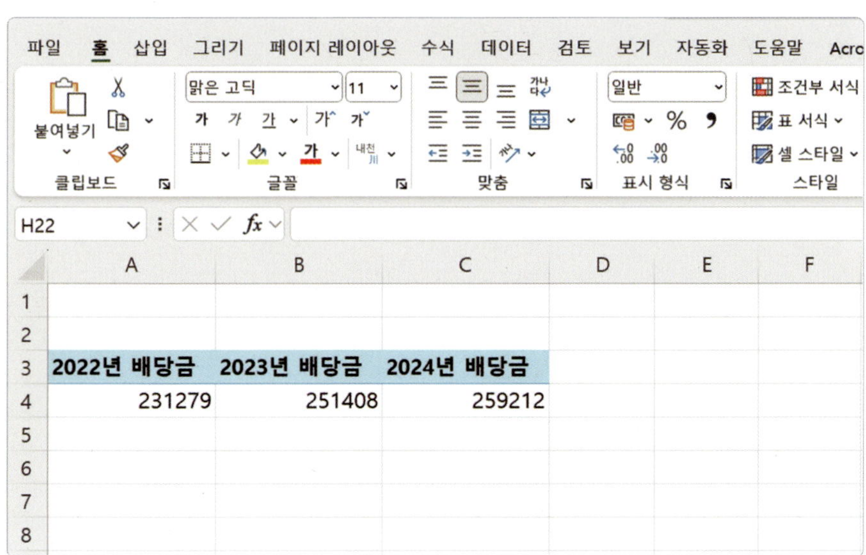

04 가독성을 높이기 위해 천 단위 구분과 원화 기호를 추가합니다. ❶표시 형식을 변경할 셀(A4:C4)을 선택한 후, ❷**홈** 탭의 **표시 형식** 그룹에서 ❸**회계**를 선택합니다.

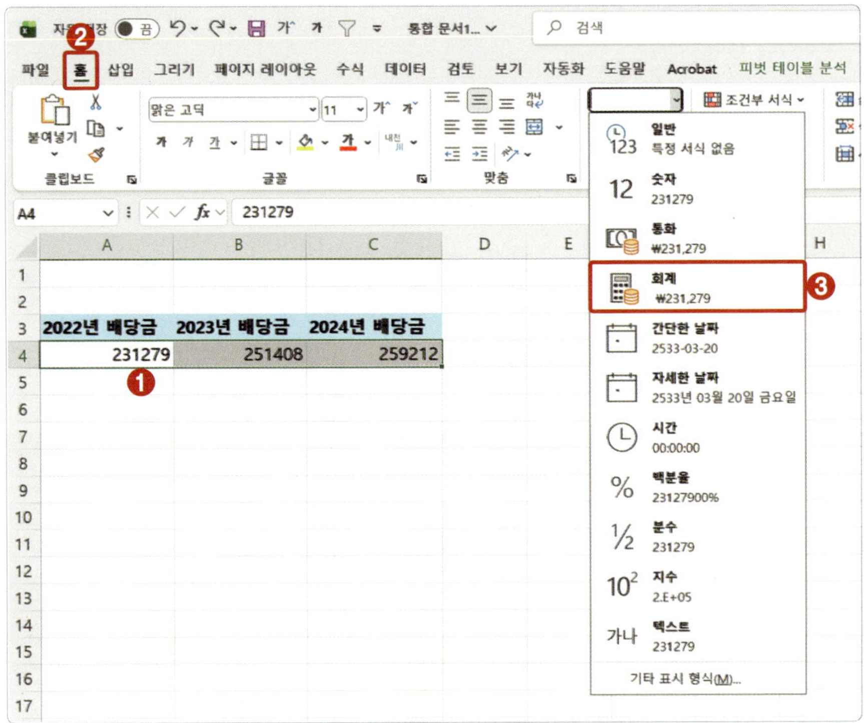

천 단위 구분과 함께 원화 기호가 삽입되었습니다.

05 이번에는 차트를 생성해보겠습니다. ❶ 피벗 테이블을 클릭한 후, ❷ **삽입** 탭의 **차트** 그룹에서 ❸ **피벗 차트**를 선택합니다.

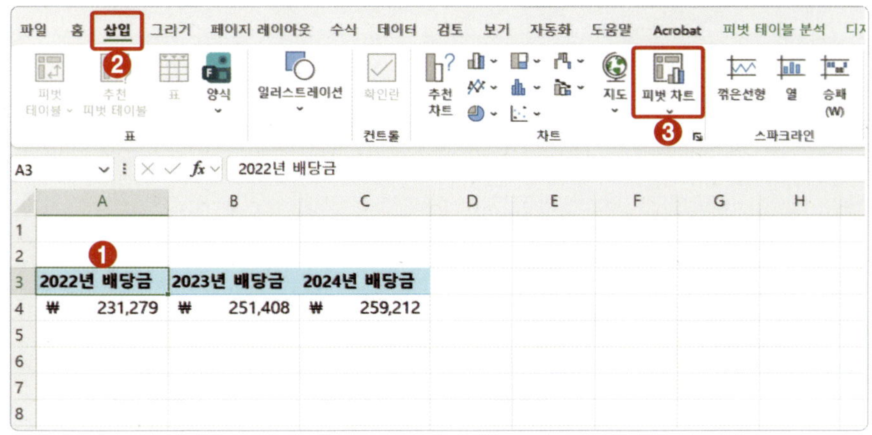

차트 삽입 창이 나타나면 원하는 유형의 차트를 선택하세요. ❶ 책에서는 묶은 세로 막대형 차트를 선택했습니다. ❷ 완료되었다면 **확인**을 눌러주세요.

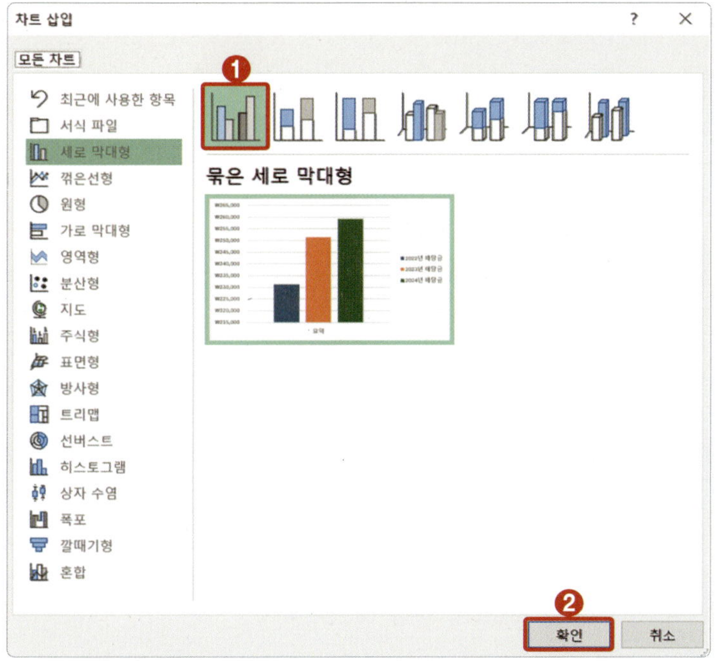

피벗 테이블 하단에 막대형 차트가 추가되었습니다.

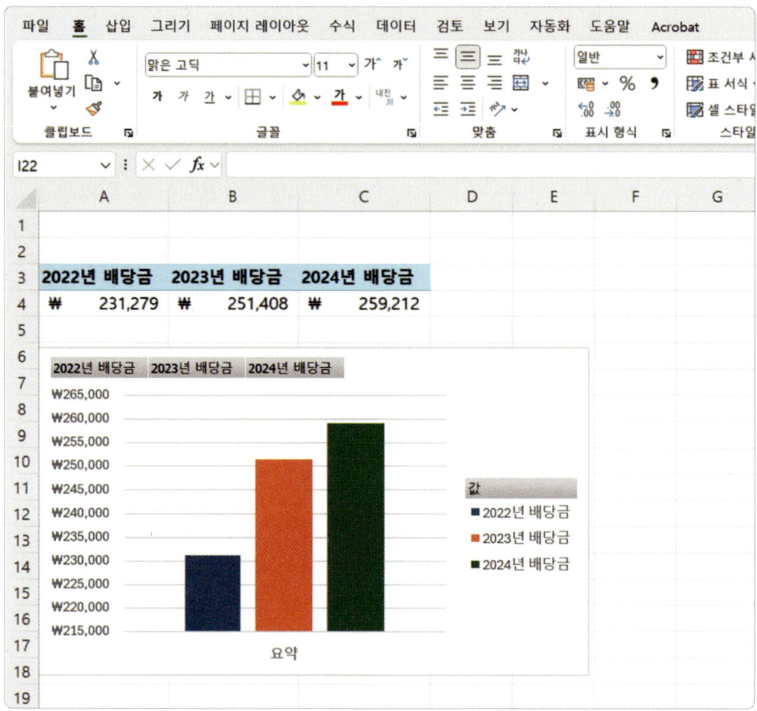

앞과 동일하게 차트의 제목을 추가하고, 범례 위치 및 축 서식을 조정하고, 필드 단추를 숨겨 아래처럼 최종 차트를 완성합니다.

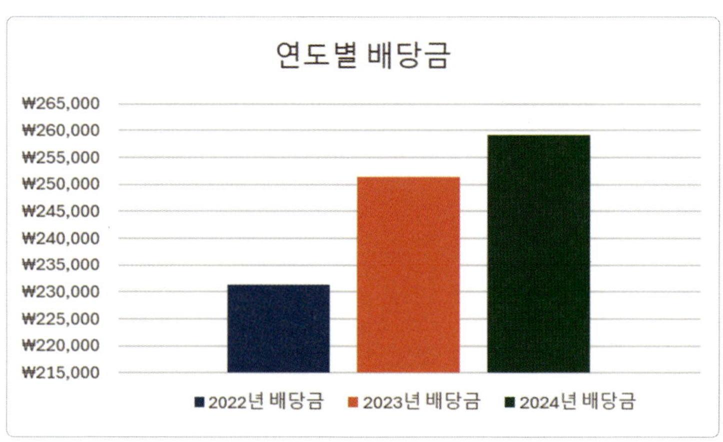

보고서 작성

지금까지 정리한 데이터를 바탕으로 최종 요약 보고서를 만들어보겠습니다.

01 ❶좌측 하단의 + 버튼을 눌러 새 워크시트를 연 후, ❷A1 셀에 '상장 기업 배당 분석'이라고 제목을 적습니다.

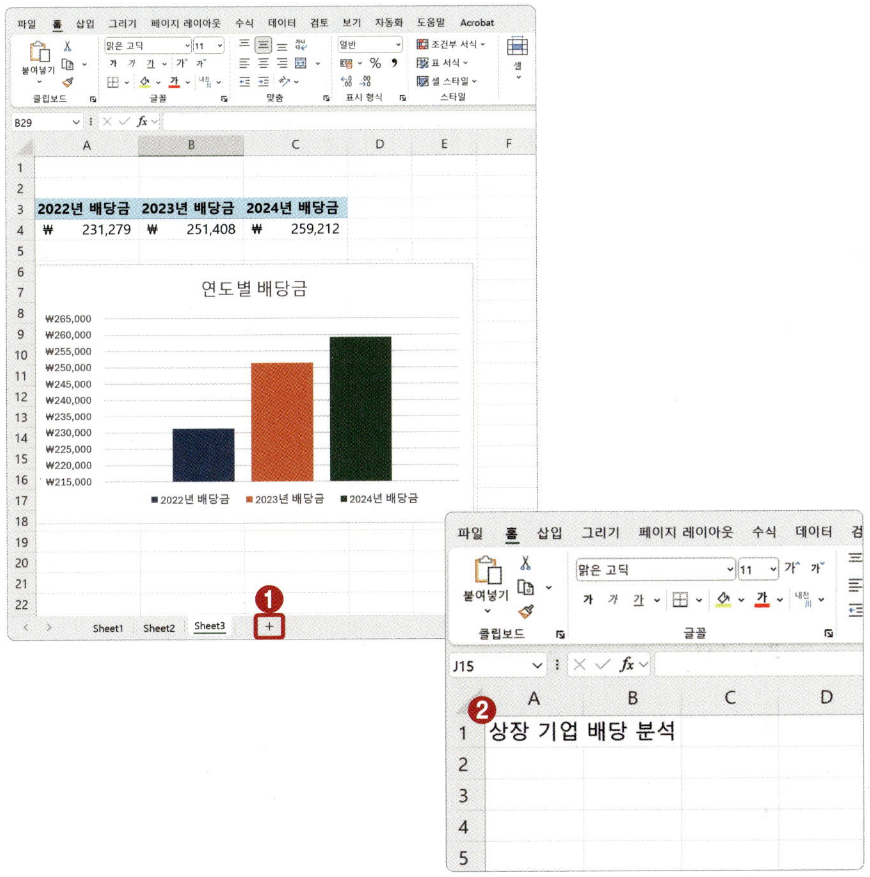

❶A1셀을 클릭한 후, ❷**홈** 탭의 **글꼴** 그룹에서 ❸크기 20pt, ❹**굵게** 서식을 적용해줍니다.

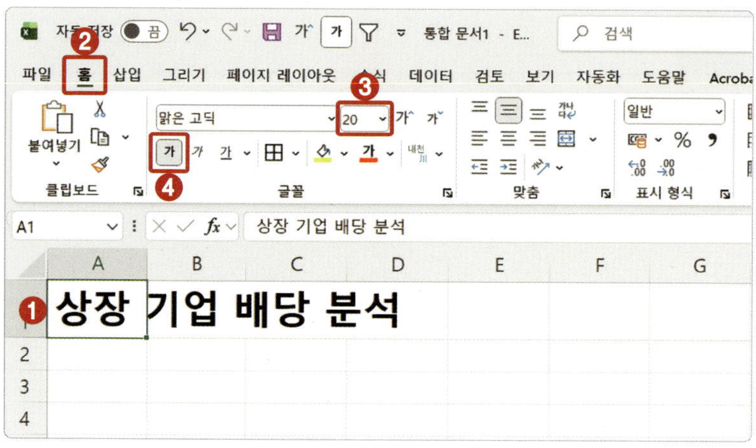

02 제목 행 아래에 다음의 정보를 입력합니다.

분석 기간 : 2022년~2024년

데이터 출처 : TWIG

작성일 : 202X년 XX월 XX일

작성자 : 이나은 주임

작성일은 직접 타이핑하는 대신, 단축키 Ctrl + ; (세미콜론)을 사용해 오늘 날짜를 입력하세요. 오타 없이 정확한 날짜를 적을 수 있습니다.

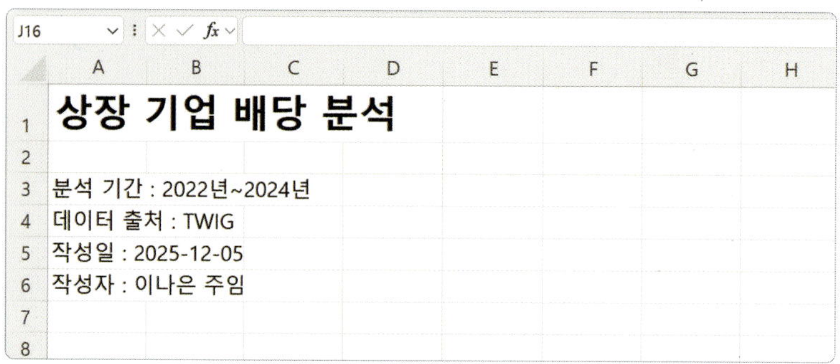

03 Sheet2, Sheet3에서 차트를 차례대로 복사해, 붙여넣습니다.

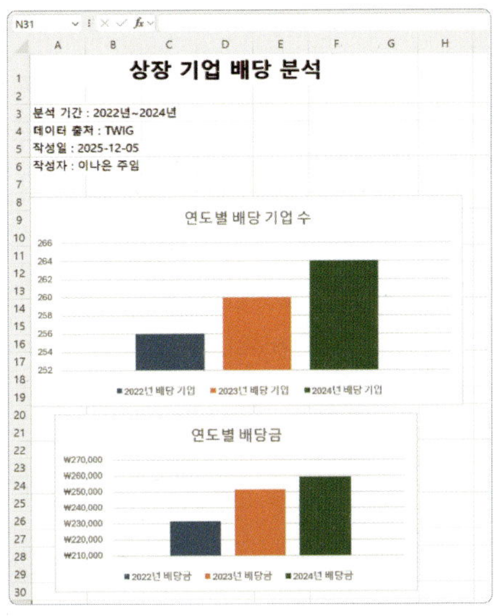

보고서에 들어가는 여러 차트의 크기를 동일하게 맞춰주면 더욱 깔끔하겠죠? ❶ 차트를 클릭한 후, ❷ **서식** 탭의 **크기** 그룹에서 ❸ 가로, 세로 길이를 조정합니다. 책에서는 두 그래프 모두 가로 6cm, 세로 12cm로 맞춰주었습니다.

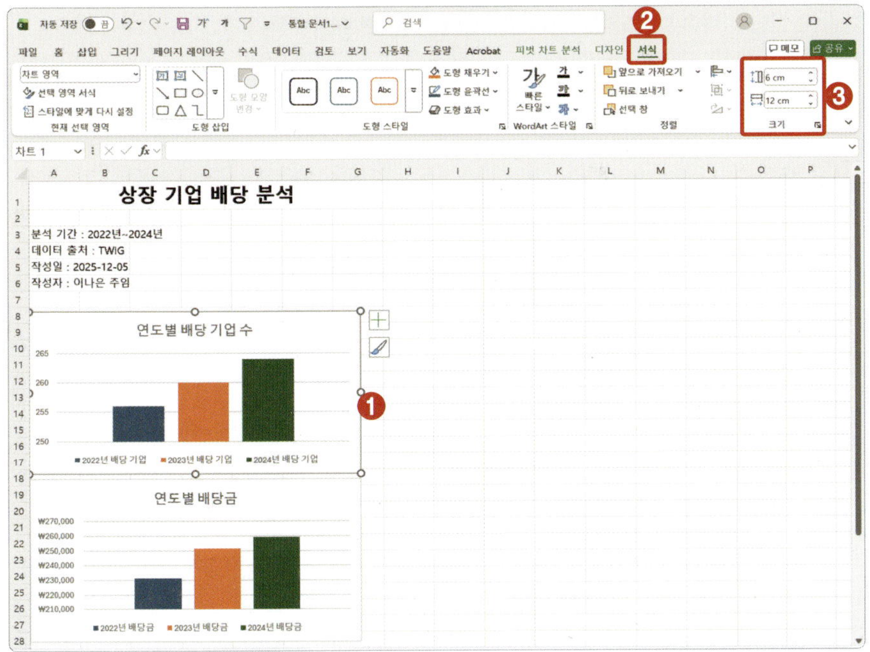

05 그래프 아래에 의견란을 만들어 간단한 코멘트를 작성합니다. ❶A30셀에 '의견란'이라고 적어주세요. 그다음 A30~G30셀을 선택하고, **홈** 탭의 **맞춤** 그룹에서 **병합하고 가운데 맞춤**을 눌러 제목이 정가운데에 위치하도록 합니다. ❷이어서 A31~G31셀을 선택한 후, **홈** 탭의 **맞춤** 그룹에서 **병합하고 가운데 맞춤**을 적용합니다. 의견을 입력하고, 줄이 어색하지 않도록 단축키 Alt + Enter 를 이용해 줄 바꿈을 해주세요. 또, 31행 행 머리글 아래 경계선을 밑으로 드래그해, 글자가 모두 보이도록 행 높이를 조정합니다. ❸의견란 전체를 드래그한 후, **홈** 탭의 **글꼴** 그룹에서 ❹**모든 테두리**를 눌러 테두리를 그어주세요.

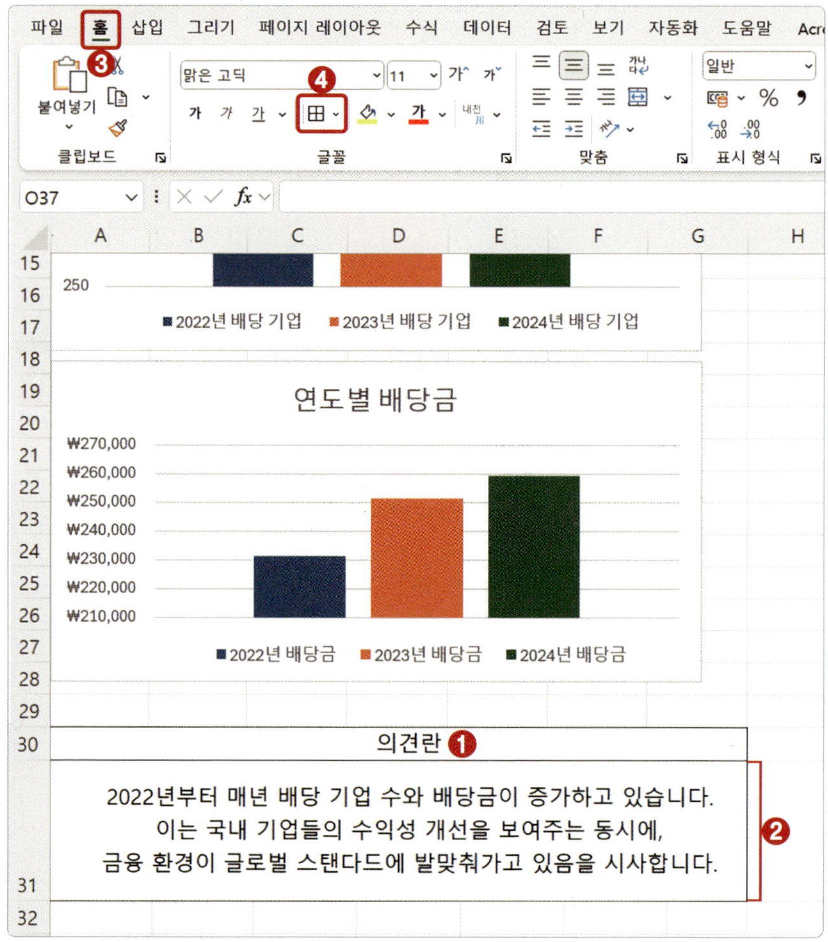

06 마지막으로 그래프 너비에 맞춰, 상단의 제목을 가운데에 위치시켜보겠습니다.
A1~G1 셀을 드래그합니다.

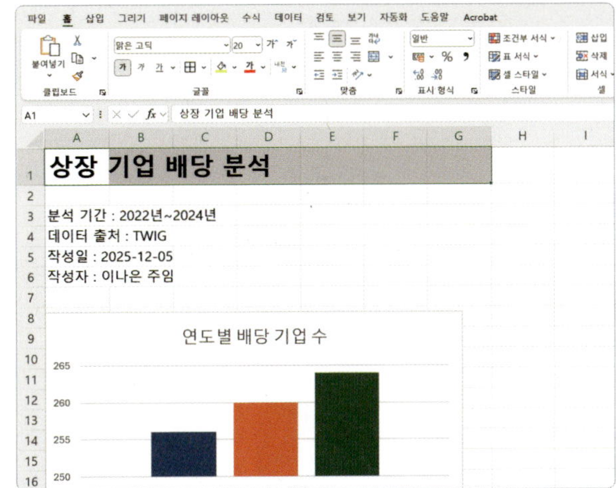

단축키 Ctrl + 1 을 눌러 **셀 서식** 창을 열어주세요. ❶**맞춤** 탭의 **텍스트 맞춤** 항목에서 ❷**선택 영역의 가운데로**를 선택한 후, ❸**확인**을 누릅니다.

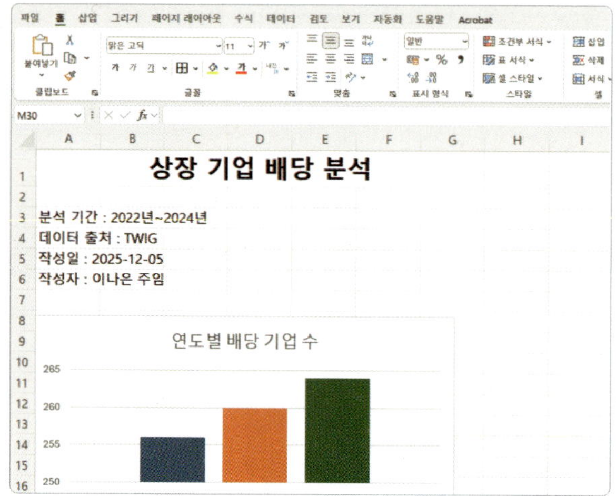

제목이 A1~G1셀의 가운데에 배치되었습니다.

최종 보고서가 완성되었습니다. 이제 보고서를 출력해보겠습니다.

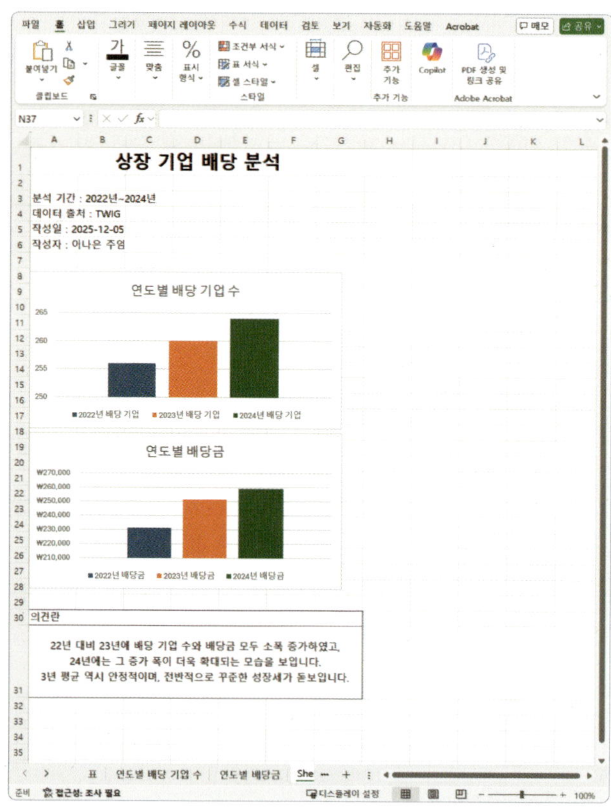

07 ❶단축키 Ctrl+P를 눌러 **인쇄 미리 보기** 화면으로 이동합니다. ❷미리 보기 화면 오른쪽 하단에 있는 두 개의 버튼 중 왼쪽 **여백 표시** 버튼을 클릭합니다.

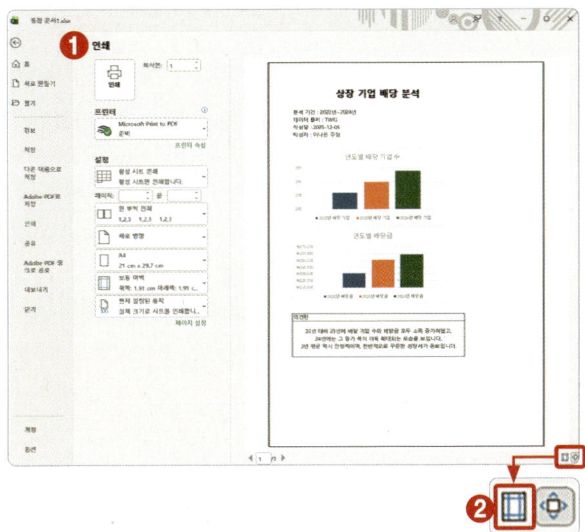

❶보고서 상하, 좌우에 보이는 페이지 구분선을 확인한 후, ❷왼쪽 상단의 **인쇄** 버튼을 클릭해 보고서를 출력합니다.

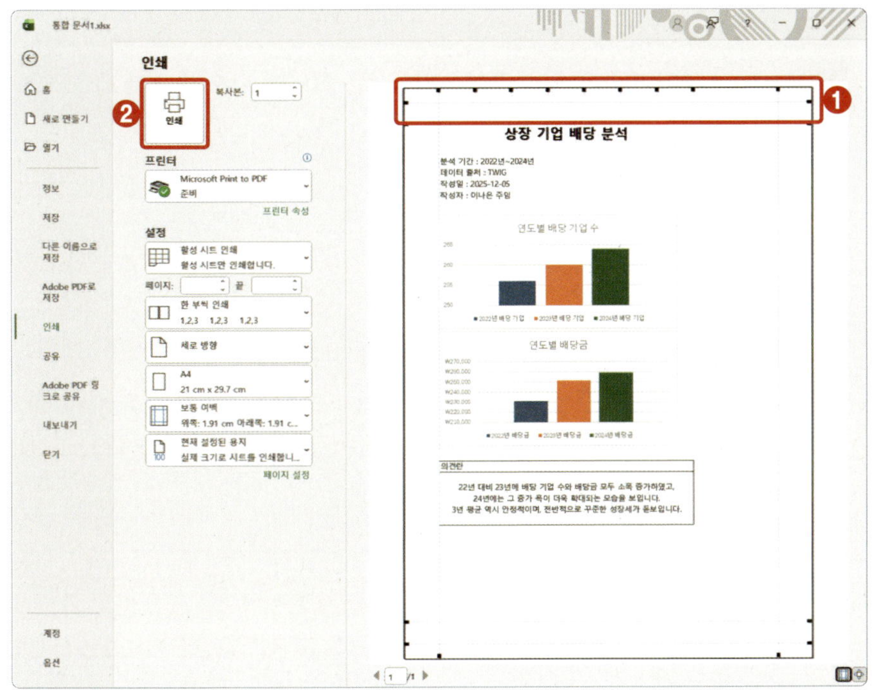

인쇄 후 워크시트로 돌아오니, 아래 이미지처럼 회색 점선이 표시되어 있습니다. 인쇄 설정을 돕기 위해 엑셀이 표시한 페이지 나누기 점선인데, 작업 화면에서는 거슬릴 수 있습니다. 점선을 숨겨보겠습니다.

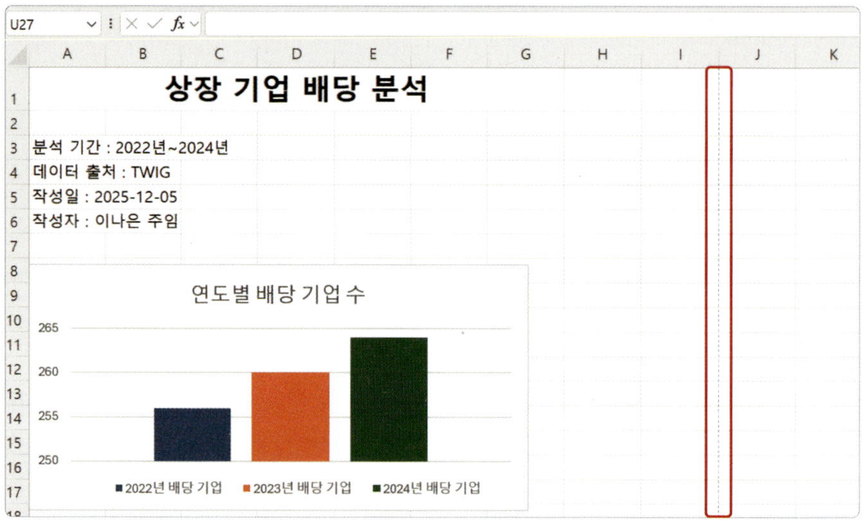

리본 메뉴에서 **파일** 탭을 클릭한 후, 아래와 같은 화면이 나오면 **옵션** 탭을 누릅니다.

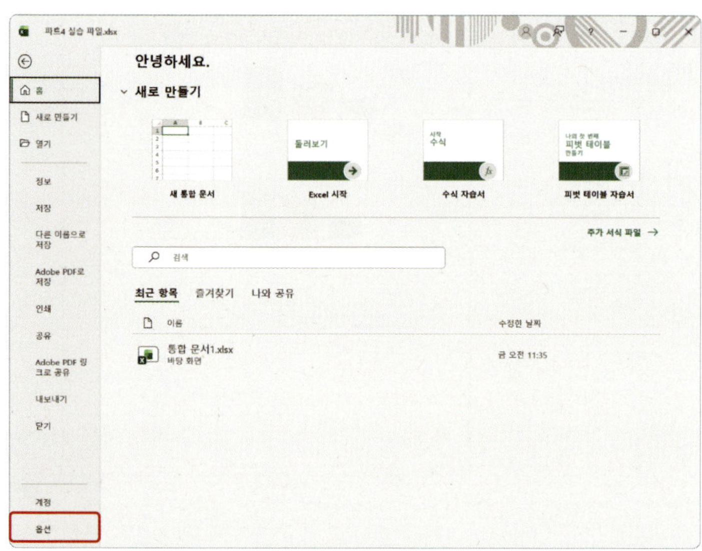

❶**고급** 탭을 클릭한 후, ❷**이 워크시트의 표시 옵션** 항목에서 **페이지 나누기 표시** 네모박스의 체크를 해제합니다. ❸완료되었다면 **확인**을 눌러주세요.

워크시트에서 점선이 사라졌습니다.

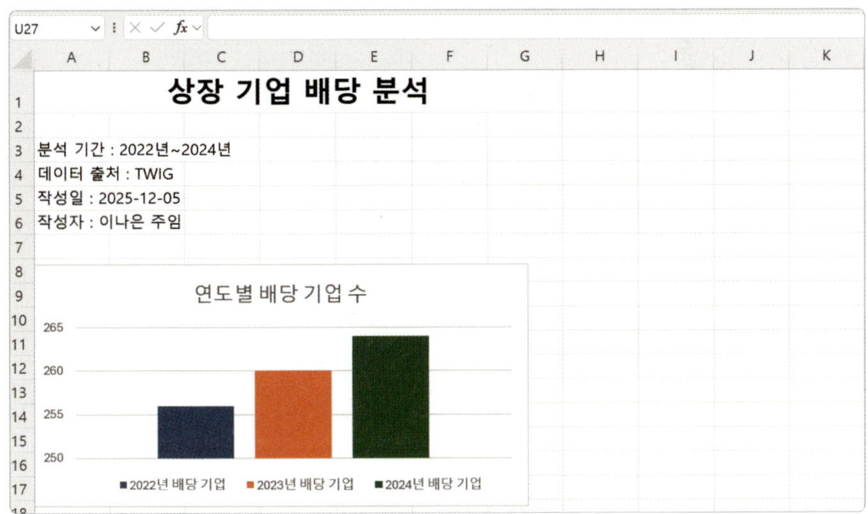

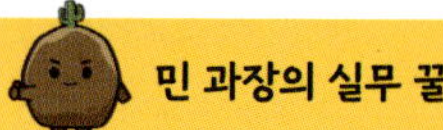

엑셀에 정답은 없습니다. 나만의 답을 찾아보세요!

엑셀에서는 결과물이 동일할지라도 만드는 과정이 서로 다를 수 있습니다. 책에서는 여러 기능을 복습하기 위해 이 방법대로 실습했지만, 찾아보면 분명 더 쉽고 빠른 방법이 있을 거예요. 자신만의 방법을 찾아 실력을 더욱 갈고닦아보세요.

여러분도 혹시 엑셀 창만 띄우면 식은땀을 흘리는 우리 이 주임 같으신가요? 답답하게 일하는 꼴은 절대 못 보는 성격이라, 이 주임뿐만 아니라 이 땅의 모든 직장인에게 저의 엑셀 노하우를 공개하기로 했습니다. 이 책에 있는 다양한 꿀팁들이 여러분의 꽉 막힌 업무를 시원하게 뚫어줄 겁니다. 더 이상 혼자 끙끙대며 야근하지 마세요. 이 책을 덮는 순간, 엑셀이 여러분의 가장 큰 무기가 될 테니까요.

민지희 과장 드림

"이거 물어보면 혼날까?" 사수 눈치를 보며 마음 졸이던 수많은 날들, 저에게 이 책은 단순한 매뉴얼이 아니라 처절한 '생존 일지' 그 자체입니다. 민 과장님에게 혼나면서 얻은 소중한 꿀팁들을 꾹 꾹 눌러 담았으니, 여러분은 저처럼 고생하지 말고 이 '칼퇴 치트 키'를 마음껏 활용하길 바랍니다. 엑셀만 켜면 손발이 고장 나던 저도 해냈으니 여러분도 분명 할 수 있습니다. 우리 이제 혼나지 말고 당당하게 칭찬받으면서 일해요!

이나은 주임 드림

**이나은 주임의
혼나지 않는 엑셀**

초판 1쇄 발행 2026년 2월 10일

지은이 민지희·이나은
펴낸곳 티더블유아이지(주)
펴낸이 자몽

기획총괄 신슬아
편집 자몽·유관의
디자인 윤지은
마케팅 자몽

출판등록 제 300-2016-34호
주 소 서울특별시 종로구 새문안로3길 36, 1139호 (내수동, 용비어천가)
이메일 twigbackme@gmail.com

ⓒ 민지희·이나은, 2026, Printed in Korea
ISBN 979-11-91590-37-1 (03000)